Innovative
Practices
of Chinese
Healthcare
Enterprises

技术引领与价值驱动

中国医疗健康企业的创新实践

周东生　阮丽旸　编著

CEIBS | 30　中国出版集团 东方出版中心

图书在版编目（CIP）数据

技术引领与价值驱动：中国医疗健康企业的创新实践 / 周东生，阮丽旸编著. -- 上海：东方出版中心，2024. 10. -- ISBN 978 - 7 - 5473 - 2552 - 0

I. F426.77

中国国家版本馆CIP数据核字第2024TK8534号

技术引领与价值驱动：中国医疗健康企业的创新实践

编　　著　周东生　阮丽旸
责任编辑　黄　驰
装帧设计　青研工作室

出 版 人　陈义望
出版发行　东方出版中心
地　　址　上海市仙霞路345号
邮政编码　200336
电　　话　021- 62417400
印 刷 者　山东韵杰文化科技有限公司

开　　本　710mm×1000mm　1/16
印　　张　21
字　　数　250千字
版　　次　2024年12月第1版
印　　次　2024年12月第1次印刷
定　　价　88.00元

案例作者：周东生　阮丽旸

点评专家：鲍宪微　付　强　高利民　郭　璋　金维维　李成长
　　　　　李　凡　刘　健　刘乃佳　刘　伟　苗成玉　牟艳萍
　　　　　沈捷尔　沈志勇　王朝举　王　刚　杨　健　叶朝红
　　　　　徐高平　徐渊平　周丽新（按姓氏字母排序）

统　　稿：阮丽旸

前　言

近年来，中国医疗健康产业快速崛起，从严重依赖进口到本土企业开始参与全球竞争，可以说实现了历史性的飞跃。中共中央、国务院2016年印发的《"健康中国2023"规划纲要》指出，到2030年，我国健康产业总规模将达16万亿元。据初步统计，2023年中国健康产业规模已达到13万亿元，[1]发展速度超出预期。

在产业蓬勃发展的过程中，拥有创新技术、产品和商业模式的医疗健康企业不断涌现。本案例集包含了中欧国际工商学院卫生健康产业研究中心近年来调研的10家具有一定代表性的企业，涵盖医药（欧康维视）、医疗设备（华声医疗）、耗材（天臣医疗）、诊断（领航基因）、医疗服务（厚朴方舟）、消费医疗产品（半岛医疗）和服务（极橙少儿齿科）、生物技术（康码生物）、上游原料（纳微科技）、商业保险（慕再HAP）等主要医疗健康产业的细分领域。

受限于撰写周期，对于已上市企业，案例更新截至企业上市时，最新进展可参考企业公开发布的信息；对于未上市企业，作者尽可能追踪最新发展情况。此外，对每个案例，中欧卫生健康产业研究中心主任周东生教授还特别邀请了两到三位专家或企业高层进行点评。他们都具备丰富的管理经验，有些与创始人结识多年，见证和支持了企业的成长，在点评中讲述了案例中未能涉及企业获得成功的要素；有些同为医疗健康行业的企业家、资深高管或投资人，从产业的视角提供了更深入的思考和洞察；有些则来自非医疗健康行业，结合自身经验探讨了案例企业的成功之处和发展建议。由此读者可以从更多的视角拓宽思路。

本案例集中，最早的一篇案例"厚朴方舟：海外医疗一价全包？"于2017年撰写。该案例已进入哈佛案例库和中国工商管理国际案例库，是周教授在课堂上使用频率最高、反馈最好的案例。因此对于整本案例集而言，此案例是一个具有特殊意义的起点。七年来，我们持续追踪了这家案例企业，并撰写了后续案例，放在本案例集的最后一章作为结尾。

在研究观察该案例之初，周教授曾和我讨论案例的教学框架。他问道："你觉得中国的海外医疗市场会持续增长吗？"当时对医疗健康行业还知之甚少，我犹豫片刻后答道："应该不会。"这个回答并非出于专业和理性的分析，也不是周教授认可的或是案例授课时大部分学员会给出的答案。而是从普通人的角度考虑：若当自己或家人遭遇重大疾病时，更希望能够在国内，甚至家门口就得到优质、便利的同时可负担的治疗，而非舟车劳顿远赴海外，在陌生的环境中求医问诊，让家人受累的同时还要担心高昂的医疗费用。

但正如"厚朴方舟"案例中写到的，彼时，与美国、日本等发达国家相比，我国在总体医疗资源、医疗水平等方面有较大差距，体现在药品、设备、诊断水平、治疗方法、治疗效果和服务质量上的相对落后，优质医疗资源不足、地域分布不均，老百姓"看病难、看病贵"的问题凸显。因此，一些中高净值人群选择赴海外就医，厚朴方舟则为他们提供了一站式海外医疗解决方案，并尝试以"一价全包"这一颠覆行业传统的定价方式兜底患者的医疗费、服务费等，从而免去患者对海外就医费用不确定性的担忧。

周教授在课堂上让学员讨论该案例的决策问题，即"厚朴方舟是否应该采取一价全包的海外医疗服务定价模式"时，通常会有一半的学员投赞成票。尤为印象深刻的是一位EMBA学员的赞成理由：如果自己罹患重病，面对医疗费用可能的无底洞，也会考虑设一个费用上限，超过了就选择放弃治疗，把钱留给家人，让他们能在自己走后好好生活。能够支付几十万学费的中欧学员尚且如此无奈，更不要说大部分中国老百姓。

而时至今日，"厚朴方舟"案例中提到的当时国内欠缺的靶向药、免疫治疗、高端诊断设备、手术机器人等，在国内都已不再鲜见。国内创新医药企业已开始扬帆出海，参与国际市场竞争，同时，医保和商保支付端与医疗供给端开始走向协同发展，从以治病为中心转向以健康为中心，在合理控制医疗费用的同时提升人民健康。综合来看，老百姓"看病难、看病贵"的问题得到显著改善。

仅仅七年的时间，国内医疗健康产业发生了突飞猛进的变化，这本案例集可以算是对此的见证。这样的变化是如何发生的？

一方面，政策、资本、市场等宏观因素起到了决定性的推动作用。例如，2015年开始的药品审评审批制度的改革，为我国创新药产业的高质量发展提供了内在动力。2018年国家医疗保障局成立，越来越多的新药通过谈判以适宜的价格进入医保系统，创新研发投入得到了价值回报。与此同时，嗅觉灵敏的资本已开始布局，2018年4月，港交所正式在上市《主板规则》中新增第18A章节，允许符合条件的未有收入的生物科技公司在港股IPO上市融资；科创板2022年推出的第五套上市标准放宽了对企业上市前盈利能力的要求。这些举措都共同推动了中国医疗健康产业的发展。

另一方面，越来越多掌握核心技术的科学家回到国内，怀着理想情怀投身于产业，希望将技术转化为能够造福老百姓的产品；亦有一批富有远见的企业家洞察到未被满足的临床需求，走上创业的道路，从需求出发，通过自主研发、医工结合等模式，逐渐实现国产替代甚至超越进口。

在医疗健康企业创立发展的过程中，人才、技术、战略等都至关重要，本案例集中的企业也许能够为此提供一些参考。我尝试对这些案例企业实践进行归纳，希望能够更好地引导读者阅读和思考案例，起到一点抛砖引玉的作用。

一、创新不易，如何突破？

创新产品的研发通常需要付出高昂的成本，经历漫长的周期，以及承担巨大的失败风险。特别是在医药行业，一款创新药的研发平均需要耗时10年、花费10亿美元，而成功率不到10%。

一些企业创始人本身就是科学家，如纳微科技的江必旺博士、康码生物的郭敏博士，都曾有多年的海外科研经验。他们掌握核心技术原理，能够通过底层创新研发出突破性的技术，而非模仿和改进现有技术，从而解决"卡脖子"难题。但这类企业往往存在创始人管理经验不足、缺乏市场导向的问题，可能在商业化探索上走过一些弯路。这就需要企业选择其核心技术优势能最大限度发挥的领域并进行有针对性的开发。此外，基于一项底层技术开发出具有市场竞争力的产品往往还需要结合其他技术，如康码研发了大分子透皮递送技术，从而放大其D2P蛋白质合成技术的应用价值。

另一些创始人本身虽没有较强的技术背景，但能够洞察到未被满足的临床需求，重视产学研合作。首先，企业自建研发团队，对最新的技术和相关文献进行深入研究，学习并寻求超越。同时，要与临床一线医生深度交流与合作，了解真实的临床需求及产品反馈，从而驱动产品研发迭代。如半岛医疗、天臣医疗、华声医疗等都建立了有效的"医工结合"的研发模式。此外，企业文化和管理流程上也应有促进研发创新的机制，如天臣的"PK机制"、半岛医疗的"自上而下和自下而上"、领航基因的"分模块研发"等。

还有一些企业对市场把控能力较强、资金相对充裕、擅长商业化运作，可以采取专利授权引进（License-in）的方式提高研发效率，如欧康维视。公司需要具备极具眼光的专业人才团队，对产品的创新性、风险、研发难度、市场潜力等进行综合考量，并以合理的价格获得产品授权，同时要有对应的人才和资源投入保证后续商业化的顺利推进等。

不论是自主研发还是借助外力，这些企业都进行了良好的专利布局，构建核心技术壁垒，申请专利的质量和数量都在各自的领域保持领先。同时，企业自身要理解市场需求并具备一定的技术转化能力，从而把创新技术转化为满足市场需求的产品。

与产品技术创新不同，服务创新更多是面向目标市场的差异化。如极橙针对儿童对看牙的恐惧提出"快乐看牙"的理念，从而脱颖而出；慕再针对直保公司服务终端客户的需求提供了整合的医疗健康服务，从而解决再保险同质化的问题。厚朴方舟则针对客户对海外医疗费用不确定性的担忧推出一价全包的定价模式，改变游戏规则。

此外，除了产品和服务本身的创新，与互联网和AI等数字技术的结合也是创新的突破口。例如，华声自2015年就开始探索超声与数字技术的深度融合，探索产品的信息化、网络化、云端化，希望把数字化、智能化作为公司的核心竞争力。慕再通过数字化平台提供整合的医疗健康服务，并最终成立了慕再科技提供覆盖寿险和健康险销售支持、核保、理赔及健康服务等全流程的数字化解决方案。当然，数字技术对医疗健康行业可能带来更为深刻的变革，本案例集中暂未收录。

二、创业维艰，如何"造血"？

除了少数由资本或母公司等从战略层面精心布局、一手扶持的企业，大部分企业在创业初期都颇为艰难。特别是创新产品，研发投入高、周期长、风险大，还有很高的市场准入日壁垒，企业首先要面临的就是在产品上市盈利前的生存压力和资金问题，创始人为了创业卖房子的故事屡见不鲜。尤其是近年来随着资本市场的冷却，除了依靠外部资金的输血，企业更要学会如何合理利用资金以及自我造血。

首先，要合理借助资本或关联企业的力量。例如，欧康维视的快速上市离不开"通和毓承"的布局，在明确市场潜力的前提下，通过VIC（VC+IP+CXO）模式快速整合关键要素，达到事半功倍的效果。HAP的发展也离不开与慕尼黑再保险业务的协同。资本也是一把双刃剑，企业应避免过度依赖资本从而影响发展方向。

其次，政府扶持是科技型企业发展的重要助力。如苏州工业园区为纳微的发展提供了多方面的支持，康码最新的融资也主要来自地方政府的投入。不少政府引导基金已纷纷布局医疗健康行业。企业也可以主动寻求政府不同形式的合作，如欧康维视苏州工厂前期由政府出资建设，随后由企业从政府那里收购回来。

最重要的是，企业需要建立自我造血能力。如华声医疗和领航基因的创始人都有销售背景，因此早期通过代理其他品牌支持了企业发展，后续自有产品上市后也可以复用客户资源；纳微在生物医药微球研发成功之前，靠核心技术快速研发出液晶显示屏微球，为公司创造现金流。但企业家需要坚持初心，避免为了短期利益放弃原本锚定的宏伟目标。例如，华声在自有产品研发成功后果断放弃了代理业务；纳微江博士为了坚持做生物医药微球，不惜与合伙人分道扬镳。

此外，企业需要进行现金流管理，并合理利用资金。例如，天臣医疗充分利用各种金融工具，控制好现金流，保证企业平稳运行。厚朴方舟在竞争压力下，并未选择加大前端营销投入，而是将资金主要投入与公司战略相匹配的后端运营上，以打造公司的核心竞争力。

三、市场难及，如何开拓？

医疗健康产业专业性强、准入壁垒较高，各"玩家"会发现此市场并非触手可及。从研发出创新产品到获得监管部门的批准，再到上市得到市场认可、取得销售上的成功还需要跨越许多障碍。特别是颠覆性的创新产品，前期可能还需要企业自己去培育市场，改变客户认知，其难度可想而知。

首先，在产品研发前，选择合适的细分市场、有针对性地创造独特的价值，可以让后续的市场推广事半功倍，特别是对于资源不足的初创企业。例如，领航基因精准地选择了临床刚需、现有产品痛点明显、自身技术优势能充分发挥、盈利模式清晰的血流感染领域，从而精准触达目标专家，以显著的产品优势赢得了他们的认可。极橙聚焦儿童齿科，以鲜明的"快乐看牙"价值主张，仅通过一篇亲子公众号上的推文就获得了4,000个初始用户，并迅速在齿科这一竞争激烈的市场中脱颖而出。

其次，企业需要深刻理解其产品的购买决策流程，决策单元中有哪些关键决策者及其利益诉求，企业要为他们创造价值，获得他们的认可。例如，严肃医疗产品专业度高，需求刚性，购买决策者主要是临床医生、医院、医保或商保支付方、患者及其家属，企业从研发初期到临床试验都可以让权威临床专家深度参与，从而使后期的产品申报获批和上市使用等更加顺利。而普通医生和医院一般会效仿权威专家和医院。因此，创新药和医疗器械企业的推广通常都采取从顶尖医生和医院着手，再逐步辐射中基层医生和医院的策略。而消费医疗更多是消费者本人、亲友及医生共同决策，需求非刚性，在决策过程中容易受到外界信息的影响。例如，半岛医疗在产品设计时就考虑了消费者的购买意愿，而不是仅关注临床医生的诉求。通过满足消费者的需求以及新媒体营销，半岛超声炮成为"网红"抗衰项目，让消费者主动到医美机构消费，进而拉动医美机构购买半岛设备。极橙将更多的资源和精力投入服务孩子而不是父母身上，一切围绕"帮孩子快乐看牙"，因为虽然父母是儿童齿科的最终决策者和支付方，但孩子是否愿意接受治疗才是父母决定是否购买的关键。

对于某些产品，国外市场可能比国内的成熟、市场接受度更高、竞争环境也更好。企业未必要先渗透国内再出海，可以一开始先进入欧美等海外市场，获得欧美市场的认可后再以更高端的品牌形象回到国内市场。例如，天臣医疗一开始先在欧洲市场获得认可，与世界领先的代理商建立长期合作，并建立了海外子公司，因此其海外业务占比一直较高。

在积累了一定的市场基础后，企业要进一步扩大市场覆盖面，则需要创新产品、商业模式以及借助更多合作伙伴的力量。例如，厚朴方舟包干价的定价逻辑与保险公司的利益一致，因此通过与保险公司合作，将海外医疗的受众从中高净值人群扩大到能够买得起商业健康险的更广大的消费群体。极橙在上海站稳脚跟后，计划拓展二、三线城市，可能需要借助加盟商的力量。半岛为更好地满足消费者不同场景的应用需求，基于同样的技术路线将原本只在机构使用的产品开发为对应的家用化设备。

四、盈利模式，如何构建？

构建可持续的盈利模式是当前许多创新医疗健康企业面临的挑战。特别是随着资本市场遇冷、科创板上市收紧，盈利模式的建立迫在眉睫。对于严肃医疗的产品和服务，一般有医保或商保作为支付方，但准入难度较大。消费医疗通常是由患者自费，但行业竞争日趋激烈。

对于严肃医疗的产品，企业需要明确能否进入医保、如何快速进入、以怎样的价格进入。比如能否直接参照现有产品或服务收费，或是基于卫生经济学证明其创造的价值，进而得到支付方的认可。例如，领航基因的血流感染检测可以直接参考医保目录中已有的病原体检测，尽管其卫生经济学价值可能比现有检测更高，但参照现有标准可以免去繁琐的申报流程。而随着国家医保谈判和集采的推进，一些产品的医保支付价格可能会大幅下降，企业就需要权衡，也许进医保未必是唯一路径。如果不进入医保，患者是否有自费意愿，或是能否通过商保创新支付方式。如果是医院采购的产品，如医疗设备，则要考虑能否为医院创造价值，如能否帮助医院提升医疗水平和降本增效。

对于消费医疗的产品，需要考虑消费者的价值感知、购买意愿和顾客黏性。如半岛超声炮的定价是同类项目超声刀的1/3，会有更多的消费者能支付得起及愿意尝试，同时舒适度更好让消费者愿意持续复购。极橙则通过优质的服务创造高价值感知，从而赚取溢价，让儿牙这一普通齿科机构用来引流的业务可以盈利。企业还可以把单个服务打包为整体并捆绑定价，如厚朴方舟给客户提供一站式海外医疗解决方案，并采取包干价，提升就医体验和效率的同时增加了公司收益。

对于企业整体的盈利模式而言，要考虑产品之间的相互协同，如医疗设备和耗材之间的互补，就像剃须刀和刀片，可能设备不是盈利的主要来源，但设备能够带动耗材的使用，企业后续可以靠耗材盈利。这也是许多医疗器械企业的盈利模式。同时，盈利模式是否可行还要考虑合作者的利益。例如，半岛医疗希望设备能够让全国5,000家医院都买得起，因此设备的定价不高，售后也免费维修，让更多的医院愿意采购，才能服务更多消费者，实现多方共赢。

此外，企业需要综合考虑自身的资源和发展战略。一些核心业务自营，非核心的可以授权给其他合作者，共同研发和开拓市场，共担风险和共享收益。例如，将产品对外授权（License-out）可以从首付款和里程碑付款中能够尽快得到收益，投入新的研发。

五、前路漫漫，如何求索？

中国医疗健康产业经过大浪淘沙，一些企业已走向发展正轨，脱颖而出并开始迈向新的发展阶段。

首先，许多领先的生物科技公司（Biotech）开始转型为制药公司（Pharma），有丰富的研发管线，自建高质量的产能和商业化团队，企业治理更加规范化，产品开始得到市场认可并带来可观的业绩。例如，截至2024年4月，64家港股18A上市的生物科技公司中已有50家能够产生营收，三家创新药企首次实现2023年全年盈利，对外授权成为扭亏的关键。[2]

同时，一些产品管线单一、资金不足的企业开始寻求出路，资本也开始寻找上市之外的退出通道，有实力的企业开始通过并购补足短板。各方开始整合优势资源，从而快速扩大市场以及提高竞争优势。

此外，随着国内市场竞争日趋激烈，医保谈判和集采压力较大，出海成为许多企业的必选项。企业可以通过海外授权、与海外合作伙伴成立合资企业、并购海外企业或是独立出海等方式推进。例如，近两年如火如荼的抗体偶联药物（ADC），仅2023年就有15起海外授权，交易总金额超过230亿美元。[3]

最为重要的是，创新开始更上一层楼，政策、资本和市场都在向真正的创新倾斜。加快发展新质生产力对医疗健康产业提出了更高要求，企业未来需要实现从跟随、模仿到全球首创或全球最佳的跨越，甚至从基础理论研究出发，产生更多颠覆式创新，从而引领整个产业的发展和升级。

这些发展方向在本案例集中尚未充分探讨，将作为我们未来的研究重点。同时，随着老龄化的加剧，康养产业有着巨大的发展潜力，银发经济快速崛起；数字化技术与医疗健康产业的融合经过前期的探索，开始有成功的落地应用。这些领域我们也将在未来的研究中加以侧重。

需要特别说明的是，本案例集中的10家案例企业仅能起到管中窥豹的作用，远未覆盖医疗健康产业的宏大全景。案例也仅为探讨管理实践经验，不代表企业实践是否正确有效，亦不构成投资建议。期待能与读者交流；对于案例集的不足之处，也欢迎批评指正。

阮丽旸

2024年6月10日

尾　注

1　前瞻网.预见2024：《2024年中国大健康行业全景图谱》[EB/OL].(2024-03-13) [2024-06-10]. https://www.163.com/dy/article/IT5RSFU9051480KF.html.

2　章乐.18A大反转，总营收超500亿！百济、信达领跑，康方、复宏汉霖、和铂盈利，下一个盈利的会是谁？[N/OL].医药经济报，2024-04-06 [2024-06-10]. https://mp.weixin.qq.com/s?__biz=MjM5MTcyMjYxMw==&mid=2651828580&idx=1&sn=bf087cb094bd43eb224281db0fb17595&chksm=bc265b2b37e818ac77f86308a35877979e7d444c2a83ff4e8d53dcf07427bba53d25d95b298d&scene=27.

3　研发客.超230亿美元海外授权合作，创新药企是否被低估？[EB/OL]. (2024-01-15)[2024-06-10]. https://finance.sina.com.cn/stock/med/2024-01-15/doc-inacpxsr5844062.shtml.

目 录

第一章

曾经：国内国外差距
明显，海外医疗
应运而生

厚朴

方舟

案例A　厚朴方舟：
海外医疗一价全包？[*]

2017年年初，厚朴诺亚健康管理（北京）有限公司（以下简称"厚朴方舟"）上海子公司已开业半年，不断攀升的销售数据让厚朴方舟的CEO王刚先生如释重负。经过几年的摸索和改进，厚朴方舟的海外医疗服务模式已经得到市场的初步认可，客户对海外医疗产品（包括海外就医和海外体检）的反馈总体满意。公司树立了良好的口碑，经营状况也渐入佳境。

尽管公司业绩令人欣慰，但王刚却不满足于此。在他看来，厚朴方舟要做的不是更挣钱的医疗，而是提供更好的医疗。更好的医疗，就是指"好、快、省"。王刚认为，目前海外医疗服务都是按服务量、时长和次数收费，这种按量计费的模式在本质上与患者利益相悖：患者越治不了、治不好、拖得越久，收费就越高。而海外就医费用的不确定性也让一些潜在客户顾虑重重。

---

[*] 本案例撰写于2017年，最后更新于2021年4月。（以下[*]为撰者注）

因此，王刚萌生了一个大胆的想法：能否提供海外就医包干（即以一价全包的方式兜底患者的医疗费、服务费以及围绕医疗产生的其他所有非医疗支出）这一新的定价模式，让患者无需担心因治疗过程不确定而导致的费用波动。

想法一经提出，反对声不绝于耳：越是疑难杂症的患者越希望一价全包，公司给他们兜底风险太大。但王刚却认为，海外就医包干的服务形式能够让患者和公司的利益统一起来：患者治疗效果越好、效率越高、成本越低，公司的收益也就越高。初衷固然是好的，但踏出这一步之前，王刚还需要仔细斟酌。

中外医疗环境差距

我国是重大疾病发病率和死亡率最高的国家之一。重大疾病主要包括恶性肿瘤、严重心脑血管疾病、需要进行重大器官移植的手术、严重精神病等。其中，心血管疾病和肿瘤在我国居民疾病死亡原因构成中占比最高。[1] 国家心血管病中心2017年的数据显示，我国心血管病患者数量仍处于上升阶段，现患人数约2.9亿。[2] 国家癌症中心的数据显示，2013年（中国癌症统计一般滞后3年）我国新发癌症病例约为368万例，占世界新发癌症病例总数（1,409万人）的1/4，平均每天约1万人确诊癌症，[3] 现存癌症患者总数约750万人。[4] 要应对如此众多的重症病患，我国的医疗资源实在难以满足。尽管我国医疗改革在按部就班地推进，但总体医疗资源不足、分布不合理、缺乏优质资源的现状一时难以改变，看病难一直是老百姓日常生活中的一块心病。

与美国、日本等发达国家相比，我国不仅在总体医疗资源（如医疗卫生支出占GDP比重、人均医疗卫生支出、人均医生数）上存在差距，[5] 医疗水平也相对落后，主要体现在药品、设备、诊断水平、治疗方法、治疗效果和服务质量上。[6]

在药品方面，我国原研药起步较晚，而美国、日本等国家药物研发水平高、上市早。国外的新药要进入我国，从申请到获得临床应用可能需要几年时间。据统计，2016年全球癌症靶向治疗药物中，仅有24.5%在我国上市。[7]尽管2016年以来我国批准新药的速度明显加快，[8]但仍有许多药物未进入国内市场。

在设备方面，美国、日本有一些先进医疗设备在我国没有或很少使用。如可用于前列腺癌等手术治疗的达芬奇手术机器人，在美国、日本的很多社区医院都有使用，美国的装机量已有2,000多台，[9]而截至2017年初，中国大陆仅有60多台；[10]又如质子重离子治疗设备，在美国、日本已有30多年的研究和应用，美国已有20多家质子重离子治疗机构，日本也有近20家，而到2017年初，我国仅有淄博万杰质子治疗中心（2004年）、上海市质子重离子医院（2015年）、台湾长庚医院质子治疗中心（2015年）等几家投入运营，其他质子重离子治疗机构都尚在建设中。[11]

在诊断水平上，国内医生水平落差较大，许多病理医生经验不足、判断不准确，再加上一些医院的设备相对落后，检测结果（如CT等影像学文件）的精度不及美国、日本等发达国家，导致一些疾病的误诊率较高。

在治疗方法上，美国、日本有许多更有效的方法在我国没有或很少得到应用。例如，对于黑色素瘤的治疗，美国已将免疫治疗和靶向治疗作为不可切除或转移性黑色素瘤晚期患者的一线治疗方案，将生物化疗和细胞毒疗法作为二线，而中国仍主要采取化疗。[12]

在治疗效果方面，由于药品、设备、诊断水平和治疗方法上的领先，美国、日本也高于中国。例如，中国癌症患者的5年平均相对存活率约为30.9%，而美国患者的这一数字是66%（见附录1）。[13]

最后，在服务质量方面，由于医疗资源不足，国内大医院常常人满为患，医患关系紧张。而美国、日本的医院更加人性化，医生和护士也更具有服务意识。在医疗服务的患者满意度上，海外明显要高于国内。[14]

海外就医市场

正因为国内医疗资源难以满足众多患者的需求，且医疗水平与发达国家存在一定差距，我国越来越多的中高净值人群开始将目光投向海外。数据显示，近年来我国海外就医患者数量呈井喷式增长，从2011年的891人增长到2016年的19,290人，6年间累计增长了20倍（见附录2）。我国海外医疗服务市场规模从2014年的4,000万元人民币增长到2016年的7.3亿元人民币，2017年将超过10亿元人民币，预计到2019年将达到32.3亿元人民币（见附录3）。[15]

海外医疗供应目的地

目前，海外就医目的地以美国居多，日本第二，两国分别占比49%和21%，总计占比达到七成。[16]

美国医疗水平领先，研发能力强，药品、设备、治疗方法上不断推陈出新，患者能够得到最先进的治疗。美国医院长期接收海外患者，具有完善的体系。大医院一般都设有专门对接海外患者的国际部，且不识别患者来源，个人也可预约，患者接收标准宽松。在费用上，美国医院普遍对海外患者提前收取预估费用，医疗费用远高于中国和日本。[17]

日本医学研发水平落后于美国，但临床医学并不逊色。在世界卫生组织（World Health Organization，简称"WHO"）对各国医疗水平的评比中，日本多次蝉联全球第一。日本手术精细度高、费用相对低廉、护理康复体验好。但日本医院接收海外患者的时间较短，大部分医院没有接收过海外患者，因此接收标准较为严格。日本海外医疗行业受政府管控，由经济产业省、外务省联合管理，从业者需获得"海外医疗身元保证牌照"。这一资格一般只向日本企业发放，对成立时间、接收患者数量、签约医院数量、服务流程、患者信息保护、投诉率等都有要求。在费用上，日本医院对海外患者实行后付费制，但需具备海外身元保证资格的企业承担连带责任，医疗价格在所有发达国家中最低。[18]

海外医疗的消费群体

海外医疗的消费者主要由两部分组成：一部分是有高端健康管理和疾病预防等大健康需求的高净值人群，他们对服务水平要求较高，对低价产品不感兴趣，往往伴随度假消费；另一部分是中高净值人群中的重大疾病患者，他们更关注预约和治疗周期、治疗方法和效果、医院和医生等，需求刚性，在承受能力范围内对价格不敏感。[19]总体来看，海外医疗的消费者一般具有中高收入、受教育程度高、决策比较理性、对国外环境比较了解，大多分布在东部沿海等经济发达地区。

但消费者在决定去海外就医时面临着诸多问题：① 去哪儿看（哪个国家、哪所医院、哪位医生）？② 怎么去（签证问题、如何联系医院、如何预约等）？③ 去了以后怎么办（当地交通、住宿、语言、生活等）？④ 治疗回国后怎么办（国内与国外的治疗如何对接）？⑤ 再次出境治疗怎么办？

面对如此巨大的市场需求，以及消费者难以解决的痛点，一些海外医疗服务机构应运而生。

海外医疗服务市场竞争者

从事海外医疗服务的企业出现于2010年前后，到2017年初已有上千家，主要集中在一线城市等经济发达地区，[20] 发展模式呈现多元化。从提供的海外医疗产品来看，可分为严肃医疗和大健康产品，前者如重大疾病治疗，后者如医美整形；从商业模式来看，按照线上线下的不同侧重可分为互联网平台型、综合渠道型和线下会所型。[21] 具有代表性的主要为以下四类。

（1）聚焦严肃医疗的高端服务商

这类企业专注于高端市场，主要提供严肃医疗的海外医疗中介服务，如北京盛诺一家医院管理咨询有限公司（以下简称"盛诺一家"）、携康长荣医院管理（北京）有限公司（以下简称"携康长荣"）等，与厚朴方舟有最直接的竞争关系。它们大多以中介服务为主，不涉及医疗环节，按服务类型和服务量收费，如预约服务费、按小时计算的医学翻译费等。其中一些会随着业务的发展与国内医院建立合作或延伸到医疗环节。[22]

例如，盛诺一家成立于2011年4月，2014年获得红杉资本中国1,000万元A轮投资，总部位于北京，在上海、广州、杭州、宁波和深圳等地设有子公司，在美国、英国、德国、日本设有境外客服中心，已与20多家海外医疗机构建立正式合作，年转诊约千人，在以美国为海外医疗目的地的市场上占有率领先。[23] 盛诺一家在营销推广上投入较大，如在各航空公司杂志上常年刊登广告等，企业知名度较高。盛诺一家的主要业务模式是为患者提供海外就医全程咨询和解决方案的中介服务，以轻资产运营，海外落地服务主要依靠外包。其收费模式是按照服务的种类、时间和次数收取服务费，医疗费则由患者自行与海外医院结算，服务费在全行业中处于高端水平。

（2）国外医疗机构在中国设立的分支

面对中国巨大的市场，一些海外医疗机构开始在中国设立分支，依托海外资源，通过与国内三甲医院合作，为患者直接提供转诊服务，同时也与医院或相关政府部门合作，帮助国内医院和医护人员提高医疗水平和管理水平。在华代表性的海外医疗机构包括惠每医疗集团（以下简称"惠每医疗"）、美国麻省医疗国际集团（以下简称"麻省医疗"）等。由于医疗资源上的优势，这些海外医疗机构在华分支对以中介为核心业务的海外医疗服务企业构成了较大威胁，但可能存在"水土不服"的情况。[24]

例如，惠每医疗是美国梅奥医疗集团与高瓴资本集团于2015年合资成立的集医疗投资、管理、咨询、培训为一体的医疗集团公司，通过与国内三甲医院合作，为中国患者提供直接赴梅奥就医的转诊服务。此外，惠每医疗还将梅奥优质的医疗和管理实践引入国内医疗体系，建立医疗信息管理和交流平台，为医护人员提供临床决策支持系统，提升医院的医疗和管理服务水平。[25]

（3）大健康海外医疗的综合服务商

一些海外医疗服务机构看中了门槛低、可控性强的海外医疗大健康产品市场，搭建海外医疗的复合资源和渠道体系，提供"旅游＋大健康"的产品体系，如以日本、美国、新加坡、印度等为目的地的海外体检、海外转诊、环球康复疗养、环球养老，甚至包括海外投资置业等一站式服务。这类机构与厚朴方舟提供的产品差异较大，不构成直接竞争。代表性企业如北京新视野国际旅行社股份有限公司，该公司于2012年正式涉足海外医疗健康旅游市场，主要面向B端（如银行、保险公司、体检机构、旅游和电商平台等）拓展业务，2016年在新三板挂牌上市。[26]

（4）国内医疗平台旗下的海外医疗项目

一些医疗服务平台凭借在病患中已经形成的影响力和公信力，相继推出海外医疗业务。例如，春雨医生平台旗下的春雨国际，通过线上平台整合全球医疗资源，打通资源和患者间的信息屏障，为国内患者提供海外医疗一站式资源信息整合服务。目前可对接美国、日本、韩国、泰国、新加坡等地的医疗资源，提供远程问诊、国际转诊、生育辅助、医疗美容、国际健康管理等服务。其他平台还包括360健康、就医160网、好大夫在线等。[27] 这些互联网平台一般以轻资产运营，主要是信息整合和中介服务，价格相对较低。

厚 朴 方 舟

　　厚朴方舟于2012年4月开始从事海外医疗服务，总部位于北京，在日本东京、美国波士顿和休斯敦拥有全资子公司和直属服务团队，是中国最早提供海外就医服务的机构之一。厚朴方舟是第一个获得日本"海外医疗身元保证牌照"的中国企业，日本经济产业省的数据显示，2017年厚朴方舟在日本海外医疗市场中占有率排名第一，达到56%。

　　厚朴方舟只从事严肃医疗服务，为重大疾病患者输送全球顶级医疗资源，并提供海外医疗360度一站式服务，包括国际标准病例的提供、绿色通道预约、入院检查、跨学科会诊、治疗方案实施、手术跟进及ICU对接、院中康复、出院后随诊、二次入院的全流程一站式服务，以及海外治疗期间的交通、住宿、医疗和生活翻译、生活陪同、支付解决等服务，每年服务客户1,000人左右。

"轻前端、重后端"

　　与其他海外医疗中介重营销、轻运营的模式不同，厚朴方舟反其道而行，走了一条"轻前端、重后端"的道路。

在营销方面，厚朴方舟投入的费用只有同行企业的十分之一甚至更低。王刚认为，海外医疗的消费群体具有较高的支付能力和识别能力，在选择海外医疗服务商时非常理性，因此市场宣传的投资回报率递减。2016年5月"魏则西事件"之后，百度搜索对医疗广告竞价排名进行了大幅整顿，[28] 厚朴方舟的互联网获客成本从最初的1.5万元—2万元每人降低至5,000元每人左右，在行业中处于较低水平。对于竞争对手在营销上的大笔投入，厚朴方舟采取了跟随战略。例如深圳子公司的选址，厚朴方舟就选在盛诺一家附近。"顾客去盛诺一家就会顺便来我们这看看，把它的流量吸引过来。"

王刚认为，"医疗是一个慢行业，不如将前端的营销投入转移到后端的服务，变成用户的口碑"。[29] 因此，厚朴方舟一直在走"专家签约、服务自营"的重资产模式。王刚预测，海外医疗的未来市场需求将呈大幅增长趋势，自建专家集团和全球化服务团队可以在一定规模区间内将成本固定化，从而降低边际成本，提高边际收益。

顶级医生是核心医疗资源，厚朴方舟从一开始就将医生资源作为投入的重点，组建由各学科顶级医学专家组成的医生集团。早在2013年，厚朴方舟就签下五位日本专家和三位美国专家。"肺癌领域排名第一的中川健教授、日本心脏学会主席幕内晴朗教授、日本脑神经外科学会主席寺本明教授、顺天堂癌症中心鹤丸昌彦教授和日本肝脏学会主席井廻道夫教授，最早我们就与这五位签下了排他性协议，后来的专家团队都是通过他们的背书和介绍而组建起来的。"[30] 截至2017年年初，厚朴方舟共计签约了30多位美、日顶级医生，他们大多带有主席、院长等头衔。"我们只选择与泰斗级医学专家签约，"王刚强调，"并且签署的大多是排他性协议，这意味着这些医生不能再与其他海外就医机构合作。"专家团队的建立保证了厚朴方舟海外就医服务的专业性、稳定性及治疗效率。许多患者也都是冲着这些专家资源而来。[31]

同时,公司成立之初的两年半时间,王刚在美国和日本这两个主要医疗目的地投入了大量资金筹建子公司。2013年1月,厚朴方舟日本子公司成立;同年4月,美国子公司成立。"我们完全不会外包服务,人员、车队、公寓等均为厚朴方舟投资拥有。"特别是自营公寓,成本最高,同时也是客户体验的关键。[32] 王刚解释说,"中介模式会把营销端做得很重,而厚朴方舟的服务模式则把后端做重。如果有资金,我们会将资金都投入后端的服务方面,在前端的市场销售方面用得很少。只有这样,才能保证患者海外就医的诊断、治疗效率及效果。"[33]

2017年初,厚朴方舟还与有130年历史的日本红十字会总医院建立合作,该医院将国际部委托给厚朴方舟进行管理和运营。红十字会总医院是日本综合实力最强的医院之一,坐落于东京繁华地段,目前设有760多个住院床位,以治疗肝胆胰疾病著称。王刚认为,"厚朴承担日本医院国际部经营,将代表医院接待外国患者,这种合作模式开创了中国跨境医疗业务的先河"。[34]

重资产模式使得厚朴方舟在经营前期一直处于亏损状态,曾一度亏损1,000多万元人民币。但随着公司口碑的建立,其销售业绩逐渐提高,较低的边际成本保证了其利润率,2017年公司已实现盈利。

提升海外就医效率

就医效率对于重症患者来说尤为重要,"疾病不等人,如本人有签证,三四天就可以到达日本医院,美国也就十个工作日。另外是治疗周期,要让患者的等待时间最短化"。

到2017年初，厚朴方舟团队有70名左右员工在日本和美国做服务交付，分为医学部、生活部和交通部三个部门，12名来自不同部门的员工组成一个小组，为客户提供全程服务。[35] 小组成员按能力分成四类，其中，A类和B类为厚朴方舟的全职员工，具备医学背景，同时在海外就医目的地生活多年，对当地的语言和环境非常熟悉。C类和D类为兼职员工，无需医学背景，但C类需经过厚朴方舟的培训和考核，D类则主要从事简单的劳动，可以立刻上岗。相应的，海外就医过程中的服务场景也按难度分成四类。王刚介绍："比如首诊当天为A，手术当天为A，术后转ICU为B，普通病房陪护为C，日常陪同为D，不同服务场景配备相应能力的人员。"通过专业化的分工，提升厚朴方舟团队的服务效率。在跨时区和跨地区的管理上，厚朴方舟搭建了自己的后台业务系统，客户从拨打"400"电话开始，到完成海外医疗服务的整个过程，相关信息都会在系统中记录和管理。厚朴方舟计划进一步梳理流程和完善系统，比如让客户通过移动端接入、完善医院数据对接和服务过程中的信息对接等，实现流程管理的精细化和标准化，最大限度地提高患者海外就医效率，缩短就医周期。[36]

海外医疗一价全包？

尽管公司业绩不断提高，但在王刚看来，公司的价值观是"只为更好的医疗"，而不是更挣钱的医疗，更好的医疗，就是"好、快、省"。自营服务团队、建立海外医生集团以及良好的流程管理，帮助厚朴方舟实现了"好"和"快"，那如何做到"省"？这似乎与以高净值人群为主要消费群体的海外医疗行业有些矛盾。在许多人看来，海外医疗费用高昂且存在诸多不确定性，海外衣食住行都是一笔不小的开支，而海外医疗费更可能会是"无底洞",因此只有金字塔顶端的人才能承受,这让许多重疾患者虽然有此需求,但却对此费用望而却步。

厚朴方舟已经在"省"方面做了一些尝试,如2016年9月正式推出的海外专家远程视频诊断服务。[37]王刚介绍:"如果患者想去国外看病,我们并不会直接将他们推到国外去,而是先做一个远程视频会诊,让国外专家先做分析,对治疗方案做出预判,再结合患者自身的经济情况和身体条件,给出具体的解决方案。"这一做法使得患者从远程视频会诊到出国就医的转化率一下子降到了15%左右,为许多患者省下了高昂的出国就医费用。[38]

王刚继续思考,还有没有其他方式能让好的海外医疗资源惠及更多的人?除了海外的治疗和生活费用本身就高以外,还有什么因素导致了海外医疗费用的"无底洞"?王刚想到目前海外医疗服务的定价模式,海外医疗中介服务费一般都是按服务的种类、数量和时长计费,治疗费则会根据患者选择的医院、医生、治疗项目、药品等收费,不同人之间差异很大。一般患者病情越严重、越治不好、拖得越久,不仅支付的治疗费更高,付给中介服务机构的费用可能也更高。在王刚看来,这无疑会让患者的情况雪上加霜,是与患者利益相悖的。

在掌握了许多日本优质医疗资源,从而能够有效把控就医效率和周期,且对日本医院的治疗过程和成本有了清晰的认识后,王刚觉得大部分重大疾病的治疗总成本能够控制在30万—100万元人民币。他设想:厚朴方舟能否利用自身的资源和优势为患者提供海外就医包干服务(即以一价全包的方式兜底患者一次海外就医的全部医疗和非医疗支出)?这样不仅能显著区别于竞争对手,也能解决不少患者及其家属对海外就医费用不确定性的担忧。患者消除了对费用不确定性的顾虑后,也能安心在海外就医,顾客体验和留存率也会提升。把价格固定下来还能倒逼厚朴方舟提升运营能力和效率,在保证质量的前提下降低服务成本，从而获取利润。

　　王刚想先推出赴日就医的包干价产品，产品大类可按两个维度划分：一是按照就医阶段，分为诊断和治疗；二是按照包干范围，分为小包干（仅包含服务费）和大包干（包含服务费和医疗支出）。两个维度交叉组合，形成四类产品，即诊断小包干、诊断大包干、治疗小包干和治疗大包干。例如，诊断小包干即包含诊断期间的服务费和围绕诊断产生的其他非医疗支出；诊断大包干则是在诊断小包干的基础上又包含诊断本身产生的医疗支出。治疗小包干和治疗大包干以此类推（见附录4）。王刚计划在日本试点两年后，再推出美国就医包干业务。

　　面对全行业都在按量计价的现状，厚朴方舟这么做要冒极大的风险，因此遭到核心团队成员的强烈反对。王刚到底该如何决策？

附　录

附录1　中美癌症五年生存率对比

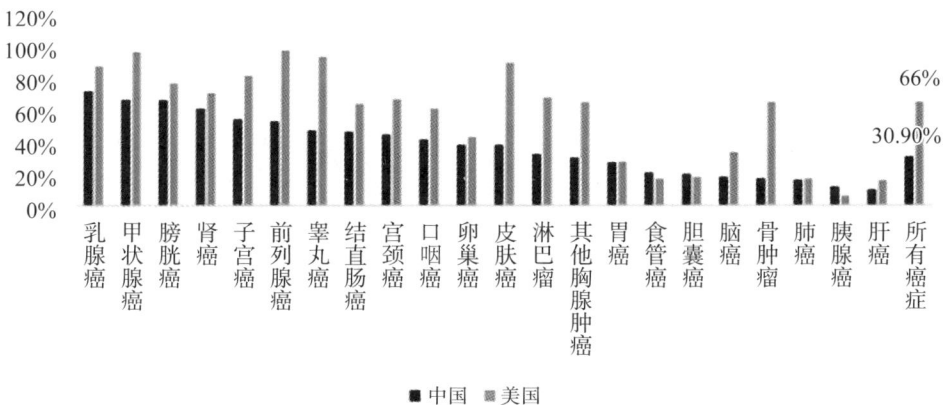

资料来源：厚朴方舟.中美癌症5年相对生存率比较[EB/OL].(2015-01-04)[2017-10-08].http://www.hopenoah.com/usa/zhinan/20150104762.html.

附录2　2011—2016年海外就医患者数量

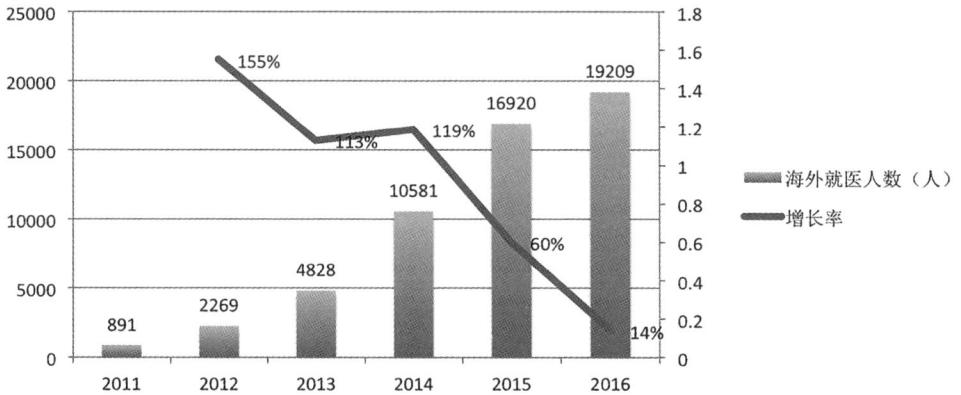

资料来源：中商产业研究院.2017年中国海外医疗市场规模数据分析[EB/OL].(2017-06-15)
[2017-10-09].http://www.askci.com/news/chanye/20170615/180031100625.shtml.

附录3　中国海外医疗服务市场规模预测

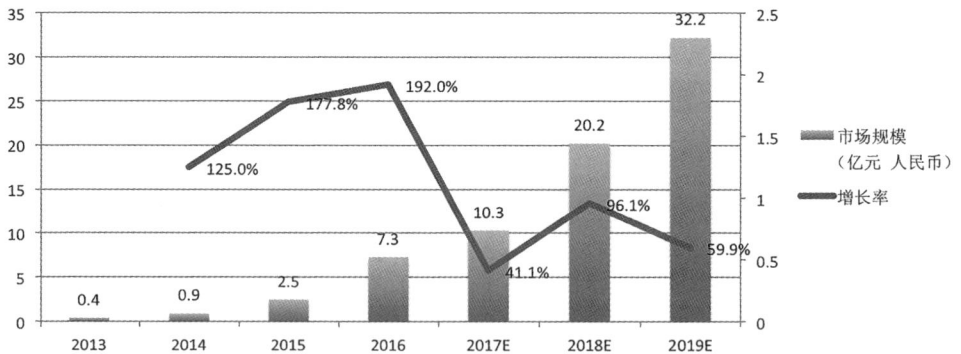

资料来源：易观智库.海外医疗市场专题分析2017[EB/OL].(2017-06-23)[2017-10-08].https://
www.analysys.cn/article/analysis/detail/1000799.

附录4　厚朴方式考虑实施的包干产品举例

产　品	包　含　服　务	初　步　定　价
日本疾病治疗小包干A套餐	信息咨询、病历翻译整理、专家二诊意见、医院专家预约、医疗签证办理、出行指导安排、境外交通服务、境外生活服务、境外住宿服务、境外就医支持、疾病跟踪管理等。	专业版8万元，尊享版12万元
日本质子治疗大包干套餐	医疗费用承担＋小包干所有服务	专业版46万元，尊享版56万元
日本重离子治疗大包干套餐	医疗费用承担＋小包干所有服务	专业版56万元，尊享版66万元
日本胸腔镜手术治疗大包干套餐	医疗费用承担＋小包干所有服务	专业版76万元，尊享版86万元
日本肝癌手术治疗大包干套餐	医疗费用承担＋小包干所有服务	专业版76万元，尊享版86万元

资料来源：厚朴方舟。

尾　注

1　国家心血管病中心.中国心血管病报告2016 [R/OL].(2017-06-22) [2017-10-07].https://www.sohu.com/a/151116905_377329.

2　国家心血管病中心.中国心血管病报告2016 [R/OL].(2017-06-22) [2017-10-07].https://www.sohu.com/a/151116905_377329.

3　国家癌症中心.2017中国癌症报告 [R/OL]. (2017-02) [2017-10-07].http://www.360doc.com/content/17/0605/23/16534268_660339055.shtml.

4　中国产业信息网.2017中国肿瘤市场供需及政策分析 [EB/OL]. (2017-03-21) [2017-10-07].http://www.chyxx.com/industry/201703/505592.html.

5　World Bank[EB/OL]. [2017 -10 -07].https://data.worldbank.org；OECD [EB/OL]. [2017 -10 -07].http://stats.oecd.org/Index.aspx?DataSetCode=SHA#.

6　越来越多中国人选择出国看病 国外医疗水平真比国内好吗？ [N/OL].三湘都市报，2017-06-14 [2017-10-08].http://news.163.com/17/0614/07/CMSIECQH000187VJ.html.

7 新康界.史上最全癌症靶向药（2016版）[EB/OL].(2016–11–08) [2018–10–07].http://med.sina. com/article_detail_103_2_14111.html.

8 华尔街见闻.中国新药市场大门终于敞开 全球医药巨头抢先登陆[EB/OL].(2017–03–30) [2017–10–09].https://wallstreetcn.com/articles/3001852.

9 智研咨询.2017–2023中国达芬奇手术机器人行业竞争现状及投资前景分析报告[EB/OL]. (2017–09) [2019–08–23].http://www.chyxx.com/research/201709/562285.html.

10 亿欧.达芬奇手术机器人2016年手术量突破了1.5万台[EB/OL].(2017–03–13) [2019–08–23]. https://www.iyiou.com/p/41075.html.

11 全球肿瘤医生网.质子重离子医院有几家—全球质子治疗中心一览表[EB/OL].(2018–11–26) [2019–08–23].http://www.globecancer.com/zzzl/001.html.

12 盛诺一家.这种肿瘤中美治疗差距居然这么大？[EB/OL].(2018–07–12) [2019–08–23].https:// www.jianke.com/nrzl/5382722.html.

13 中国产业信息网.2017中国肿瘤市场供需及政策分析[EB/OL].(2017–03–21) [2017–10–09]. http://www.chyxx.com/industry/201703/505592.html.

14 易观智库.海外医疗市场专题分析2017[R/OL].(2017–06–23) [2017–10–08].https://www. analysys.cn/article/analysis/detail/1000799.

15 易观智库.海外医疗市场专题分析2017[R/OL].(2017–06–23) [2017–10–08].https://www. analysys.cn/article/analysis/detail/1000799.

16 易观智库.海外医疗市场专题分析2017[R/OL].(2017–06–23) [2017–10–08].https://www. analysys.cn/article/analysis/detail/1000799.

17 厚朴方舟解析出国看病新行业[N/OL].21世纪经济报道，2016–08–11 [2017–10–09].http:// finance.huanqiu.com/roll/2016–08/9296653.html.

18 厚朴方舟解析出国看病新行业[N/OL].21世纪经济报道，2016–08–11 [2017–10–09].http:// finance.huanqiu.com/roll/2016–08/9296653.html.

19 予健园.我们每年有几十万人次赴海外就医，海外医疗的发展环境如何？[EB/OL].(2017–07–21) [2017–10–09].https://www.sohu.com/a/158934477_750202.

20 中国产业信息网.2014–2015年我国海外医疗中介服务行业需求情况[EB/OL].(2017–01–18) [2017–10–10].http://www.chyxx.com/industry/201701/488680.html.

21 李妍."海外就医另一面：为何境外医院在中国'水土不服'"？[EB/OL].(2017–01–04)[2017– 10–10]，https://www.vodjk.com/news/170104/978040.shtml.

22 李妍."海外就医另一面：为何境外医院在中国'水土不服'"？[EB/OL].(2017–01–04) [2017–

10-10]，https://www.vodjk.com/news/170104/978040.shtml.

23　盛诺一家官网[EB/OL].[2017-12-10].https://www.stluciabj.cn/about/jianjie.html.

24　李妍."海外就医另一面：为何境外医院在中国'水土不服'"？ [EB/OL]. (2017-01-04) [2017-10-10]，https://www.vodjk.com/news/170104/978040.shtml.

25　易观智库.海外医疗市场专题分析2017[R/OL].(2017-06-23) [2017-10-08].https://www.analysys.cn/article/analysis/detail/1000799.

26　易观智库.海外医疗市场专题分析2017[R/OL].(2017-06-23) [2017-10-08].https://www.analysys.cn/article/analysis/detail/1000799.

27　易观智库.海外医疗市场专题分析2017[R/OL].(2017-06-23) [2017-10-08].https://www.analysys.cn/article/analysis/detail/1000799.

28　百度将下线2518家医疗机构1.26亿条推广信息.[N/OL].新京报，[2016-05-10].http://www.chinanews.com/gn/2016-05-10/7864170.shtml.

29　陈燕.他把"京东模式"用在海外医疗行业，闯出一片蓝海[J/OL].中欧商业评论，2017-08-10 [2017-10-10].http://www.sohu.com/a/163569772_167921.

30　海外就医升级：厚朴方舟建立首家海外医生集团[N/OL].21世纪经济报道，2016-09-29 [2017-10-10].http://money.163.com/16/0929/20/C25I95JP00253B0H.html.

31　海外就医升级：厚朴方舟建立首家海外医生集团[N/OL].21世纪经济报道，2016-09-29 [2017-10-10].http://money.163.com/16/0929/20/C25I95JP00253B0H.html.

32　海外就医升级：厚朴方舟建立首家海外医生集团[N/OL].21世纪经济报道，2016-09-29 [2017-10-10].http://money.163.com/16/0929/20/C25I95JP00253B0H.html.

33　陈燕.他把"京东模式"用在海外医疗行业，闯出一片蓝海[J/OL].中欧商业评论，2017-08-10 [2017-10-10].http://www.sohu.com/a/163569772_167921.

34　朱萍.海外就医3.0：中国机构首次"托管"日本医院国际部[N/OL].21世纪经济报道，2017-04-07 [2017-10-10].http://www.sohu.com/a/132452264_115443.

35　陈燕.他把"京东模式"用在海外医疗行业，闯出一片蓝海[J/OL].中欧商业评论，2017-08-10 [2017-10-10].http://www.sohu.com/a/163569772_167921.

36　陈燕.他把"京东模式"用在海外医疗行业，闯出一片蓝海[J/OL].中欧商业评论，2017-08-10 [2017-10-10].http://www.sohu.com/a/163569772_167921.

37　杨培君.跨境医疗服务公司"厚朴方舟"推出美日远程视频诊疗方案.[EB/OL].(2016-09-13) [2017-10-10].http://www.iyiou.com/p/31657.

38　杨培君.跨境医疗服务公司"厚朴方舟"推出美日远程视频诊疗方案.[EB/OL].(2016-09-13) [2017-10-10].http://www.iyiou.com/p/31657.

厚朴方舟案例A点评一
"厚朴方舟"案例学习思考

鲍宪微[*]

鲍宪微[*]

毫无疑问，该案例令人印象深刻，引发深思。我们可以看到厚朴方舟的创始人始终围绕客户需求在进行变革，更难能可贵的是坚持初心：做的不是更赚钱的医疗，而是更好的医疗，始终把"快、好、省"的客户价值作为指引而展开企业经营实践。厚朴方舟的运营和营销模式在诸多方面给我们很多启示。

一、始终把客户价值放在首位，"轻前端，重后端"的模式对创业发展来说是更艰难也更具挑战的道路。与其他海外医疗中介重营销，轻运营的模式不同，完全是反其道而行之，在营销方面投入的费用只是不到同行业的十分之一。而这一点也体现了创始人王刚对客户的深刻洞察和行业理解，将前端宣传投入的费用转移到后端的服务，形成用户口碑。

与此同时，抓住核心资源。海外医生集团，顶级医生是医疗资源的核心。在构建一站式服务中更是在医生资源方面重点投入，组建顶级医学专家组成的医生集团，还运营管理有一百多年历史的日本红十字会总医院国际

＊ 鲍宪微，华住商旅高级副总裁。

部，坐落在东京最繁华地段，设有760多个住院床位，这种合作模式开创了中国跨境医疗业务的先河。也更是历练并沉淀了厚朴高端医疗服务商的核心竞争力；另外，在运营服务中持续投入，厚朴方舟搭建了自己的后台业务系统，客户从电话咨询开始，到完成海外医疗服务的全过程，相关信息都会系统记录和管理，实现流程管理标准化和精细化，最大限度提高患者海外就医效率。

二、清晰的市场定位，深刻的用户洞察，以及坚持初心把"快、好、省"的价值创造始终作为的企业经营的指引方向。厚朴方舟在定价上颠覆了行业传统，探索海外医疗一价全包的服务模式，为患者省心同时更省钱，某种程度上是在解决高净值消费群体与海外医疗行业的根本矛盾，因为海外医疗费用高昂且存在诸多不确定性，尤其重大疾病治愈率低，治疗过程复杂，海外医疗链路长，环节多，透明度低。而同行业企业过去都是按种类、数量、时长及全过程分段服务收费，使得患者和家属对海外就医费用不确定性而担忧。在推出一价全包之前厚朴方舟已经在"省"的方面做了一些尝试，推出海外专家远程视频诊断，虽然海外就医转化率降到了15%，但却为许多患者省下了高昂的出国就医费用。随着掌握了日本许多优质医疗资源，且对日本医院治疗过程和成本有了清晰的认识，重大疾病治疗总成本能够控制在30万—100万元人民币，具备了一价全包服务模式的基础。

三、在企业运营管理方面，厚朴方舟通过将客户价值与员工利益相一致，正向引导员工为客户提供更好的服务。由于重大疾病或疑难杂症，患者对于未来的医疗服务周期，价格无法提前获知，若病情越重、治疗实践越长，费用增长可能不可控，未知的医疗费用和服务会成为患者和家属的决策障碍，一部分客户可能因此选择其他替代医疗方案；客户知道医疗机构的服务费是和治疗周期，治疗费用正相关的，医疗机构可能会因自身利益的驱使推荐客户更昂贵但并不需要的医疗服务，那么客户会对医疗机构收费服务的信任度大大降低；而一价全包的好处有很多：① 明确的价格预期可以消除大小客户决策障碍，可以带来更高的客户转化率；② 客户不会担心被乱收费，这样客户体验更高，口碑传播效应会更明显；③ 比竞争对手更有优势的定价策略，会带来更多客户；④ 员工不会因为要获得更多收入而推荐客户不需要的服务，内部管理更加良性，健康；⑤ 能够优化全流程服务，更精细化标准化，可以去掉冗余的服务及成本，提高效率。

当然，一价全包也会带来弊端，主要有两点风险：① 当医疗服务成本超出一定范围时，公司会有兜底的风险；② 组织变革的风险，与过去经营模式有本质不同。需要提前制定这两个问题的解决方案，建议：① 通过过往案例的大数据分析和行业数据建模，更精准地判断可能的医疗费用水平，另外与保险公司合作，引入第三方服务，减少兜底风险；② 通过变革管理与团队共启愿景，清晰战略，成为每个人努力奋斗的目标，做大蛋糕获取更多的市场回报。

一价全包虽然在客户价值创造和企业管理方面有诸多益处，但在营销方面，仍建议避免传播一价全包，因为这个点会带来更多麻烦客户/非目标客户，造成兜底风险扩大，解释成本过高。一价全包是价格竞争策略，但不宜作为营销卖点。营销应定位在强调专业、放心的海外医疗服务，突出厚朴的服务属性。与其他医疗机构相比，厚朴是重服务、重运营的模式，与中介类轻运营模式相比，客户体验和服务效果更好。强调厚朴医疗资源的独特竞争力，最重要的是口碑传播，所以做好种子客户的服务和运营，将好口碑通过社交媒体精准传播，经营好私域，建立品牌心智，效果远大于媒体广告效应。

厚朴方舟的案例对于医疗行业有很多重要的借鉴意义，主要源于：① 中国庞大的人口基数导致中国是重大疾病发病率最高的国家之一，使得海外医疗需求是非常庞大的；同时随着中国经济水平的不断提升，中产阶层群体的增长，有能力支付海外医疗的群体逐步增多；② 中国人均医疗资源与其他发达国家相比严重不足，医疗科研和临床医疗水平也有一定差距，重大疾病海外就医可以提高医疗效果和就医体验，所以有支付能力的群体会更加愿意选择海外就医；③ 信息化水平不断提高，有支付能力和意愿的客户群体有更多渠道获知海外医疗服务，并选择适合自身的医疗服务。

　　一价全包的创新模式或许对海外医疗行业有着深远影响。因为是在根本上解决高净值用户与海外医疗行业的矛盾问题，而解决这一矛盾的本质是供给侧的变革，也正是厚朴方舟在做的"轻前端，重后端"，是在供给方面的投入和建设，能解决过去海外医疗服务信息不对称、医疗过程不透明，没有标准化的运营体系、精细化的运营服务。解决这个问题可以满足更多需求，促进行业发展。拿零售行业举例，淘宝和京东是供给服务的差异，淘宝是平台，京东是自营，从配送到货品的供给是不同的；而后来居上的拼多多营销端看到的是"砍一刀"的裂变营销，其本质也是供给端的变革，找到了效率更高、价格更低的货源地；再到SHEIN更是供给侧的变革，整合了生活和时尚的供应链，全链条自营品牌，品质高，效率高，销往全球150多个国家，估值已达到千亿美元。但是我们看到这样的市场格局变化都是创造新价值，市场规模越做越大。所以一价全包的颠覆性创新模式本质上是海外医疗供给侧的变革，更具确定性，成本更低，效率更高，获得越来越多的高净值消费群体，可以做大市场蛋糕，对海外医疗行业具有较大的深远影响。

厚朴方舟案例A点评二

刘乃佳[*]

随着生活质量以及收入水平的提高，海外医疗逐渐成为人们寻求高质量医疗服务的新选择。厚朴方舟作为中国海外医疗服务的先行者，针对海外就医所面临的特殊痛点（如就医机构和医生的选择、医院联系和预约安排、交通、住宿、语言、付费等），经过几年的摸索，建立了一套完整的解决方案，凭借其良好的服务质量获得了客户的认可。其提出的"海外医疗一价全包"模式，是一个旨在解决患者海外就医过程中费用不确定性和复杂性的创新尝试，核心价值在于它将原本分散且难以预测的各项费用（包括但不限于医疗费、服务费、生活费、交通费等）整合为一个固定的价格，为患者提供了一种清晰的预算框架，减轻了他们在海外就医过程中因费用波动带来的经济压力和心理负担。厚朴方舟的"海外医疗一价全包"模式，颠覆了传统的海外医疗服务模式，不失为一个大胆的差异化竞争尝试。

---

* 刘乃佳，慕再科技健康关爱服务平台负责人。

一、用户价值

从患者角度来说，"一价全包"简化了海外医疗的就医流程，提升了透明度，使患者能够提前做好财务规划，减少了因治疗过程中可能遇到的额外支出所带来的困扰。此外，这种模式在一定程度上降低了海外就医的心理门槛，让更多的中产家庭也能考虑海外治疗的可能性，不再局限于高净值人群。但与此同时，由于一价全包模式会限定服务内容以及就诊疾病的范围，因此并不能满足所有客户的需要，对于高净值客户的个性化需求，仍需要通过常规服务模式或者允许客户在包干基础上进行服务"加项"进行满足。

二、公司运营

对于一家服务机构来说，"一价全包"意味着需要承担传统保险公司的风险均摊职能，即需要管理发生率和成本的不确定性。这对于一家规模有限的创新公司，在财务和经营管理上将会是一个巨大的挑战：

（一）精准定价的困难。"一价全包"模式要求公司在充分了解各项服务成本的同时考虑不同服务的使用率差异，以及潜在的服务成本上涨、医疗费用通胀等因素，并需要定期进行回顾以及动态调整，以保证定价的合理性，同时预留一定的利润空间。海外医疗本身就是一个缝隙市场，厚朴方舟作为其中一个参与者是否有足够大的客户群体来支持其做出合理而且有竞争力的定价，还需要时间来证明。此外，如何确保医疗质量不受成本控制影响，以及如何避免公司由于一价全包可能承担过度的法律责任以及医疗风险等，都是需要谨慎处理的问题。

（二）运营效率与客户体验的平衡。在保证服务质量的情况下合理控制成本，确保在固定收费下也能实现盈利。这需要充足的客源或服务量支撑，确保各项固定成本能够得到有效分摊，逐步降低边际服务成本。但厚朴方舟服务的是高净值客户群这个对服务追求极致个性化的缝隙市场，靠标准化流程和服务来提升运营效率将非常困难，反而可能影响客户体验而导致大量的客户投诉。另外，厚朴方舟期望通过把价格固定下来倒逼自己提升运营能力和效率，笔者认为这是一个良好的愿望，但提升运营效率与是否一价包干本身并没有必然的关联性。

三、行业影响

一价全包模式打破了传统按服务量计费的模式，对行业产生了积极的推动作用。它促使其他海外医疗服务机构审视自己的定价策略，可能促使行业整体向更加透明、便捷的方向发展。同时，这种模式也对保险行业产生影响，可能推动保险公司开发更多包含一价全包海外就医保障的产品，以适应市场多元化需求。而对于海外医疗机构来讲，一价全包模式类似于国际患者的"DRG"，厚朴方舟为客户兜底医疗费用的同时"带量采购"，有助于减少医疗资源的虚高定价，降低国际患者的人均医疗费用。

四、策略建议

如果厚朴方舟想要推行一价全包模式，笔者建议从以下几个方面尝试降低自身的风险。

（一）精准定位目标客群。海外就医服务的目标客群主要是中高净值人群，这部分人群对医疗服务的质量要求较高，个性化需求多，对价格相对不敏感，更注重治疗效果和体验。"一价全包"更加注重服务体验与成本之间的平衡，更适用于对价格相对敏感的客群。因此，厚朴方舟需要找到符合其"一价全包"定位的目标客群。

（二）"一价全包"和传统定价相结合。"一价全包"可以作为一种创新定价模式，但应避免过分追求所有服务的一价全包，对于服务频次较高或使用人数较多的服务采用一价全包，对于使用频次较低或费用不可控的服务采用传统定价模式，从而避免定价不足或成本剧烈波动带来的亏损风险。

（三）定价风险转移。"一价全包"模式的实施效果会受到服务发生率和医疗费用的直接影响。发生率定价是保险公司的传统优势，而且保险公司实力雄厚，监管严格，具有很强的风险承担能力。厚朴方舟可以考虑与保险公司合作，由保险公司提供背靠背"一价全包"支持，将定价风险转移给保险公司，同时利用保险公司的渠道扩大业务收入。

另外，海外医疗机构具有丰富的国际患者接待经验，针对不同疾病的医疗费用经验数据丰富，可以参考美国管理医疗模式，通过与医疗机构合作洽谈包干价的方式，固定特定疾病治疗费用，将医疗费用价格波动的风险转移给医疗机构，从而大幅度降低"一价全包"的定价风险。当然，这种合作方式医疗机构通常会有一定的保底量的要求，会对厚朴方舟的业务量提出更高的要求。

海外医疗服务除了服务价格之外，也很容易受到宏观环境的影响。新冠疫情期间，海外医疗服务市场整体陷入低谷，随着疫情消失以及国际交往的恢复，海外医疗服务市场也在逐步复苏之中，但能否恢复且保持高速的成长还是一个未知数，加之客观环境因素，比如签证办理及往返海外交通不便等，必然会对高净值人群就医选择带来一定程度的影响。基于上述因素，笔者建议厚朴方舟从以下两个方向来考虑未来的业务发展。

（一）国内高端医疗。近年来中国国内医疗水平的进步以及创新药品和治疗方法审批流程的加快，海南博鳌医疗先行示范区的设立，为国内高净值人群就医提供了更多选择。

厚朴方舟可以考虑充分利用海南博鳌医疗先行示范区的政策优势和资源优势，引入在国内暂未上市的药品或治疗手段，将部分无法到境外接受治疗或希望在国内就医的客户引导到海南博鳌就医，满足不同客群差异化需求，扩大公司的业务范围和收入来源。

同时扩展国内顶尖的医院资源，满足高净值人群国内高端就医需求的同时打通国内外就医的连接通道，一方面增加国内服务收入，另外一方面也可以扩大海外就医的客户转化漏斗，为海外就医服务提供更多客户来源。

（二）聚焦恶性肿瘤和心血管疾病的治疗。恶性肿瘤和心血管疾病是中国居民死亡因素排名前两位的疾病，合计占比超过50%。恶性肿瘤用药和先进治疗方法是海外就医服务核心优势领域，心血管疾病作为一种"富贵病"则是高净值人群健康问题最大的痛点之一。建议厚朴方舟将服务对象聚焦在这两类疾病的患病人群，在合作医疗机构和医生的选择、团队服务能力的建设、宣传推广等方面聚焦资源投放，打造差异化的服务团队和资源优势，确保相关疾病患者在厚朴方舟可以获得最顶尖的服务资源和服务效果，不仅可以更加精准高效地获取业务，也可以通过服务取得良好的社会效果，从而在与同类型服务机构的市场竞争中建立起独特的差异化竞争优势。

第二章

医药和生物技术：商业模式与底层技术创新

欧康

维视

案例 欧康维视：
眼科医药一体化平台[*]

　　2020年7月10日，眼科医药平台欧康维视（Ocumension Therapeutics）在港交所成功上市，当天最高涨幅近190%，达到43港元，公司市值超过200亿港元。而在此前公开发售阶段，欧康维视就获得1,895.76倍认购，打破了港交所的记录，引起不小的轰动。

　　正式成立不到三年的欧康维视可谓一鸣惊人，但董事长陈连勇博士和高管团队对此并没有感到太多意外，他们在创立公司之初就已勾勒出发展蓝图。欧康维视由其领导的通和毓承资本（6 Dimensions Capital）一手孵化，"优质的产品管线+顶尖的人才团队+强大的执行力"，使其快速实现了"从0到1"的起步。

　　上市之后，欧康维视将面临许多新的挑战。比如，欧康维视的成功吸引

———————————

* 本案例撰写于 2020 年，最后更新于 2021 年 2 月。

了更多企业涌入眼科赛道，竞争日趋激烈。更重要的是，欧康维视要在内部逐步完善其综合能力，通过模式创新，迅速打通从研发到商业化的各个环节，从一家生物科技（Biotech）公司发展为一家制药公司（Pharma）。到2020年11月，欧康维视的工厂、商业化能力和人才团队建设都已步入正轨，向着其眼科医药一体化平台的定位稳步迈进。

通 和 毓 承

通和毓承资本是由通和资本与毓承资本于2017年5月正式合并组建，专注于生命科学和医疗健康领域的投资。其中，通和资本由原富达亚洲成长基金合伙人陈连勇博士于2012年创立。陈连勇于1984年北大毕业后赴欧洲留学，拿到有机化学博士学位，随后去美国麻省理工学院做博士后，1993年在美国结识了在哥伦比亚大学读博士、后担任药明康德董事长的李革博士。毕业后，陈连勇先在先灵葆雅做研发，随后加入麦肯锡做管理咨询，然后在硅谷的生物科技公司做顾问。在此期间，他几乎接触了所有的生物技术，也结识了一些生物医药圈的华人，比如百华协会，圈子中的许多人成为他日后的同行和合作伙伴。2005年，陈连勇回到国内，帮助BioVeda创建其中国办公室及投资团队，主导投资的中信医药于2010年被上海医药收购，获得丰厚回报。2008年，他加入富达基金，充分发挥自己在医药和投资管理领域的综合优势，投资和孵化了一批创新企业，比如信达生物等，并帮助其整合国内外的资源，实现快速发展。2012年，陈连勇在富达的支持下创立了通和资本。[1] 毓承资本则是由2011年成立的药明康德旗下风险投资部门独立而来。随着中国医药市场崛起，一些制药企业为降低研发成本和难度、缩短研发周期，急需研发外包服务，李革博士便于2000年回国创立了药明康德，并快速发展成为国内CRO（Contract Research Organization，医药研发合同外包服务机构）巨头。[2] 由于部分创新药研发的客户在早期资金量不足，限制了发展的速度，因此药明康德设立了毓承资本这一市场化基金，以更好地帮助初创企业解决资金不足的困扰。

药明康德是通和与毓承两支基金的LP（有限合伙人），因此在合并之前，双方就有很多一起投资的项目。合并后，李革担任董事长，陈连勇担任首席执行官，建立生物医药产业投资的新业态。通和毓承聚焦行业空白和潜力板块进行投资，并整合各种资源加速所投公司的创建和发展，打造产业生态圈。通和毓承目前在全球已有20多个投资团队和10多个运营支持团队，管理6只基金，在管资金规模逾百亿元，已投项目包括港股上市的基石药业、信达生物、华领医药，美股上市的百济神州、Viela Bio、Kymera、Tcr[2]、iTeos，创业板上市的康泰生物等80余家公司，是医疗健康领域规模最大的投资机构之一，也是唯一真正在中美两地皆有规模化投资运营团队的医疗健康领域跨境风险投资机构。

中国眼科市场

2016年，通和资本与毓承资本都注意到，虽然国内创新药企开始大量涌现，但大多数是在肿瘤等重大疾病领域，而眼科、皮肤科等专科得到的关注较少，其市场的发展相较于其他疾病领域与国外有着更大的差距。

特别是眼科，我国眼科患病人数远高于美国，而2017年中国眼科市场规模只有美国的1/12（见附录1），落后于中国医药市场总体规模相对于美国的比例（2017年是美国的1/4）。这背后的原因除了需求尚未被完全激发，还有国内眼科治疗手段与国际主流手段之间存在的差距（见附录2），许多国际主流的眼科药在国内都没有产品上市。比如，用于治疗眼后部葡萄膜炎的类固醇植入物以及用于治疗近视的低浓度阿托品滴眼液，国内都没有产品上市，后者仅有院内制剂。2006年到2017年间，中国仅有四款眼科新药获批（见附录3），且都是国外多年前就研发并获批上市的产品。[*] 随着老龄化、电子产品和生活方式改变带来的用眼过度、政策支持以及消费者健康意识和消费能力的提升，国内眼科保健和治疗需求预计将不断增长，眼科用药市场空间将大幅提升，2030年预计将达到169亿美元（见附录4）。

然而，国内专门的眼科药企数量较少，且由于起步晚、基础相对薄弱，多数以仿制药生产为主。欧康维视在孵化之初走访了几乎全国的眼科药生产企业，发现国内企业的生产质量与外资企业相比有很大差距。参天、诺华等外资企业在国内市场占主导地位，但主要以销售过期原研药为主。[3] 此外，中国市场上，不管是跨国公司还是本土企业，都没有覆盖眼前部和后部各主要眼科疾病用药，市场存在巨大空缺。[4]

在支付方面，眼科并非医保关注的领域，眼科药物是少数近期刚有产品（一款抗生素滴眼液）纳入集采目录的领域，但商保对其关注度较高，已有多家商保公司在眼科服务（连锁眼科医院）领域布局，并希望推出眼科治疗方面的商业保险产品。此外，随着人们生活水平以及对生活质量要求的不断提高，患者及其家属通过自费方式获取高质量眼科药物的意愿日渐高涨。而在成本方面，滴眼液99%组分为生理盐水，原料药因用量少占成本的比例很低，辅料包材（滴眼液瓶子）反而在成本中占据较大比例，综合产品成本相较于其他治疗领域较低。

---

[*] 2015年到2020年欧康维视上市时，国内共有七种眼科新药获批，均为国外企业多年前开发并在海外获批（美国五种、日本两种），而美国共有17种获批，其中一种新药在获批后不久即终止研究，而另外六种为化学实体工艺，已在中国获批及上市，其余十种均未在中国上市。

综合分析了以上因素后，通和资本和毓承资本意识到，中国眼科医药市场具有巨大潜力，而如果能快速把一家眼科药企所需的生产要素集齐并有效组合起来，很有可能打造出一家国内眼科药领域的领导企业。于是，2017年1月，双方在合并之前就共同成立了孵化团队，打算创建一家中国独一无二的眼科药企。

欧 康 维 视

通和毓承在孵化创新药企方面已有许多经验和国内外资源。孵化团队于2018年2月在开曼注册了欧康维视的上市主体，5月注册了上海欧康维视作为运营主体，2019年2月完成2,000万美元的A轮融资，6月完成1.8亿美元的B轮融资，投资者包括博裕资本、淡马锡、泛大西洋投资、斯道资本、3W Partners等十余家知名机构。欧康维视定位为一家整合眼科创新药物、整个药物开发周期中的专业能力以及专业人才的平台，致力于识别、开发和商业化同类首创或同类最佳的眼科疗法。

产品战略

孵化团队在构思欧康维视的发展方向时，首先明确了其产品定位，即覆盖眼前部和后部各主要疾病的同类首创或同类最佳的眼科疗法。具体如何实现？

一般而言，药企可以通过三种方式获得新药：一是自主研发，由于新药研发难度大、投入高、周期长，这种方式更适合有一定研发基础与研发实力的企业；二是投资并购，通过参股控股或者直接并购快速获取产品资源，适合有一定资金实力和资本支持，希望快速补充产品线或切入新业务领域的企业；三是专利引进（License-in），即通过向专利授权方支付一定首付款，并约定后续的里程碑款项及未来的销售分成，获得在中国以及其他国家和地区的研发、生产和销售的商业化权利。相比于投资并购，专利引进用少量资金便可撬动整个研发项目、缩短研发周期并实现风险分担。[5]

近年来，许多大型药企研发效率降低，开始调整研发策略，同时，许多国外中小型药企希望通过与国内企业合作，分担新药开发成本和风险、分享收益，并快速进入中国市场。再加上部分海外在研药物更适合国内发病机理，使得专利引进成为许多国内药企重要的项目来源。代表性企业如2014年创立的再鼎医药，其创立之初就将专利引进作为研发项目的主要来源，三年时间引进了10个产品，并负责引进后的开发、注册及商业推广等，于2017年9月29日登陆纳斯达克。[6]考虑到不同阶段新药的估值，国内企业一般以引进中早期项目为主，临床II期之前的项目占80%，带有一定风险投资性质。因此，引进方不仅需要充足的资金来引进专利项目，还要具备项目分析能力、一定的研发能力以及所在专科领域的销售能力，这样才能预先评估研发成功率和价值、完成引进后的开发工作以及保证后续商业化盈利。[7]

对于欧康维视来说，要尽快覆盖各主要眼科疾病的同类最佳和同类首创疗法，需要一套层层推进的"组合拳"。

在发展初期，公司主要通过引进专利快速进行产品布局，尽可能降低试错风险。创始团队花了半年多的时间依次梳理了各眼科子领域，并从国外聘请了专业的外部顾问，详细对比了中美在各眼科子领域的患者特征、治疗方法、上市和在研产品情况。一开始，他们考虑过引进青光眼药械结合的治疗产品，但研究后发现，中美之间存在很大差异，比如患者类型不同（国内大多是闭角型，而国外是开角型）、治疗早晚和方式也不同（国外的青光眼日常检查较为普遍，而国内大多是急诊，发病时眼压急剧升高，需要手术治疗），因此，药械结合的治疗方式不适合当前的中国市场。综合考虑之下，欧康维视决定从国内紧缺的眼科药物入手，比如治疗干眼症、葡萄膜炎、湿性黄斑性病变、过敏性结膜炎、近视等的药物。而像眼部感染等领域，虽然中国患者数量众多，但由于国内抗生素使用较早，且医保对这些药物的定价较低，欧康维视没有选择重点布局。

创始团队成员谢沁博士介绍，"欧康维视的产品引进决策是基于市场需求驱动的，不是国外研究了什么产品我们就引进什么，而是考虑国内患者需要什么，我们再考虑引进或研发"。

明确市场需求后，团队梳理了欧美及日本市场上最新的眼科药物，包括新分子和新剂型的产品，并选择其中的同类首创和同类最佳依次沟通合作，几乎将所有符合公司战略方向的产品收入囊中（比如一款用于治疗青光眼的产品，由于国外青光眼市场大，其首付款就要5亿美元，而国内没有那么大的市场，欧康维视因此没有选择引进）。对于是否引进以及何时引进某个产品专利，团队会从产品的创新性、风险和研发挑战大小、预期市场规模大小等方面进行综合考量。创立之初，欧康维视主要考虑"去风险"，因此，引进的前八个产品或是已通过FDA批准，或是在欧美或日本处于相对晚期的临床阶段。还有一些产品本身的风险较低，欧康维视会考虑在其相对早期的临床阶段引进。比如，用于治疗青光眼的滴眼液OT-301，前药的两个分解产物都已被明确证明对降眼压有效，且其临床I期结果很好，因此欧康维视在其临床II期时引进。

有了前期的低风险产品作基础，公司在后期的产品管线布局上就能更加游刃有余。一方面，可以考虑引进相对早期的专利。同时，对于市场上还没有或还需要改进的产品，欧康维视搭建了团队进行新药研发。到2020年上市时，欧康维视已有16种产品（见附录5），覆盖几乎所有主要眼前部及后部疾病。其中，10种产品是通过专利引进或收购获得。2015年以来美国FDA批准而未在中国上市的10种眼科药物中，欧康维视有3种（OT-401、OT-1001、OT-502）。同时，欧康维视在苏州的研发团队已有10人，正在内部研发6种药物。由于眼科疾病病因的科学研究进展缓慢，全球眼科药物研发工作主要集中在开发相对于当前已获批准产品有一定优势的新工艺及新剂型上，而不是发现新的靶点、成分或作用机制。[8] 因此，除了研发新的成分和作用机制外，欧康维视也主要专注于改善给药系统或工艺。比如，治疗近视的低浓度阿托品性质不稳定，容易出现副作用，因此没有在市场上普及，欧康维视正在研究如何通过工艺改进降低其不稳定性。

引进药品专利许可后，国内后续的临床试验主要通过与CRO合作完成，欧康维视在选择CRO时会综合考虑其专业资质、研究经验、行业声誉、临床试验设备和数据管理系统等，公司内部团队会对CRO进行密切监督和管理、制定操作标准以及邀请专家来培训和指导。例如，公司聘请了全球最大的眼科CRO机构之一Ora进行OT-401的临床前及临床尽职调查、IQVIA进行III期临床实验、药明康德的一家附属公司提供临床试验协调服务。根据不同产品未来面向的目标市场，欧康维视会同步在全球不同地区进行临床试验。例如，OT-101的III期临床实验计划于2020年12月在美国启动，2021年上半年在欧盟进行，2021年年中在中国启动。

除了专利引进和自研"双轮驱动"，欧康维视在仿制药和创新药上也进行了"双线布局"。2020年上半年，欧康维视有两款产品在国内获批，即欧沁（0.3%透明质酸）和酒石酸溴莫尼定滴眼液，前者用于治疗干眼症，后者可治疗开角型青光眼及高眼压症。用于治疗细菌性结膜炎等0.5%莫西沙星滴眼液也于年初提交了简化新药申请，预计将于2021年上半年获批。这几款先上市的产品都是滴眼剂仿制药，不需要做人体一致性评价，产品本身并没有多少竞争优势，但尽快上市后能为公司带来现金流，同时为未来应对医保集采做准备。而目前处于临床后期阶段的四种候选药物都是国内没有的新药，有可能成为解决中国眼科药需求缺口的同类首创或同类最佳药物。例如，欧康维视的核心产品OT-401(YUTIQ)是唯一经FDA批准疗效长达三年的治疗慢性非感染性葡萄膜炎的药物，计划在国内于2022年上半年提交新药申请、下半年开始商业化。慢性非感染性葡萄膜炎多发于中青年男性，且反复发作，对1/4的患者有致盲风险，而中国目前尚无治疗标准，这款产品是中国唯一正在进行III期临床试验的类固醇植入物，预期获批后会成为中国用于治疗葡萄膜炎的首款及唯一眼部植入剂，其疗效、便利性、安全性均优于全球其他在售类似产品。这款药物的售价约为每次治疗6万元，可以算是国内最贵的眼科药。欧康维视预测，国内慢性非感染性葡萄膜炎的存量患者有300万—500万，即使仅有1/10的人用该药物，销售额预计将达到27亿美元。

人才推动战略落地

在筛选产品的同时，孵化团队也在寻找合适的管理层团队。谢沁认为："产品和人才就像是'蛋'和'鸡'的关系，不是谁先谁后，而是相辅相成。"例如，相较于一些公司在引进新药专利时动辄上亿元的首付款，欧康维视上市时所有产品的引进和研发费用总额甚至都没有超过2,000万美元，可以说是非常高效。这一方面得益于通和毓承在欧美市场的声誉和资源，更重要的是人才团队的执行力。

欧康维视成立后，陈连勇亲自担任其董事会主席兼执行董事，指导其战略方向。对于核心管理团队的人选，他认为，国内"70后"中有一批行业精英，有10年甚至20年以上的行业积累，但尚未实现职业理想，这些人有能力又有冲劲，具备很大的发展潜力。按照设想的标准，最终，创始团队邀请刘晔先生加入欧康维视担任首席执行官。

刘晔现年48岁，有20多年的医药行业经验，其中4年在眼科领域。加入欧康维视之前，他于2014—2018年在日本参天制药担任中国总经理，2009—2014年在卫材（中国）药业有限公司先后担任药事部门负责人和总经理，在39岁时成为国内最年轻的跨国药企中国区总经理，此前他还在山德士做过医药销售和BD负责人。在卫材任职期间，刘晔帮助公司搭建了各种基础设施体系，包括合规评估体系、SAP、CRM系统等，使卫材利润提升了近3倍，现金流增长了5倍，成为中国市场份额最大的日本药企。2013年，他意识到"带量采购"会很快到来，卫材的产品可能会进入集采，于是决定转向专科药市场，在找好继任者后，他于2014年加入参天。在参天任职期间，刘晔使参天在2018年第三季度超过爱尔康成为中国眼科市场份额第一，中国成为参天最大的海外市场，参天苏州工厂成为当时中国最大的眼科制药工厂，也是中国唯一一家获得EU GMP认证的眼科制药厂。2015—2017年中国仅有的两款获批眼科新药都是由刘晔带领的团队完成申请。参天的商业化团队也从刘晔入职时的100多人发展到500多人的规模。

2018年6月，孵化团队结合刘晔既往多年在MNC的丰富管理经验及带领参天成为中国眼科销售第一的优良业绩，初步锁定刘晔为CEO候选人，随后通过猎头与刘晔接触。起初，长期供职于大型外企的刘晔对初创的欧康维视并没有多少兴趣，机缘巧合下，他决定见面沟通一下。和陈连勇博士初次沟通后，他当即决定加入，一方面是认同通和毓承的专业能力和对市场的判断，另一方面是考虑到自己还年轻，还有机会做出一番有益于社会的事业。

2018年8月，刘晔正式加入欧康维视，并担任欧康维视（浙江）医药有限公司的法人。为此，刘晔放弃了年底能拿到的参天股权激励以及可能升任亚太区高管的机会。在欧康维视，除了给予的股权，他还在公司A轮募资时期自费购买了1%的公司的股权（目前总计持股7.5%左右），让团队看到他对公司的信心和投入。

刘晔加入后，开始将最初的战略设想落地。他原本信心满满地打算按既定的产品专利引进计划执行，但问题很快接踵而至。孵化团队前期沟通的三个产品合作意向都被团队内部否决了，主要原因在于这几个欧洲（获批国为意大利而非欧盟总局）获批的产品在当地获批时的申报路径和申报材料与CDE要求存在较大差异。还有一家国内企业，欧康维视对其抛出了极具诚意的橄榄枝，希望以40%的股权交换其在上海的工厂和一款已上市的眼科药产品，以便快速建立生产能力和培养销售团队，但仍被对方拒绝。主要原因在于欧康维视的模式在当时过于创新，而初创团队当时只有几个人，即便有通和毓承的支持，大多数人都不认为其能够成功。

随后，刘晔迅速和孵化团队一起商讨调整策略，把所有的合同都重新梳理，才于2018年11月4日签订了第一个产品OT-401的专利引进合同。破冰之后的谈判便势如破竹，到2019年4月启动B轮融资时，欧康维视已有八款产品。回想起来，谢沁表示，"当初那些没有拿到的产品，放在现在我们可能根本都不会考虑，欧康维视能走到现在，也是被逼出来的"。

不断扩充产品管线的同时，刘晔和通和毓承还分别利用自己的行业网络充实公司的人才队伍，核心管理层均为行业资深人士（见附录6）。比如，负责商务拓展（BD）和商业及负责注册的副总都曾是刘晔在参天时的团队成员，财务副总和首席医学官等是由通和毓承挑选。此外，公司还建立了由中美顶尖眼科专家组成的咨询委员会，比如美国眼科协会前任主席以及中国眼科协会前任、现任和继任主席等。

但与许多公司在建新团队时会将竞争对手的整个团队挖走不同，刘晔除了带了几个原来的高层部下（基本上都是CEO-2及以下，并未对上家公司业务造成重大影响），其他员工都是后来招募和自己培养的。刘晔将其在外企丰富的管理经验带到了欧康维视，在公司只有几个人时就建立了各种制度，做到用制度来管人。比如，他会主动招募应届生和年轻人进行自主培养，而会避免那些有明显外企烙印的人，因为他们可能不适合创业公司。再比如，刘晔强调要降低内耗，平时不鼓励加班，但在需要"作战"时则能迅速组成一支"骁勇善战"的队伍，欧康维视是在疫情防控期间最快提交招股书的企业。在刘晔看来，公司即使做得再大，如果是靠压榨员工换来的，那也没有太大意义，前期的成功经验已经证明其管理方式的有效性。欧康维视创立至今已有130多人，但总共只有三个人离职。员工一方面是看到公司的发展前景，同时也与刘晔的有效管理有很大关系。随着竞争者的涌入，未来可能会有其他公司来挖欧康维视的员工，但刘晔对此并不担心，他认为，如果员工离职，很大程度上是公司自身的问题，如果公司发展前景和管理良好，员工也没有必要去其他地方。

生产能力建设

在以股权换工厂的计划失败后，刘晔考虑到当时公司只经过A轮融资，而建设国际标准的工厂需要很大投入，因此并没有急于建设产能。B轮融资完成后，刘晔便立刻将工厂建设提上日程，于2018年8月开始与苏州园区相关部门沟通，10月便签订协议，2020年1月开始动工。苏州是国家生命科学产业中心之一，对创新企业有大量优惠政策。通和毓承与苏州园区有多年的合作，比如信达生物的工厂建设就曾得到了当地政府的大力支持，最初由政府出资代建，随后由信达从政府手中收购。此外，苏州园区有优质的产业生态，欧康维视在此建设工厂可以靠近主要供应商，有地理位置优势。例如，两家知名滴眼液瓶生产商就毗邻该苏州工厂，公司向其直接采购滴眼液瓶可以有效减少交易和运输成本。

欧康维视工厂占地面积计划将达3万平方米，包括四个生产车间，可生产一般眼科药物、激素眼科药物、眼用软膏及眼科设备，每年的最大产能将有4.55亿剂，成为国内眼科制药之最。工厂将根据中国、美国和欧洲的药品生产质量管理规范的规定，建设高度自动化的设施，满负荷运作时也只需不到130名工人。除了用于国内销售产品的生产，这家工厂也会在未来支持全球销售产品的生产。刘晔介绍："有了这样的工厂，未来即便公司有些仿制药或者专利到期的产品进集采，也有规模效应和成本优势。而有些公司可能产能跟不上或者成本控制不下来，就只能放弃了。"

2020年下半年，由于产品临床试验和上市的推进速度快于预期，欧康维视提前将工厂从政府那里收购回来，以加快工厂的建设进度，预计在年底封顶，2021年投入使用。在许多人看来，在这么短的时间建设这一大型国际标准的工厂可以说非常困难，而对于刘晔和管理团队来说，已是轻车熟路。但刘晔对此也有一些遗憾，"当时比较保守，如果能够提前半年建设工厂会更好，现在已上市的产品都是用其他国内公司的生产线生产的，而创新的产品就没有办法生产，因为要让别人生产，核心的专利技术就得公开了。"

商业化能力

2019年，欧康维视就开始思考商业化策略。欧康维视之所以会先布局一些仿制药，原因之一就是要利用这些能快速上市的仿制药把公司的销售团队和销售网络搭建起来，如果没有具体的产品，销售人员和医院医生的交流就少了载体。而欧康维视如果能把这些不算出色的仿制药卖得很好，也能够证明其商业化能力。

刘晔在跨国药企时积累了丰富的招募和培养商业化团队的经验，随着欧沁等产品获批后开始销售，公司的商业化团队迅速扩张，仅半年的时间就达到60多人，覆盖全国各主要公立医院和眼科专家，预计到2020年底将扩大到100人。同时，刘晔对眼科药的营销和销售也有许多洞察。例如，眼科在国内被称为"金眼科"，不仅待遇不错，工作强度也比普通的外科要低，许多医生家境良好，女性医生比例也较高，这使其销售策略上与其他药物有明显区别，比如对学术特别重视、"灰色"部分较少等。

在搭建销售团队的同时，欧康维视也注重早期的市场培育。比如，利用博鳌先行区的有利政策（先行区内合格的医疗机构可按规定进口国内尚未批准的急需药品），公司于2019年7月将其核心产品OT-401纳入博鳌实验计划，向一名海南客户（博鳌超级医院的指定采购代理）销售该产品，用于该医院患者的治疗，到2020年11月，已有几十名患者使用了该药物。

同时，公司还以医生和患者为导向，实施了多种营销策略。比如，除对医院和诊所登门拜访外，公司会定期赞助或主办具有行业影响力的中华医学会及医师学会的大型眼科学术会议。在未来推广0.5%莫西沙星滴眼液时，公司计划与中华医学会眼科分会合作，开展眼科医生培训，特别是农村地区的医生。很多农村地区的患者因对细菌性结膜炎认识不足，没有接受过治疗，市场有很大潜力。除在公立医院推广外，欧康维视也计划与成熟的民营医院展开合作。欧康维视还在微信公众平台推出"轻松视界"公众号,科普眼科疾病以及推广对应药品,2020年3月到4月,已分别在推出酒石酸溴莫尼定滴眼液及欧沁时利用"轻松视界"平台开展医生和患者教育、举办由知名眼科专家主持的青光眼治疗网络研讨会等。

未 来 发 展

2020年7月10日,欧康维视在港交所成功上市,距离其正式成立仅两年多的时间。但在受到资本市场认可的同时,欧康维视也遭到一些质疑。比如,招股书显示,公司2019年仅通过有限销售OT-401获得19万元人民币收益,两年累计亏损达15亿元。谢沁解释:"欧康维视实际上是18A公司中唯一在上市时有收入的,而这些前期亏损主要是由于公允价值的财务准则计算的结果。2020年上半年公司的实际现金亏损只有2,500多万元人民币。目前公司上市的产品每月已能够产生近300万元的销售收入,足够维持公司的销售团队日常运转。公司上市时拥有的16个产品合计的引进及研发费用截至上市日都未超过A轮时通和毓承给予的2,000万美元投资。有效控制全产业链成本一直是刘晔及其管理团队最为擅长的。未来几年,由于需要继续推进研发工作、进行候选药物临床试验、申请监管批准、推动产品商业化等,欧康维视还会产生大量研发支出,这些是为了长远布局,但欧康维视所有产品未来一定能够产生利润,而不会像一些'烧钱'的药企,已上市的产品持续亏损,同时又大量投入研发。"

近年来,由于市场需求、政策、资本等因素的推动,眼科已经形成一个独特的体系,开始向专业化、集中化方向发展。不少企业开始加大布局,比如上市公司中，有A股的眼科医疗代表爱尔眼科、眼科器械代表欧普康视以及眼科药代表兴齐眼药、康弘药业等；港股市场的眼科医疗有德视佳，眼科药有亿胜生物科技、昊海生物科技等。[9]特别是在眼科药领域，一些国内老牌眼科药企开始有新的尝试。比如，兴齐眼药旗下环孢素滴眼液（II）于2020年6月获药品注册批件，是中国首个获批上市的用于干眼症的环孢素眼用制剂。2019年1月兴齐眼药获得低浓度阿托品滴眼液的院内制剂生产批件，新药已开始进行III期临床试验。[10]2020年10月亿胜生物以总计最高4,300万美元取得复宏汉霖贝伐珠单抗治疗湿性年龄相关性黄斑变性等眼科适应症的开发及商业化权利。国内医药龙头企业也开始加码眼科药，比如恒瑞于2019年11月宣布将引进德国药企Novaliq公司的两款用于治疗干眼症的药物CyclASol和NOV03。其中，CyclASol正在美国进行III期临床试验，NOV03计划于2020年底启动III期临床。它们可能会利用现有客户资源，在新药引进后快速实现市场覆盖。[11]外资药企也在加码中国市场，比如，意大利东沛制药的塞奈吉明滴眼液于2020年8月批准进口。此外，欧康维视的快速发展又进一步吸引了新创的眼科药企，它们在资本的加持下，也在通过引进国外眼科药专利进行产品布局，比如极目生物、艾迈医疗、典晶生物、李氏大药厂旗下的兆科眼科等。[12]

对此，刘晔认为，眼科相对来说研发创新没有那么快，欧康维视已提前对过去近十年的国外优质产品进行了筛选和引进，可以说是占据了先发优势，目前公司已有全面且最优质的产品管线，是国内唯一覆盖眼前部和后部主要疾病的眼科药平台，而其他企业存在从业人员在眼科领域缺乏专业经验，造成现在引进的产品很多都是欧康维视了解后没有选择引进的。欧康维视现在还在不断充实产品管线。比如，2020年10月30日，欧康维视宣布将与绿叶制药旗下博安生物共同进行OT-702阿柏西普生物类似药的临床III期研究，并获得其在中国大陆地区的独家商业化权利。至此，欧康维视已有4款产品进入III期临床，占目前CDE登记的进行III期临床的眼科药物数量的30%。[13] 谢沁也指出，除了产品，欧康维视在管理上也有其独特的优势，比如，比本土老牌企业更有全球化的视野和先进的理念，而相比于外资企业，团队更有主人翁意识和冲劲，欧康维视还有国内顶尖的专家和管理团队，这些核心团队保证了公司能够坚定地执行并不断完善公司定下的发展战略。

欧康维视现阶段需要快速打通从研发到商业化的各个环节，从生物科技公司成长为制药公司，成为产品线中国第一同时销售额也是中国第一的眼科专科药一体化平台。

附　录

附录1　中美眼科市场对比

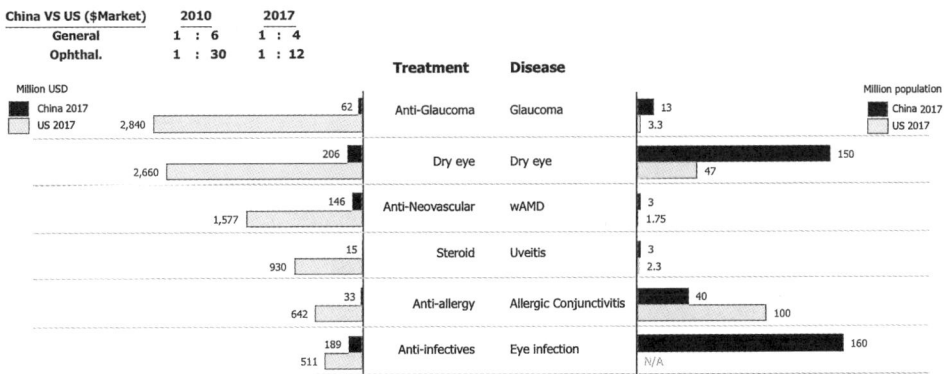

资料来源：FDA CDE & IMS,*Non-exhaustive list, TAs in red colour already being covered by Ocumension's portfolio；欧康维视。

附录2   国内眼科治疗与全球主流眼科治疗的差距

国内外主要眼药治疗方式对比

眼科疾病分类		国内主要治疗方式	全球主流治疗方式
非致盲类眼病	屈光不正	光学矫正（框架眼镜、角膜塑形镜）	
		药物治疗（低浓度硫酸阿托品滴眼液，**国内尚未获批**）	
		屈光手术	
	干眼症	**药物治疗-人工泪液，角膜修复促黏液蛋白分泌治疗**	**药物治疗—抗炎**
		手术治疗	
		软性角膜接触镜和硬性巩膜镜	
	白内障	超声乳化晶体摘除术/飞秒激光辅助白内障手术+人工晶体植入术	
致盲类眼病	青光眼	药物治疗-前列腺素类衍生物（最常用）	
		激光治疗	
		手术治疗	
	眼底血管病变（wAMD、RVO、pmCNV、DME）	药物治疗-抗VEGF治疗	
	眼底血管病变（干性AMD）	**目前尚无批准的有效治疗方法**	**基因治疗（临床阶段）**

资料来源：国盛证券.医药生物行业深度：眼科黄金赛道，未来10年看谁领风骚[EB/OL].(2020-07-02)[2020-08-27].http://finance.sina.com.cn/stock/relnews/cn/2020-07-03/doc-iircuyvk1795526.shtml.

附录3　中国与国外获批眼科药物对比

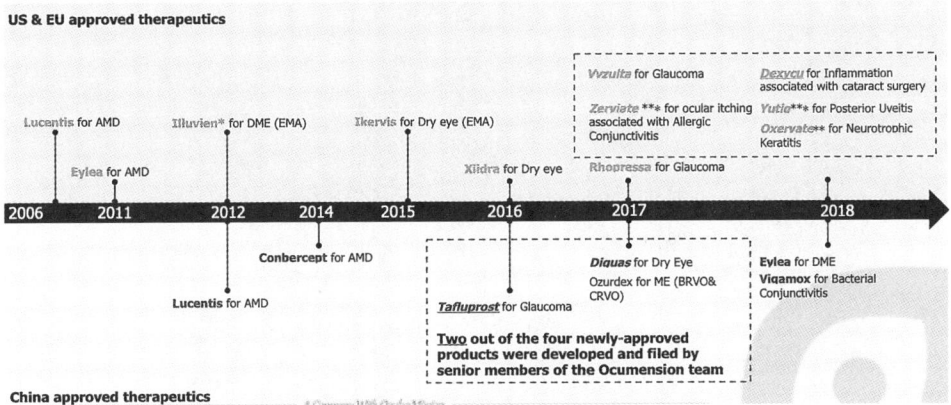

US & EU approved therapeutics

| 2006 | 2011 | 2012 | 2014 | 2015 | 2016 | 2017 | 2018 |

Lucentis for AMD (2006)

Eylea for AMD (2011)

Illuvien* for DME (EMA) (2012)

Ikervis for Dry eye (EMA) (2015)

Xiidra for Dry eye (2016)

Rhopressa for Glaucoma (2017)

Vyzulta for Glaucoma (2017)

Zerviate *** for ocular itching associated with Allergic Conjunctivitis (2017)

Dexycu for Inflammation associated with cataract surgery

Yutiq*** for Posterior Uveitis

Oxervate** for Neurotrophic Keratitis

Conbercept for AMD (2014)

Lucentis for AMD (2012)

Tafluprost for Glaucoma (2016)

Diquas for Dry Eye (2017)

Ozurdex for ME (BRVO& CRVO)

Eylea for DME (2018)

Vigamox for Bacterial Conjunctivitis (2018)

Two out of the four newly-approved products were developed and filed by senior members of the Ocumension team

China approved therapeutics

资料来源：FDA CDE & IMS, Non-exhaustive list, *Illuvien was 0.19 mg Fluocinolone acetonide Intravitral implant licenced from Eyepoint (previously pSivida) by** Orphan drug/treatment, ***In-licensed by Ocumension in Greater China (0.18 mg Fluocinolone acetonide Intravitral implant).

附录4　2015—2030年全球及中国眼科医药市场发展趋势（单位：十亿美元）

复合年增长率	全　球	中　国
2015年至2019年	8.0%	8.0%
2019年至2024年（预计）	3.6%	16.0%
2024年（预计）至2030年（预计）	10.6%	19.1%

十亿美元

	2015年	2016年	2017年	2018年	2019年	2020年（预计）	2021年（预计）	2022年（预计）	2023年（预计）	2024年（预计）	2025年（预计）	2026年（预计）	2027年（预计）	2028年（预计）	2029年（预计）	2030年（预计）
全球	24.7	27.7	29.2	32.4	33.7	35.0	36.1	37.2	38.3	40.2	42.5	45.9	50.4	56.9	64.9	73.4
中国	2.1	2.3	2.4	2.7	2.8	3.2	3.7	4.3	5.0	5.9	7.0	8.4	10.2	12.3	14.5	16.9

■ 全球　　□ 中国

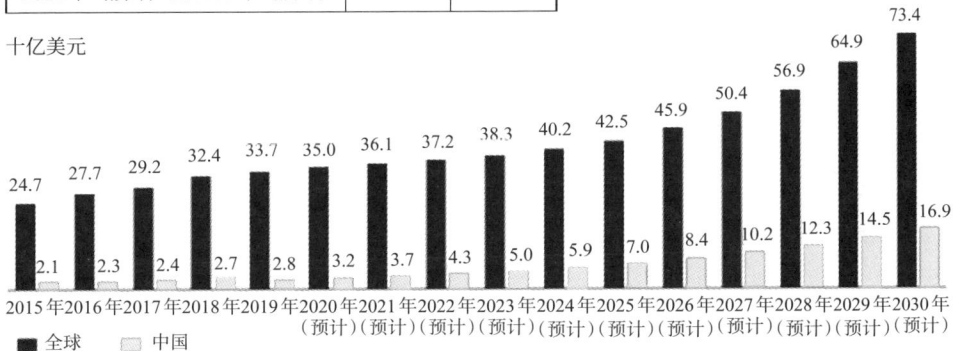

资料来源：欧康维视招股书。

附录5　欧康维视产品管线组合（下图概述截至最后实际可行日期的产品组合）

项目	作用机制	分类	眼睛前部/后部	靶适应症	商业权利	许可方/夥伴	临床前	临床试验申请审查	I/II期	III期	新药申请/BLA
OT-401 (YUTIQ)	皮质类固醇 氟轻松玻璃体内植入剂	新药	后部	慢性NIU-PS*	大中华	EyePoint					
OT-101	阿托品	新药	前部	近视	全球						
OT-301 (NCX 470)	一氧化氮(NO)供体型 比马前列素类似物	新药	前部	青光眼	大中华·韩国及 东南亚12个国家	nicox					
OT-1001 (ZERVIATE)	西特利嗪	新药	前部	过敏性结膜炎	大中华及 东南亚11个国家	nicox					
OT-502 (DEXYCU)	地塞米松	新药	前部	术后炎症	大中华	EyePoint					
OT-202	酪氨酸激酶抑制剂	新药	前部	干眼症	全球	nicox					
OT-503 (NCX 4251)	丙酸氟替卡松 纳米晶体	新药	前部	脸腺炎	大中华	nicox					
OT-701	抗血管内皮生长因子	生物类似药	后部	湿性老年性 黄斑变性*	大中华	SENJU					
威沅	透明质酸	化学仿製药	前部	干眼症	中国内地	汇理兰维					
酒石酸溴莫尼定滴眼液	酒石酸溴莫尼定	化学仿製药	前部	青光眼 及高眼压症	中国内地	汇理兰维					
0.5%妥布沙星滴眼液	妥布沙星	化学仿製药	前部	细菌性结膜炎	全球	汇理兰维					
OT-601-C	氮西司坦巴替米松磷酸钠	新药	前部	术后炎症	全球		中国				
OT-302	乙酰唑胺	化学仿製药	前部	急性青光眼	全球		中国				
OT-1301	环孢素A滴入剂	新药	前部	角膜移植手术排斥	全球		中国				
OT-1601	视网膜色素上皮细胞	新药	后部	视网膜色素上皮萎缩及 湿性老年性黄斑变性*	大中华	SanBio	中国				
OT-1602	幹细胞	新药	后部	视神经炎	大中华	SanBio	中国				

资料来源：欧康维视招股书。

附录6　欧康维视管理层团队

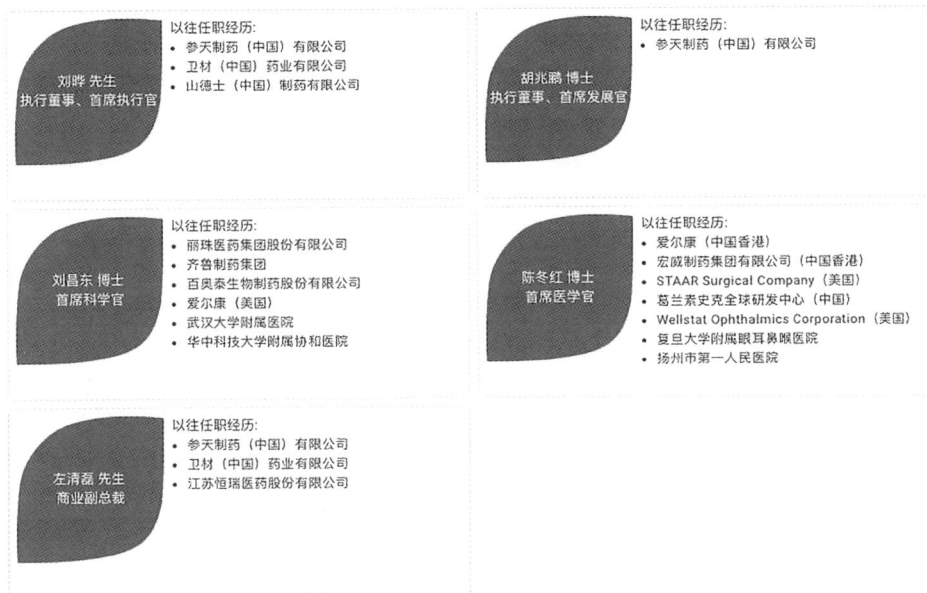

	以往任职经历:
刘晔 先生 执行董事、首席执行官	· 参天制药（中国）有限公司 · 卫材（中国）药业有限公司 · 山德士（中国）制药有限公司

	以往任职经历:
胡兆鹏 博士 执行董事、首席发展官	· 参天制药（中国）有限公司

	以往任职经历:
刘昌东 博士 首席科学官	· 丽珠医药集团股份有限公司 · 齐鲁制药集团 · 百奥泰生物制药股份有限公司 · 爱尔康（美国） · 武汉大学附属医院 · 华中科技大学附属协和医院

	以往任职经历:
陈冬红 博士 首席医学官	· 爱尔康（中国香港） · 宏成制药集团有限公司（中国香港） · STAAR Surgical Company（美国） · 葛兰素史克全球研发中心（中国） · Wellstat Ophthalmics Corporation（美国） · 复旦大学附属眼耳鼻喉医院 · 扬州市第一人民医院

	以往任职经历:
左清磊 先生 商业副总裁	· 参天制药（中国）有限公司 · 卫材（中国）药业有限公司 · 江苏恒瑞医药股份有限公司

资料来源：欧康维视公司官网。

尾　　注

1　i黑马.通和资本陈连勇：科学家如何做风投[EB/OL].(2015–10–04) [2020–08–22]. http://www.iheima.com/article-152238.html.

2　药明康德及CRO行业详细介绍[EB/OL].(2018–12–06) [2020–08–25].https://zhuanlan.zhihu.com/p/51726970.

3　新浪财经.明星机构云集，亏损13.25亿！即将港股上市的欧康维视成色如何？ [EB/OL].2020–06–28[2020–08–20]. https://cj.sina.com.cn/articles/view/6540277755/185d4b7fb00100oo4t?from=finance&subch=astocks.

4　格隆汇新股.欧康维视：稀缺眼科医药"-B"公司，顶尖保荐人及基石投资者加持[EB/OL].(2020–07–02)[2020–08–27]. https://new.qq.com/rain/a/20200702A0CED700.

5　兴证医药健康.品种引进大潮起，License-in模式方兴未艾[EB/OL].(2018–08–02)[2020–08–22].

https://www.sohu.com/a/244720647_619393.

6 兴证医药健康.品种引进大潮起，License-in模式方兴未艾 [EB/OL].(2018–08–02)[2020–08–22].
   https://www.sohu.com/a/244720647_619393.

7 兴证医药健康.品种引进大潮起，License-in模式方兴未艾 [EB/OL].(2018–08–02)[2020–08–22].
   https://www.sohu.com/a/244720647_619393.

8 张维佳.2020年中国眼科药物市场发展现状及需求市场分析 药物整体缺口较大[EB/OL].
   (2020–10–16)[2020–11–14]. http://finance.eastmoney.com/a/202010161666419717.html.

9 智远权证.资本宠儿欧康维视生物华丽上市，换一种方式看眼科药公司[EB/OL].(2020–07–21)
   [2020–08–27]. https://www.sohu.com/a/408857479_99996500.

10 国盛证券.医药生物行业深度：眼科黄金赛道，未来10年看谁领风骚[EB/OL].(2020–07–02)
   [2020–08–27].http://finance.sina.com.cn/stock/relnews/cn/2020-07-03/doc-iircuyvk1795526.shtml.

11 国盛证券.医药生物行业深度：眼科黄金赛道，未来10年看谁领风骚[EB/OL].(2020–07–02)
   [2020–08–27].http://finance.sina.com.cn/stock/relnews/cn/2020-07-03/doc-iircuyvk1795526.shtml.

12 华义文.国内眼科药物市场新旧势力，谁主沉浮？ [EB/OL].(2021–01–13)[2021–01–27]. https://
   mp.weixin.qq.com/s/WzX2CwfndBaosB3j7kghtQ.

13 E药经理人.欧康维视拿下阿柏西普类似药，两周内三家眼科公司引进新产品，本土眼药公司正快速
   崛起 [EB/OL].(2020–11–01)[2020–11–26].https://mp.weixin.qq.com/s/VuUL7luuzG4dRarKxZWEUw.

欧康维视案例点评一

牟艳萍[*]

在过去八年间，我国创新药制药行业发展迅猛，不但有传统以生产销售仿制药为主的龙头老大药企转型聚焦创新药研发，还有大量专注于创新药研发的初创企业蓬勃而出。

在初创企业中不乏科学家创业的企业，或科学家与企业家合伙创业的企业。这些生物制药新势力成长迅猛，正迅速改变我国制药行业的格局。

而完全由资本孵化的生物制药公司的成功案例不多，这类公司在我国当前的生物制药行业版图中也很稀缺。欧康维视是为数不多的一个成功案例。欧康维视是一家完全由资本孵化，并在从零开始的发展过程中不断得到孵化资本支持的专注于眼科创新药研发、生产和商业化的公司。

在生物科技和生物制药行业经历寒冬的当下，欧康维视的发展历程为我们带来不少启发。

资本孵化的优势

在通和毓承资本成立之前，通和资本与毓承资本即于 2017 年 1 月共同

* 牟艳萍，箕星药业 CEO。

成立孵化团队，于 2018 年 2 月注册成立欧康维视的上市主体，并于 2019 年 2 月完成 2,000 万美元的 A 轮融资，6 月完成 1.8 亿美元的 B 轮融资。2020 年 7 月，欧康维视在港交所成功上市。

欧康维视的资本化之路推进快速，脉络清晰；其所获得的投资现金对于欧康维视极速组建团队，迅速引进并丰富管线，以及快速推进注册和商业化进程起到了决定性作用。这是很多由科学家创建的生物技术初创公司所羡慕不已的，尤其是当整个行业经历资本寒冬的时候。

生物科技和生物制药是一个高投资、高风险的行业，在一个初创企业的发展过程中，随时具备充足的资金可决定该企业能走多远。而专注于生命科学和医疗健康领域投资，并具有丰富投资经验和资源网络的通和毓承资本在整合行业资源，"哺育"欧康维视成长的过程中势必发挥至关重要的作用。

清晰的定位和目标

通和毓承资本的孵化团队基于坚实的市场调研结果，判断国内缺乏致力于眼科创新疗法研发和商业化的企业，缺失覆盖眼前部和后部各主要眼科疾病用药的"全和优"专科生物制药企业。因此，在欧康维视成立之初，孵化团队即定位公司为一家整合眼科创新药物、整个药物开发周期中的专业能力以及专业人才的平台，致力于识别、开发和商业化同类首创（FIC）或同类最佳(BIC)的眼科疗法的现代生物制药企业。

很多创新药研发企业在成立之初并没有基于严谨、全面的市场分析而制定清晰的企业定位和明确的发展目标。不少企业的创立起源于独家拥有专利权的管线资产或开发平台，而并非完全基于临床需求和市场分析。因此其企业定位是缺失的，企业发展目标也是模糊的。

欧康维视的孵化团队能在孵化之初走访几乎全国的眼科药生产企业，并在此基础上建立其对临床和市场未被满足需求的认知，这确保了欧康维视的成立和发展逻辑的科学性，也为企业发展带来持久的张力。

早启商业化运营　聚焦资本效益

欧康维视早期的创新药管线开发主要通过引进专利资产快速进行产品布局，目标是打造覆盖眼前部和后部各主要眼科疾病用药的"全和优"管线。但是开发创新药需要时间，而在多领域开发创新药则势必需要更多的时间和资金。

因此，欧康维视选择在仿制药和创新药上进行"双线布局"，并在2020年和2021年先后上市了治疗干眼症、开角型青光眼及高眼压症，以及细菌性结膜炎的仿制药产品。这些产品的商业化为公司创造了营收，补充了运营现金流，还搭建了销售网络，锻炼了销售队伍。

欧康维视的这种管线开发理念可以用灵活实干来概括，这是很多科学家所创立公司可能不习惯的一种理念，因为他们往往更倾向于一根筋致力于开发自己的创新药管线。

欧康维视真正意义的FIC管线资产OT-401(YUTIQ)计划在国内于2022年上半年提交新药申请、下半年开始商业化。而在此之前，销售这些仿制药而迅速为公司带来的营收在资本市场极具意义。

对于在2020年已上市的欧康维视，虽然这些收入还不能赋予其亮眼的财务报表，但却能让公司摆脱始终依赖投资人资金运营的局面，让投资人看到公司最终可盈利的希望。

欧康维视不拘泥于FIC，不惜引进仿制药以尽早商业化布局的另外一个原因是它在建立之初就已具备"即插即用"的商业化能力。 2018年即加入公司的总经理刘晔具备20多年医药企业管理和商业化运营的经验，他的到来以及他迅速建立的高管团队意味着欧康维视在成立之初就已具备产品商业化运营的能力。 这种能力是多数生物科技公司所没有的。

未来发展的关键

早期阶段的欧康维视表现可圈可点，但其能否完成自己的目标，实现自己的定位，取决于其能否不断扩充创新药管线，并加速推进产品注册和商业化。计划于2022年下半年进入市场的治疗慢性非感染性葡萄膜炎的药物OT-401是一个FIC，而且国内市场不小，定价不低，有望成为其支柱产品，极大提升公司收入，并夯实其财务报表。

但是已自建国际标准工厂的欧康维视可能需要OT-401迅速跑量，以确保最大化使用工厂的生产效能。 对于国内存量达300万—500万的慢性非感染性葡萄膜炎存量患者，OT-401在上市后尽早进入医保报销目录势必是一个重要的目标，因为这对于提升工厂使用效率至关重要。在资本寒冬期，自建工厂的生物制药企业往往不得不沦落为CDMO。

OT-401是欧康维视在2018年引入的FIC，欧康维视获得在大中华地区开发和商业的独家权益。但是能否拥有全球权益的FIC对于欧康维视的下一步发展至关重要，这可能是欧康维视在2020年就必须考虑的一件事。

欧康维视案例点评二

苗成玉[*]

通过认真学习欧康维视的案例，我看到了一家伟大企业诞生发展需要必备的核心要素，受益匪浅，以下从企业实践亮点、改进建议和其他企业的借鉴思考几个方面简要总结。

欧康维视作为一家眼科医药一体化平台，致力于打造国内眼科药领域的领导企业，在其孵化启动、市场调研、战略规划、产品布局、团队组建等诸多方面都有成功的亮点。

一、企业实践亮点

（一）战略定位清晰：定位为一家整合眼科创新药物、整个药物开发周期中的专业能力以及专业人才的平台，致力于识别、开发和商业化同类首创或同类最佳的眼科疗法。

（二）产品战略准确：明确的产品定位，即覆盖眼前部和后部各主要疾病的同类首创或同类最佳的眼科疗法。

———————

* 苗成玉，明润眼科集团创始人兼 CEO。

（1）组合拳，快覆盖：用自主研发、投资并购、专利引进组合的方式来规划产品布局，用层层推进的"组合拳"来尽快覆盖各主要眼科疾病的同类最佳和同类首创疗法。

（2）重视患者需求，从紧缺药入手：产品引进策略基于市场需求驱动，考虑国内患者需求什么再考虑引进和研发。从国内最紧缺的眼科药物入手，比如干眼症、葡萄膜炎、湿性黄斑型病变、过敏性结膜炎、近视等的药物。

（3）低风险、求创新：发展初期，公司主要通过引进专利快速进行产品布局，尽可能降低试错风险。引进的前八个产品或是已通过FDA批准，或是在欧美或日本处于相对晚期的临床阶段，对产品本身风险低的会考虑在其相对早期的临床阶段引进。

（4）双轮驱动和双线布局同步：采用专利引进和自研的"双轮驱动"，在仿制药和创新药上进行"双线布局"。既上市了可为企业提供现金流可供医保集采的药物品类，又拥有处于临床后期即将上市的中国眼科药需求缺口的同类首创或同类最佳药物。

（三）人才战略制胜

欧康维视不仅规划布局了优质的产品管线，更重要的是搭建了顶尖的人才团队，从董事会主席到首席执行官都具备极强竞争力，核心管理层均为行业资深人士，团队成员具备丰富的专业领域经验，同时不断组合新生力量，团队有科学的企业文化且拥有强大的执行力。公司还建立了由中美顶尖眼科专家组成的咨询委员会。

（四）强大的生产能力建设

根据中国、美国和欧洲的药品生产质量管理规范的规定，建设高度自动化的设施，可生产一般眼科药物、激素眼科药物、眼用软膏及眼科设备，每年的最大产能将有4.55亿剂，不仅满足现有管线产品的生产，对未来仿制药或者专利到期的产品进集采，也有规模效应和成本优势。成为国内眼科制药之最，在未来能支持全球销售产品的生产。

（五）商业化能力

首席执行官刘晔在跨国药企时积累了丰富的招募和培养商业化团队的经验，对眼科药的营销和销售也有许多洞察，首款产品上市时，销售团队迅速扩张至60—100人，覆盖全国各主要公立医院和眼科专家。产品推广重视学术、重视市场的早期培育、以医生和患者为导向，实施了多种营销策略。

欧康维视正在快速打通从研发到商业化的各个环节，从生物科技公司成长为制药公司，成为产品线中国第一同时销售额也是中国第一的眼科专科药一体化平台。

二、企业发展建议

（一）产品规划的布局优化

对纳入医保集采的品类、非集采但用量较大的品类、新药独具竞争力的药物分大类增加产品，发挥其生产优势、产品管线管理优势、市场销售推广优势、专家资源优势，用更多品类覆盖多层级市场。

（二）产品推广的立体化覆盖

继续提升学术推广、医生培训、渠道建设、线上教育、信息化建设、用户管理等多形式的产品推广方式，用更多方式快速触达医生群体，部分药物如干眼类，可直接通过专家科普和新媒体等方式教育C端患者，提高产品的知名度和用户反馈。

（三）品牌战略加速

通过产品品牌、专家品牌、团队品牌、企业品牌等多重叠加影响力，快速成为打造为国内眼科药企第一品牌，缩小与进口药企的差距。让更多产品成为眼科医生的首选药物，让极具竞争力的创新产品成为唯一选择，让更多常用产品成为患者自主购买的首选品牌。

三、对其他公司的借鉴思考

（一）聚焦优势资源

欧康维视是创始团队在整合丰富资源基础上创立的，在资本、专业、人才、市场等企业发展的核心要素上都有绝对竞争力，创始团队聚焦自己的优势资源成功概率更高。

（二）搭建顶尖团队

创始团队、首席执行官团队、专业团队、管理团队、市场销售团队的搭建有极好的顶层设计，用顶层规划和科学机制保障了强大的执行力和极强的竞争力，对其他企业人才团队的优化组合有很好的借鉴意义。

（三）战略规划正确

战略定位清晰，战略落地有清晰路径，在战略推进上步步为营，为企业未来发展提供坚实基础。

纳微

科技

案例　纳微科技：
微球"隐形冠军"[*]

2021年6月23日，高性能纳米微球材料供应商苏州纳微科技股份有限公司（以下简称"纳微"）在科创板上市，发行价为8.07元/股，当日收盘价较发行价上涨1,273%，成为科创板301只股票之最，也是2003年以来A股之最。

纳微2007年成立至今，经过十多年的研发，解决了多项微球精确制造技术难题，尤其是二氧化硅色谱填料微球的制备技术难题，不仅填补了我国硅胶色谱填料微球领域的空白，解决了长期"卡脖子"的技术瓶颈，更是填补了世界空白，推动了行业的发展。

创始人江必旺博士表示，上市之前，公司仅在2014年曾安排一次1,000万元的分红，几乎把所有利润全部投入研发及应用技术开发建设以及海外研

＊ 本案例撰写于2021年，最后更新于2022年9月。

发和营销中心的建设上。[1] 随着国内生物医药产业的崛起以及进口替代趋势，纳微将迎来更大的发展空间，同时面临更多的挑战。

微 球 行 业

微球，顾名思义就是指尺寸小到微米、纳米级的球形颗粒。微球虽小，作用却很大，生物制药、分析检测、IVD体外诊断、石油化工、液晶显示屏等行业都要用到。

例如，微球的主要应用之一是在色谱/层析技术*中（见附录1），其核心原料色谱填料/层析介质即具有纳米孔道结构的功能性微球材料，主要是利用特定微球表面的吸附能力，让其选择性地吸附需要的物质。特别是在医药行业，疫苗、抗体、胰岛素等很多药物的生产中，分离纯化环节最主要方法就是色谱/层析技术。以生物药为例，分离纯化就是将反应完毕的细胞培养液经由高性能纳米微球组成的多种层析介质的抓取捕获、分离纯化后，获得目标蛋白的过程（见附录2）。而色谱填料/层析介质的性能决定了分离纯化的质量和效率。2019年，全球色谱填料/层析介质市场空间为21.17亿美元，2024年预计将达到29.93亿美元。[2]

我国色谱填料/层析介质市场近年来快速增长：首先，生物医药产业快速发展，据预测，2030年中国生物药市场规模将达到1.3万亿元，将带动相关产业的快速增长。生物药的分离纯化环节占据了主要生产成本。以单克隆

---

* 一种分离技术与方法，是多组分样品分离和分析最重要的手段之一，主要利用混合组分中各成分物质与色谱填料/层析介质之间作用力的不同，进行不同组分的拆分，以实现各组分分离的目的。满足色谱/层析分离纯化要求的微球材料，在生物大分子分离纯化领域，业界习惯使用"层析介质"作为名称；在小分子分离纯化和分析检测领域，习惯使用"色谱填料"作为名称。在本案例中不做严格区分。

抗体为例，分离纯化环节占据其整个生产成本的65%以上，且色谱填料/层析介质的性能对生物药的综合质量也起到关键作用。其次，国内药企出于对供应链稳定性的考虑，也越来越多地选择本土供应商。[3] 2021年中国色谱填料/层析介质市场规模超过40亿元。[4] 由于技术壁垒高，全球市场长期被少数国际公司垄断，2018年行业前三为GE Healthcare、Tosoh、Bio-Rad，其市占率分别为35%、8%、7%，CR3达50%，此外还包括Merck、Danaher、Agilent等。[5] 国内市场也长期由外企垄断，进口产品价格以年均约10%的速度增长，国内企业却毫无应对方法，只能接受涨价，生产成本因此居高不下。

微球也是生产液晶显示屏必需的原材料，包括间隔物微球（见附录3）、导电金球等，决定了液晶屏的厚度、均匀性等。我国2020年液晶屏产能占全球的40%，稳居第一，但核心的微球原料只有日本积水和早川两家公司可以生产，[6] 一旦进口产品断供，国内相关产业将面临很大威胁。

高性能微球材料制备被《科技日报》列为35项"卡脖子"技术之一，技术壁垒高，涉及生物、材料、化学、物理等多门学科，且由于精度是纳米和微米级，难以精确控制，其制造难度极高。比如，传统"筛分法"的第一步是在反应液里让聚合物单体或硅烷变成液球再通过反应后固化形成微球，这样做出来的微球有大有小，需要精密筛分，而微球太小，筛分极其困难，日本公司为了生产间隔物微球，其生产周期长达6个月。同时，不同用途的微球需控制不同参数，包括粒径、孔径、基质材料等，每一种应用都需要重新投入研发，在特定领域的技术更难突破。[7] 虽然我国对纳米微球材料研究起步早，学术文章多，但产业化技术却远远落后于发达国家，规模化生产工艺技术没有突破，很多成果都只局限于实验室制备，一旦放大生产就很难重复，导致技术无法转化为产品。[8]

纳 微 科 技

创始人江必旺

江必旺出生在福建山区的农村家庭，家境贫寒的他凭借坚韧的意志考上了北京大学。进入北大后，在诸多优秀的同学面前，江必旺难免有些自卑，但大二在实验室勤工俭学时，原本只是打下手的他却在机缘巧合下用两天时间突破了一位研究生卡了一年的项目环节。这让江必旺看到了自己的科研潜力，因而迸发出强烈的科研热情，他从此没日没夜地泡在实验室里，科研能力快速提升。很快，他被导师推荐到王选教授的激光排版系统项目中，这在当时是北大最重要的产业化项目之一。[9]

借助这个项目，江必旺毕业后留校工作。六年后，他随着当时的出国潮去美国纽约州立大学汉姆顿分校攻读博士学位。虽然语言劣势一度让他陷入低谷，但凭借出色的科研能力，他提前两年获得博士学位，随后到加州大学伯克利分校做博士后。[10] 接着，他进入美国罗门哈斯公司担任高级科学家。[11]

在美国的十几年，江必旺从事着自己喜欢的研究工作，妻儿在侧，拿到绿卡，生活安逸。但他心里一直有一个疙瘩——中国企业在创新上饱受偏见，不被尊重。那时他就在想，如果有机会，一定要回国创办一家创新型的公司。2004年江必旺回国探亲时，看到一位患糖尿病的农村亲戚，因每天要注射胰岛素，家庭承受着巨大的经济压力。虽然不懂医药，但他所擅长的材料专业可以应用在各行各业，包括医药行业，因此萌生了回国利用创新材料技术降低医药生产成本的想法。[12]

一开始，同为科学家的妻子并不同意他回国，认为两人都是农村出身，在国内又没有背景和社会资源，出国多年对国内的环境也不了解，江必旺的学者气质也不适合做企业管理，连其北大的导师也反对。但几个朋友对他给予了很大的支持和信心，并于2005年筹钱创建了深圳纳微。2006年，江必旺下定决心，带着10个装满各种实验仪器和材料的大箱子，踏上了回国的创业之路，并立志要做真正的底层创新。[13] 他先在北大深圳研究生院，担任自己创建的微纳米材料广东省重点实验室主任。当时苏州园区的领导专门到深圳邀请他来苏州创业，于是，江必旺于2007与合伙人一起成立了苏州纳微。[14]

创业维艰

当时，在国内创业有不少优势。首先，创业成本较低，纳微的启动资金只有650万元人民币，而如果在美国，同样的项目可能至少需要650万美元。同时，政府支持力度较大，包括资金、基础设施和政策等，比如苏州园区开放了高端仪器设备供企业使用。有些微球需要的仪器设备价格高达几百万元甚至上千万元，纳微的启动资金可能连一台设备都买不起。此外，国内市场有中高低基础，有利于创业企业前期打开市场。[15]

但更多的还是挑战，江必旺原本向妻子许诺三年内完成关键技术研发，随后就带家人回美国，自己两边兼顾即可，但创业的艰辛远超江必旺的预期。

首先，国内的产业链不完善。高端产品不仅要在技术上突破，生产上对原材料、设备等的性能和质量要求也极为严格，但当时国内很多原材料和设备都不能满足要求。例如，生产高性能微球需要用不锈钢反应釜，纳微用国产反应釜生产的微球铁含量超标，用进口反应釜铁含量才能达标。在美国，企业只要解决了关键技术问题，其基本上就可以成功，而在国内，企业不仅要解决核心技术问题，还得解决原材料、设备质量等问题，否则就做不出高性能的微球产品。纳微的单分散硅胶色谱填料技术在实验室中验证可行性仅用了两年时间，而将这项技术转化为具有市场竞争力的产品却用了八年时间和不在同一数量级上的成本。一些在实验内不会被注意的"小问题"在产业化过程中会被放大，因此所有的环节都需要考虑和妥善处理。[16]

其次，国内的知识产权保护也不到位，限制了企业开发高科技产品的动力，真正的科技人才也得不到重视。对此，公司许多"know-how"（技术诀窍）没有申请专利，而是作为公司的商业机密。在项目分工上，让几个人一起做一个项目，每个人都只负责一部分，这样就都不能掌握全部的项目资料。但技术的突破需要各环节相互交流，这无形之中耗费了更多精力，延缓了项目进度。[17]

再者，国内税收政策也不利于高科技企业的发展。由于高科技产品附加值高，而成本主要在研发投入、人员工资等方面，人力成本远高于传统企业。但按现行的增值税抵扣方式，该部分成本不能抵扣，使高科技企业的税负压力较重。[18]

最后也是影响最大的，国内当时的风气比较浮躁。要实现底层技术突破，门槛高、过程长、难度大，因此大部分人会选择模仿、代理和组装进口部件或是进行模式创新，这样比较容易创业成功，但很少有人能沉下心来钻研真正的底层技术。投资人也是如此，都希望项目能在较短的时间产生较高的回报，而不会长时间容忍太高的不确定性，管理者亦是如此。这样的风气会导致公司在发展不顺时产生决策层的分歧，从而不得不选择短期利益。[19]

坚持初心

纳微成立的前几年，股东和管理团队都充满信心、齐心协力。但几年后，公司发展不如预期，股东之间和管理层之间经营理念的矛盾便凸显出来。最大分歧在于公司的战略和方向。[20]

江必旺认为，自己回国就是为了做全球领先的颠覆性技术和产品，因此一开始就瞄准生物医药领域。按照药物审批的相关规定，在审批药品制剂时，对化学原料药、相关辅料、直接接触药品的包装材料和容器也要一并审评，如变更应进行相关的技术评价和验证。因此，药企一开始就需要报备相关色谱填料/层析介质厂家，后续更换供应商的程序复杂。在江必旺看来，进入该市场的唯一一次机会就是国内生物制药市场从无到有的崛起时机。"这是历史上唯一的一次机会，等到中国生物制药市场已经起来了，国内制药企业都开始使用国外的微球产品，我们就再也没有介入的机会了。"[21]

但生物医药领域微球的研究周期长、技术难度高，考虑到现实问题，企业需要先养活自己，并能够为长期研发提供现金流，而不能持续依赖外部资本。因此，纳微又做了液晶显示屏领域的微球。凭借底层技术基础，团队在很短时间内就开发出用于液晶屏的微球，且由于底层技术的颠覆性突破，其生产周期较日本公司大大缩短，产品优势明显，从而迅速为公司带来现金流。

但也正是这件事，导致了江必旺与合作伙伴的矛盾。对方认为，公司只用10%的精力研究液晶显示屏微球就成功了，且可以让公司实现盈利，而花90%精力研究的生物医药微球一直在亏本。液晶显示屏微球也是高端产品，从公司效益考虑，不如主攻这一领域。部分股东也这么认为。争论到最后，该合伙人表示，如果江必旺坚持做生物制药领域微球，他就要离开公司。最终，江必旺仍坚持初心，而该合伙人也选择离开。纳微因此不得不重组管理层。江必旺出任总经理后，从原来的只管研发变成同时要做管理工作，硬着头皮看原本看不懂的财务报表，害怕社交也只能去见客户、做市场。[22] 虽然不擅长管理，但所幸高科技创业最重要的还是技术和产品。[23]

研发突破

作为一家研发驱动型的高新技术企业，纳微将研发放在核心地位，研发费用逐年增加，研发费用率保持在16%以上，高于行业平均水平。对于初创企业而言，很难招募到顶尖学府毕业的研发人才，大部分都是普通院校的毕业生。江必旺作为技术专家，直接领导研发团队。他认为研发最重要的是耐心，哪怕基础差一点，如果可以专注于一个领域，经过十年的努力，也能成为国际领先的专家。公司因此形成了"领域专家"人才培养模式，设置专人专岗，以专人长期专注特定领域研发的方式，加速相关人员的经验积累与技术水平提升，并以年终绩效考核奖金、项目奖金、知识产权奖励及股权激励等多种形式对研发骨干进行激励。截至2020年年末，公司共有研发人员114人，占员工总数的30.48%。同时，公司也会根据项目情况邀请不同学科专家进行跨领域交流合作，追求底层技术突破与创新。[24]

经过多年攻关，纳微在多个高端微球制备技术领域取得突破，打破了国外企业的长期垄断。比如，纳微通过跨领域创新，绕过传统的"筛分法"，发明了"种子法"。"种子法"是让几纳米大的塑料或者二氧化硅充当种子，在适当的化学环境下慢慢长成微球，从而可以直接控制微球粒径，长出来的微球大小均一，95%可以直接使用，大大降低了成本，且生产周期短。[25] 2016年，纳微自主研发的第三代技术产品——单分散硅胶色谱填料正式上市，不仅填补了国内的技术空白，也促进了全球这一领域的技术进步。纳微及其子公司承担8项国家级和省级科研项目，以及14项苏州市级和苏州工业园区级科研项目，并储备了丰富的在研项目。[26]

公司目前已形成微球合成技术平台、微球功能化技术平台和微球应用技术平台，可实现高性能纳米微球材料的精准制造和多领域应用拓展，可提供粒径范围从几纳米到上千微米、孔径范围从几纳米到几百纳米的特定大小、结构和功能基团的均匀性微球，共计上千种。其微球性能在全球领先，以色谱填料/层析介质微球为例，其粒径大小及分布是决定产品性能的关键参数之一。目前进口产品的微球粒径分布变异系数（用于比较数据离散程度，变异系数越大，离散程度越大）一般超过10%，而纳微产品相应的变异系数可做到3%以下，粒径差异更小、更均匀。同时，公司产品种类齐全，是目前世界上少数几家可以同时规模化生产无机和有机高性能纳米微球材料的公司之一。[27]

产业化能力

纳微的客户主要包括生物医药领域的医药生产企业、科研院所、色谱柱生产企业及CRO(合同研究组织)企业等，以及平板显示领域的LCD生产厂家。生物医药领域的主要产品为色谱填料/层析介质，以及药品质量检测和科学研究使用的分离和分析色谱柱及相关仪器设备；平板显示领域的主要产品为间隔物微球、导电金球、标准颗粒、黑球等光电应用微球材料。

为顺利实现从实验室到产品的转化，纳微培养了专门人员研究实验室制备到生产放大的过程，使得公司可以快速将实验室研究成果落地为商业化生产，目前已有上百种产品进行规模化生产，积累了丰富的规模化生产经验。可将生产工艺从1—2升实验室反应设备放大到中试100—200升设备，最终到1,000—2,000升生产规模的各种设备。公司已在苏州工业园区建有约1.2万平方米的研发和生产基地，同时在常熟新材料产业园建有约1.8万平方米的大规模生产基地，具备规模化生产能力，并拥有完整的质量控制体系，已通过ISO9001质量管理体系认证，从而能够同时满足客户对产品质量、数量及稳定性三方面的要求。[28]

公司还不断增加产品种类、优化已有产品性能。其色谱填料/层析介质覆盖抗体、疫苗、血液制品、重组蛋白等大分子以及多肽、小分子的全部纯化领域，并能够为客户提供从填料研发、生产、应用工艺开发及分离纯化服务等全流程解决方案，帮助客户实现分离纯化环节降本增效的目的。此外，通过投资赛谱，并代理赛谱仪器产品，公司也销售蛋白纯化仪器，从而为客户提供更全面的产品和服务，增加产品之间的协同效应。[29]

纳微的产品性能优越，具有更高的性价比。例如，纳微开发的用于万古霉素的单分散色谱填料，在一家欧洲知名药企使用时，只用了3,000升就替代了13,000升日本的填料，大幅降低了填料使用量，且为客户提高了产品的回收率和纯度，同时减少了废水排放量。[30]

在客户服务上，由于境外色谱填料/层析介质厂商供货周期普遍较长，而纳微主要产品均有备货，供货周期一般为2周左右，在时效性上具备明显优势。同时，公司设立了专业销售团队与技术支持部门与客户直接对接，根据客户的产品特性及具体需求选择或定制色谱填料/层析介质，并提供相应产品的试用，在产品质量过硬的前提下不断优化客户服务。[31]

凭借出色的产品性能、及时专业的销售服务以及稳定的供应，纳微逐渐获得了客户的信任。比如一家胰岛素生产企业，其创始人也是海归博士，他们原本已确定工艺并选定进口填料，但与江必旺第一次见面交流后，对纳微非常信任，其团队立刻测试了纳微的产品，尽管最初测试结果并不理想，但仍然愿意再次尝试。最终结果证明纳微的产品性能完全超过进口产品，由此顺利导入其生产线。后来该公司还成功说服一家欧洲胰岛素厂家使用纳微的产品。[32]

纳微已与恒瑞医药、丽珠集团、复星医药、华东医药、成都倍特、浙江医药、海正药业、东阳光等多家知名大药企形成合作关系，客户数量持续增长，从2017年的348家快速增长到2020年前三季度的1,041家，以销售额50万元以下的小客户居多，但100万元以上的大客户数量也快速增长。新增客户数量从2017年的256家增加到2020年前三季度的633家，体现出公司业务的良好发展趋势。由于替换成本较高，客户对于色谱填料/层析介质供应商的选择较为谨慎，普遍需要较长时间的考察和认证，周期一般为半年到三年不等，因此前期增长较慢，但与优质供应商达成合作关系后，双方具有较强的黏性。[33]

2017—2020年，纳微的营收从5,714万元快速增长到2.05亿元，CAGR（Compound Annual Growth Rate，复合年增长率）达到53%，归母净利润从1,224万元增长到 7,269 万元，CAGR 达到81%。其中，生物医药领域的业务构成公司收入和毛利的主要来源，占比均逐年提升，2020年达到84%。且产品毛利率水平较高，2020年公司生物医药、平板显示毛利率及综合毛利率分别为84.72%、78.87%、83.43%。纳微的产品也开始进入国际市场，已销往美国、欧洲、韩国等发达国家和地区。为把握新兴市场销售机会，公司于2019年设立了印度子公司，并成立专门的印度销售团队。[34]

近两年，受新冠疫情等多方面因素的影响，国外进口色谱填料/层析介质不能及时供应到国内，严重影响了国内药企的生产和研发进度。纳微加班加点，甚至很多员工春节都没有放假，及时为多家药企提供了关键色谱填料/层析介质，加速了进口替代，保障了国内药企的正常生产和研发。[35]

未 来 发 展

作为突破了"卡脖子"技术的微球"隐性冠军"，纳微得到诸多投资机构的认可，包括高瓴、红杉资本、药明康德、元生创投等知名机构。2021年6月23日，纳微在科创板上市，当日涨幅超过12倍，市值达到440多亿元人民币，江必旺夫妇合计持股52.08%。募集资金将主要用于研发和拓展海外市场。

在研发投入上，纳微将同时建设生物制药分离纯化应用技术研究实验室和新产品研发实验室，以进一步丰富产品线，扩充核心技术，提升国际竞争力。其中，应用技术研究实验室将提供生物制药分离纯化应用技术方案，新产品研发实验室将专注研发全新一代高载量耐碱亲和层析介质、连续流层析设备和新型磁分离介质等新产品。[36]

在海外市场拓展上，纳微将新设北美子公司和进一步建设印度子公司。其中，北美子公司项目建成后将设有两个新产品研发实验室、一个应用开发平台实验室及二十余人的本土团队。在印度则将扩充当地的营销和技术团队，进一步建设应用技术开发平台，使印度区域运营中心更好地开展业务。[37]

随着国际形势日趋复杂，关键材料的安全供应与国产化的重要性日益凸显。中国14亿人口带来巨大的医药市场需求、国际重磅生物药专利到期、大量海归人才回流以及国内资本助力，为中国生物药的发展提供了前所未有的历史机遇，也将进一步刺激色谱填料/层析介质需求的增长。同时，随着我国持续推进医药产业改革，"医保控费""仿制药一致性评价""药品带量采购"等政策陆续出台，对药企成本控制提出了更高要求。纳微的产品在助力关键材料进口替代、降低生产成本、提升我国医药产业的生产工艺等方面均有重要意义。[38]

但挑战依然存在，比如，随着越来越多生物药研发成功，其结构也越来越复杂。同时，监管部门对药品质量和杂质控制要求越来越严格，社会大众对药品降价的需求迫切，传统原料药厂商在面临成本压力的同时也面临着环保压力，行业对色谱填料/层析介质产品性能、成本等方面提出了越来越高的要求。同时，色谱填料/层析介质行业长期以来一直被 GE Healthcare、

Tosoh、Bio-Rad等国际大型科技公司垄断。制药行业整体较为保守，对关键生产环节管理严格，采购时更倾向于选择规模大、历史悠久、品牌效应强的国际知名企业。与这些实力强劲的竞争对手相比，纳微在资金、客户基础、销售网络、品牌影响力等方面都存在明显不足，增加了进口替代难度，如果要在国际市场上与巨头直接竞争，将面临更多挑战。[39]

而江必旺对公司未来的发展空间充满信心，微球精确制备技术作为平台型技术，具有较强的延展性，除现有色谱填料、间隔物微球等产品，还可用于开发和生产诊断领域的磁性微球、荧光编码微球及乳胶颗粒等。[40]"微球是底层技术，未来的应用领域非常广，相较于此，受限的是我们自己的认知。"[41]

附 录

附录1 液相色谱原理示意图

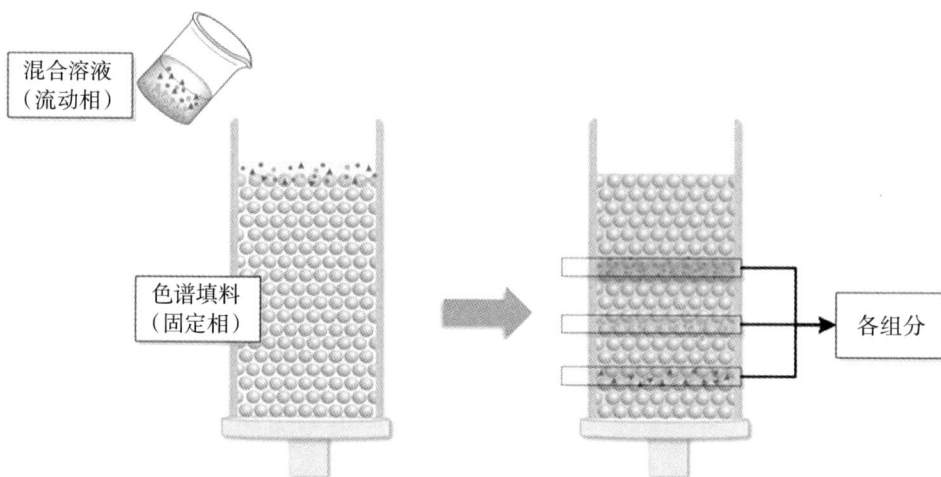

混合溶液
（流动相）

色谱填料
（固定相）

各组分

资料来源：纳微招股书。

附录 2　生物药生产流程示意图

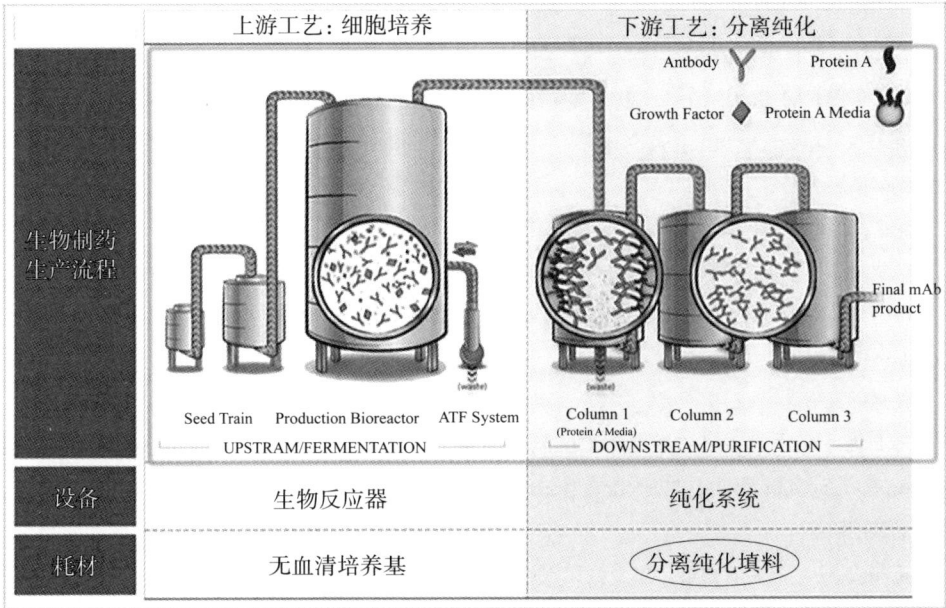

资料来源：纳微招股书。

附录 3　间隔物微球在平板显示中的应用

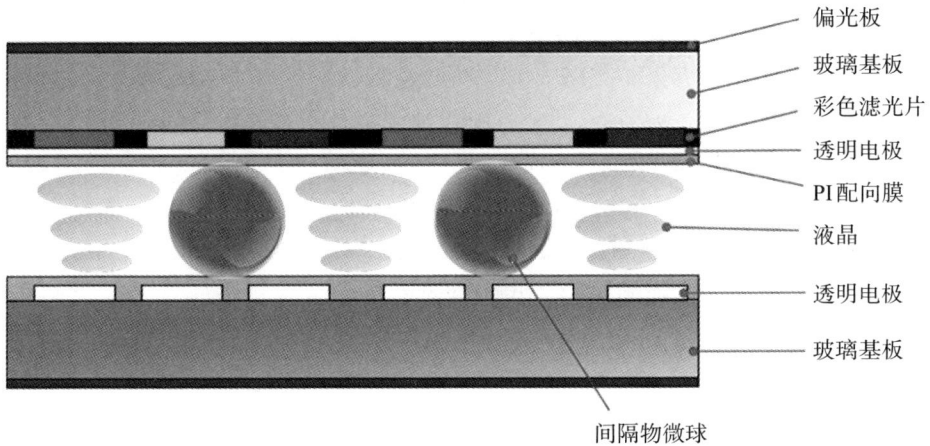

资料来源：纳微招股书。

尾　注

1　贾谨嫣，陈锋.IPO低价盛宴何时休？“天选之子”暴涨1273%引发热议，中信证券躺赚2亿[N/OL].华夏时报，2021-07-11[2021-11-29]. https://baijiahao.baidu.com/s?id=17040529752281 85226&wfr=spider&for=pc.

2　纳微招股书。

3　纳微招股书。

4　新材料情报NMT.纳微科技：国产色谱填料龙头迈入快车道[EB/OL].(2022-05-21)[2022-09-25]. https://view.inews.qq.com/a/20220521A0ATRY00?refer=wx_hot.

5　纳微招股书。

6　纳微招股书。

7　海归博士研发微球打破垄断[N/OL].科技日报,2018-06-14[2021-12-01].https://mp.weixin. qq.com/s/OMmLbJlszsO2HMEqLt7L2w.

8　纳微招股书。

9　正和岛.一个最穷农村娃，如今公司300多亿！这个福建人，全凭6个字[EB/OL]. (2021-11-26) [2021-11-29].https://mp.weixin.qq.com/s/nbSnOhnKL6pTRELRhUQQwg.

10　正和岛.一个最穷农村娃，如今公司300多亿！这个福建人，全凭6个字[EB/OL]. (2021-11-26) [2021-11-29].https://mp.weixin.qq.com/s/nbSnOhnKL6pTRELRhUQQwg.

11　中国生物器材网.演绎“纳米神奇”——纳微科技董事长江必旺博士专访 [EB/OL]. (2014-07-04) [2021-11-29].https://www.bio-equip.com/news.asp?ID=453069352.

12　正和岛.一个最穷农村娃，如今公司300多亿！这个福建人，全凭6个字[EB/OL].(2021-11-26) [2021-11-29].https://mp.weixin.qq.com/s/nbSnOhnKL6pTRELRhUQQwg.

13　正和岛.一个最穷农村娃，如今公司300多亿！这个福建人，全凭6个字[EB/OL].(2021-11-26) [2021-11-29].https://mp.weixin.qq.com/s/nbSnOhnKL6pTRELRhUQQwg.

14　纳微科技.纳微科技上市答谢酒会董事长致辞[EB/OL]. (2021-06-25)[2021-12-01].https:// mp.weixin.qq.com/s/YP3kGRLBXk044nr0T5Gh6w.

15　正和岛.一个最穷农村娃，如今公司300多亿！这个福建人，全凭6个字[EB/OL]. (2021-11-26) [2021-11-29].https://mp.weixin.qq.com/s/nbSnOhnKL6pTRELRhUQQwg.

16　江必旺.生物制药耗材和设备的国产化是必然趋势[EB/OL].(2019-07-03)[2021-12-01].https:// mp.weixin.qq.com/s/jQ4ImF8Hv6VK1RUxGNLSXA.

17 正和岛.一个最穷农村娃,如今公司300多亿!这个福建人,全凭6个字[EB/OL]. (2021-11-26)
[2021-11-29].https://mp.weixin.qq.com/s/nbSnOhnKL6pTRELRhUQQwg.

18 江必旺.我回到中国创业的这些年[EB/OL].(2021-07-31)[2021-11-29]. https://
mp.weixin.qq.com/s/aSVEGbPtFhdcquRPCMNjdw.

19 江必旺.我回到中国创业的这些年[EB/OL].(2021-07-31)[2021-11-29]. https://
mp.weixin.qq.com/s/aSVEGbPtFhdcquRPCMNjdw.

20 江必旺.我回到中国创业的这些年[EB/OL].(2021-07-31)[2021-11-29]. https://
mp.weixin.qq.com/s/aSVEGbPtFhdcquRPCMNjdw.

21 中国网财经.解决"卡脖子"材料替代,纳微科技的纳米微球生意[EB/OL].(2021-06-21)
[2021-12-01]. http://finance.china.com.cn/roll/20210621/5597966.shtml.

22 正和岛.一个最穷农村娃,如今公司300多亿!这个福建人,全凭6个字[EB/OL]. (2021-11-26)
[2021-11-29].https://mp.weixin.qq.com/s/nbSnOhnKL6pTRELRhUQQwg.

23 正和岛.一个最穷农村娃,如今公司300多亿!这个福建人,全凭6个字[EB/OL]. (2021-11-26)
[2021-11-29].https://mp.weixin.qq.com/s/nbSnOhnKL6pTRELRhUQQwg.

24 纳微招股书。

25 海归博士研发微球打破垄断[N/OL].科技日报, 2018-06-14 [2021-12-01].https://mp.weixin.
qq.com/s/OMmLbJlszsO2HMEqLt7L2w.

26 纳微招股书。

27 纳微招股书。

28 纳微招股书。

29 纳微招股书。

30 中国生物器材网.演绎"纳米神奇"——纳微科技董事长江必旺博士专访[EB/OL].(2014-07-04)
[2021-11-29].https://www.bio-equip.com/news.asp?ID=453069352.

31 纳微招股书。

32 纳微科技.纳微科技上市答谢酒会董事长致辞[EB/OL]. (2021-06-25)[2021-12-01].https://
mp.weixin.qq.com/s/YP3kGRLBXk044nr0T5Gh6w.

33 纳微招股书。

34 纳微招股书。

35 丁香学术.技术创新降低生物制药成本,对话纳微科技江必旺博士[EB/OL].(2021-04-07)
[2021-12-01]. https://mp.weixin.qq.com/s/4cebafP_Z3XX9iII24JXKA.

36 纳微招股书。

37 纳微招股书。

38 纳微招股书。

39 纳微招股书。

40 纳微招股书。

41 关子儒.纳微科技江必旺：小微球要展大身手[N/OL]. 上海证券报, 2021-06-23[2021-12-01].
    https://mp.weixin.qq.com/s/iJ5vFSXy_cWoMPy7ofcy_Q.

纳微科技案例点评一

周丽新 *

近年来，得益于全球生物创新药研发投入的增加与新药研发成果涌现，加之中国14亿人口带来的巨大市场需求、国际重磅生物药专利到期、大量海归人才回流及国内资本助力等多重因素影响，我国生物药行业进入快速发展阶段，为相关产业发展提供了前所未有的历史机遇。

色谱/层析技术作为分离纯化环节最主要方法，占据了生物药主要生产成本。根据MarketsandMarkets™数据显示，2019年中国色谱填料市场仅占全球市场5.9%，长期被少数国际公司垄断。在国内供应链不完善、知识产权保护不全面以及税收政策等环境下，纳微科技经过十余年技术积淀，已经打破国外产品垄断，并返销海外。如何练就"隐形冠军"，纳微科技在初心坚守、研发等方面有很好的实践，对高新技术企业的经营发展具有良好借鉴意义。下面列举几点个人感受。

战略坚定，坚守长期利益。决定企业经营成败的一个极其重要的问题，就是看企业战略的选择是否科学合理。由于底层技术的颠覆性突破，公司仅付出10%的精力就在液晶显示屏领域快速获得现金流。核心创始人在面对股

* 周丽新，凯联资本董事总经理。

东质疑、合作伙伴矛盾时，不被短期利益干扰，坚持"进入色谱填料市场的唯一一次机会就是国内生物制药市场从无到有的崛起时机"的观点。最终基于企业战略方向的坚定，截至2023年年底，纳微科技在生物医药领域营收占总营收比高达94%，而平板显示领域不足3,500万元，仅占6%。长期利益的坚守为企业奠定了行业地位，为后续规模扩大打下牢固基础。

研发驱动，构筑企业"护城河"。创新的投入，换来的是指数级的回报和产业向"微笑"曲线两端的延伸。高技术壁垒和持续的迭代能有效避免企业快速进入低价竞争的状态。色谱行业发展百余年，长期由大型跨国公司垄断。纳微科技持续投入技术开发，研发费用率保持在16%以上，研发人员占比27%，在微球制造领域获得突破性技术进展。掌握技术核心是维持高毛利的资本，纳微通过创新驱动，带领企业从低价内卷中脱离出来，相对持久地维持业务稳定。

产业转化，跨越"死亡谷"。"死亡谷"是从开发到商业化过程中所经历的障碍，主要受规模化量产能力和顾客不确定性共同影响。纳微科技重视产业化过程，专门培养技术转化人员，桥接实验室产品到产业化生产的过程，满足客户对产品质量、数量及稳定性三方面的要求。再者，企业重视客户服务，为客户提供全流程可定制化的解决方案，帮助客户降本增效。双管齐下，保证公司产品顺畅打入市场，将科技成果转化过程风险降到最低。

总之，这篇案例组织严密、资料详实，对于高新技术企业的发展和实践有很高的借鉴意义。从中可以深刻体会到创新产品或技术的发展周期和可能风险，也印证了技术创新是企业核心竞争力。面对未来长远的竞争，持续的研发投入以保持技术领先，才是企业生存和发展的核心引擎。

纳微科技作为微球领域"隐形冠军"，已获得市场认可，并成功登陆科创板。至于案例企业未来发展，个人有两点思考，提出以供参考。

一是参加多领域竞争，提升抗风险能力。《创新者的窘境》作者克里斯坦森曾提醒，竞争对手往往来自行业之外。案例中提到，微球作为底层技术，应用范围除色谱填料外，还可用于开发和生产诊断领域的磁性微球、荧光编码微球及乳胶颗粒等。作为"行业外"的竞争者，积极研发和拓展更多领域的微球产品，也许有可能推动相关领域发生变革。对于企业而言，该举动也将规避单一产品或行业变动带来的不利影响，提高抗风险能力的同时，打开40亿元的市场天花板，获得更高的成长性。

二是把握海外市场机会，参与全球竞争。国内微球市场增长毕竟有限，且下游客户受经济波动影响明显，企业发展空间将受到一定限制。但是，纳微自主研发的"种子法"产成品良品率高达95%，大大降低生产成本，缩短生产周期，已具备参与全球竞争的技术实力。况且，微球作为生物制药、分析检测、IVD（即体外诊断）、石油化工、液晶显示屏等多行业使用的产品，受国际形势制约影响较小，从产品特性上适宜外销。此外，中国企业凭借过硬的产品质量和合理的产品价格，出海贸易早已经屡见不鲜。希望在未来，纳微科技踏着国内企业的出海浪潮，成为领先的全球性公司。

纳微科技案例点评二
对苏州纳微科技股份有限公司的思考

刘 健[*]

一、企业实践亮点

纳微科技是目前少数几家可以同时规模化制备无机和有机高性能纳米微球材料的公司之一，为生物医药、平板显示、分析检测及体外诊断等领域客户提供核心微球材料及相关技术解决方案，其中生物医药领域业务是公司的主要营收来源。近年来，随着全球生物制药尤其是单抗药物的快速发展，色谱填料的市场需求不断增加。一直以来，中国用于生物制药生产的关键设备和耗材如色谱填料和色谱柱系统基本依赖进口。纳微科技突破微球材料底层制备技术难题，在国内市场上具有技术领先地位，产品性能优，价格有竞争力，基于这些优势，公司实现国产替代，加快占领国内市场，替代进口产品，并不断拓展海外市场，加快企业发展。

---

* 刘健，康希诺生物（上海）有限公司总经理。

二、企业迎来的机遇

（一）进口替代机遇。长期以来，我国用于生物大分子药物或有机小分子药物分离纯化的色谱填料/层析介质微球等核心材料基本依赖进口，在正常业务状态下，想要介入已被欧美填料把控的市场是相当困难的。但随着医保集采改革，药品价格下调，这给企业成本控制提出高要求，而填料成本占药品总成本比例较大，这为药企成本控制提供动因，推动了进口替代。此外，中美贸易战和新冠疫情也是重要影响因素，供应链安全成为企业在供应商选择的时候的重要考量因素，因此可替代进口产品具有巨大市场潜力。

（二）行业需求机遇。由于下游生物制药，特别是单抗药产业近年来的快速发展，以及 mRNA 预防性及治疗性疫苗、双抗、多抗、核酸药物等创新药物快速发展，同时随着国内产业升级和环保要求的提升，很多药物采用的低效高污染工艺急需进行技术革新，因此制药与生物科技成为色谱填料最大的细分应用市场，该市场需求持续增加。

三、企业面临的挑战和发展建议

（一）市场竞争。"前有围堵，后有追兵。"公司所处的色谱填料、层析介质行业面临市场竞争激烈，与 Cytiva、Merck、Danaher、Agilent 等竞争对手相比，公司在资金实力、品牌影响力、市场声誉等方面还存在差距，并且生物药工艺调整需要注册变更流程，原有产品替代需要时间。再加上近年来多家国产填料厂商异军突起，使得公司的产品在进口替代和产品走向海外高附加值市场的竞争愈加激烈，这对公司的产品、服务和市场推广提出更高要求。公司需对国内和国外市场的目标客群明确定位，制定有针对性的市场营销策略，通过产品创新和差异化，满足客户特定需求，避免卷入价格战。

（二）行业需求萎缩。生物医药市场是纳微科技最大的细分市场，公司业务增长很大程度取决于生物医药行业的发展。医药行业发展最近两年处于投资的下行通道，在目前医药行业下游投资减少的情况下，尤其是目前纳微科技的营业收入以及增速均出现下滑，此时产能投资要格外谨慎，不宜过快。研发管线要更精炼，不宜求大求全，要平稳度过行业低迷期。

（三）产品竞争加剧。目前公司尚无明显具有绝对优势的杀手锏产品，还不能凭借单一产品技术优势，快速提高市场份额，微球的加工制造拥有很高的技术门槛，公司应加快推进关键共性技术攻关，针对基础研究环节薄弱等痛点问题，依托国内知名高校、科研机构等，引领原始技术创新突破。同时要与客户形成密切联动，耗材的使用与客户产品密不可分，把为客户解决产品开发过程中的工艺问题，降低成本成为纳微真正的核心竞争力，形成公司真正的护城河。

四、思考与借鉴

（一）国产化趋势。纳微科技抓住了国产化替代和生物药发展的机会。由于国家药品集采、复杂的国际关系以及新冠疫情给国产填料替代进口填料提供了机会，这既是偶然也是必然。在行业竞争加剧的今天，选择性能优异、供应稳定、价格合理的国产填料是国内生物医药企业发展的内在需求，纳微的这个案例仅仅是一个缩影，在其他行业何尝不是。国产替代的浪潮已经形成，企业如何发掘机会，占得先机，是我们每个企业都需要思考的。一是成就客户。我们的产品开发一定要与客户需求紧密关联，解决客户实际问题，减低成本，提高客户竞争力。二是在产业链上下游，扩展企业经营边界，寻找国产替代机会。

（二）有效创新。在全球科技创新里，东亚地区占比越来越高，其中中国的增长速度最快。在创新的过程中，我们从开始的模仿，到在模仿的基础上创新，到原始创新；从生产过程创新，到工艺技术创新，再到产品创新。随着行业和企业竞争加剧，建立企业护城河，对企业创新能力提出更高的要求，超过国内同行是第一步，与进口产品做到同样好是第二步，引领未来行业发展和标准，是每家企业的最终愿景。但是创新是有风险的，创新是要付出代价的，在当前环境下，做有效创新，提高创新效率也是每个企业需要面对的课题。把创新资源聚集到一起，不为所有但为所用；把下游客户成功与自身成功绑定在一起，利他即是最大的利我。提高创新效率，降低创新风险，避免无效创新投入。

康码
生物

案例　康码生物：
颠覆性技术的商业化探索*

康码生物科技有限公司（以下简称"康码"）创立于2015年10月，创始人兼CEO郭敏博士和团队基于其扎实的理论研究，花了近六年时间完成了D2P（DNA to Protein）无细胞蛋白质合成（Cell-Free Protein Synthesis, CFPS）技术的自主研发，于2021年开始进行商业化探索。

由于D2P是一项颠覆性的底层创新技术，一开始大部分人甚至不相信其真实性，更不要说大规模应用。团队也一直聚焦研发，缺乏商业化经验。这使得康码在商业化探索过程中碰了不少壁，融资也历经波折。公司陆续接触了数百家潜在合作机构，在IVD、生物制药、医美、人造血红蛋白、大健康产品、农业产品等领域都进行了探索。

经过三年的摸索，康码逐渐将商业化方向聚焦到最能体现D2P技术价值的领域，如人造血红蛋白、免疫毒素、新型肉毒素等。截至2024年6月，公司

---

* 本案例撰写于2021年，最后更新于2024年6月。

核心产品研发进展顺利，并有一些产品开始上市销售，融资金额也已超过八亿元人民币。但颠覆性技术的产品商业化仍然充满挑战，康码该如何突破？

现有蛋白质合成技术

蛋白质是构成生命体的基本成分，在生物制药、疫苗、IVD（In Vitro Diagnosis，指体外诊断）、医美健康、化工催化、食品等行业，都需要大量的蛋白质。以往蛋白质主要从自然界中获取，如胰岛素提取自动物胰脏。1978年，基因泰克公司利用分子克隆技术改造了大肠杆菌，使其进行细胞重组表达合成了人胰岛素，并于1981年被FDA批准用于治疗I型糖尿病，这开启了现代生物医药时代。经过40年的发展，细胞重组表达蛋白质所用的细胞类型从最初的大肠杆菌，逐步拓展到酵母、昆虫细胞、中国仓鼠卵巢细胞等。用细胞合成的蛋白质药物种类也逐步扩大，如抗体、细胞因子、多肽、酶、人工蛋白等。

但细胞重组表达蛋白质技术存在许多不足，比如：① 生产周期长，由于培养细胞需要大量时间，一般优化合成一批蛋白质需要30天以上；② 效率较低，即便是经过改造的细胞，目标蛋白质也只是其合成产物中的很小一部分，每升培养基和细胞一般只能产出1—5克目标蛋白质；③ 均一性不能保证，大部分培养时间消耗在细胞自身的分裂生长传代上，在传代过程中细胞可能发生变异，导致前后代细胞性状变化，表达的蛋白质不一致，或表达效率越来越低；④ 对环境要求较高，由于生产周期长，而蛋白质容易变性，因此生产过程中对工艺、原料、设备等要求严格，长时间细胞培养还容易杂菌污染；⑤ 有些蛋白质（如毒性蛋白）在细胞内难以表达，或容易泄露；⑥ 成本高，由于以上因素的存在，细胞培养合成蛋白质的成本较高。

在郭敏看来，这些不足主要是由于"需要培养细胞、由活的细胞来表达蛋白质"导致的。他在美国做研究时就发现，细胞合成蛋白质的潜力远远没有被发挥出来（比如肿瘤细胞合成蛋白质的速度就比正常细胞快20—30倍），这是由于细胞在进化的过程中形成了固有的"调控机制"，否则细胞功能就会出现问题。那么，如果能够通过工程设计控制细胞合成蛋白质的因素，并脱离细胞的束缚，应该就能释放合成蛋白质的潜力。这在原理上也行得通：蛋白质合成的过程即DNA转录成mRNA，再翻译成氨基酸组成的多肽链，最后折叠成特定三维结构的蛋白质（见附录1），这一过程不一定要在细胞内发生，理论上在合适的环境下蛋白质可以直接根据DNA模板合成出来。

早在1954年，就有科学家提出无细胞蛋白质合成（CFPS）技术，[1] 1958年就在实验室中实现，比细胞重组表达技术出现早了20年。[2] CFPS即以外源DNA或mRNA为信息模板，在蛋白质合成所需的酶的作用下，通过补充底物和能量物质，实现蛋白质的细胞外合成。细胞和无细胞蛋白质合成的最大区别在于，前者是通过改造细胞的基因或质粒，使其编码相应的蛋白质DNA序列，再大量培养细胞让其繁殖生长，由活的细胞合成目标蛋白质，培养细胞和合成蛋白质的过程不能分割；而后者是先培养原料细胞，获得细胞部分提取物即纯化的酶，再在酶中加入外源DNA/RNA模板，在体外进行酶催化，获得目标蛋白质，从而将培养细胞和蛋白质合成分成了两个独立的过程（见附录2）。

CFPS技术发展缓慢，长期停留在实验室阶段，目前主要有大肠杆菌、兔网织红细胞、小麦胚芽、人Hela细胞，昆虫sf9细胞等多种来源体系，但都存在不少局限，没有大规模的商业化应用。[3] 全球进行CFPS商业化探索的公司包括Sutro、Thermo Fisher Scientific、Promega、Biotechrabbit等。[4] 其中代表性公司Sutro成立于2003年，利用大肠杆菌做了XpressCF+等CFPS平台，主要进行肿瘤免疫疗法和抗体药物偶联物（ADC）的开发，与Merck、Ipsen、Astellas、天士力生物等合作，其抗卵巢癌ADC药物已进入III期临床试验。公司于2018年在纳斯达克上市，截至2024年6月初市值不到4亿美元。[5] Sutro分拆的公司Vaxcyte专注于疫苗开发，其24价肺炎疫苗被FDA授予突破性药品分类，目前处于临床III期。该公司于2020年6月在纳斯达克上市，[6] 截至2024年6月初市值超过70亿美元。在郭敏看来，Sutro使用的是20年前的大肠杆菌来源体系，技术并不先进，合成蛋白质质量较低，成本比传统细胞合成蛋白质更高，因此Sutro主要做的是ADC这类最昂贵、合成工艺复杂的药物，其技术在这一领域相比于细胞合成系统有优势。也正因为应用场景有限，该公司目前市值不高。

康　　码

郭敏从事蛋白质翻译合成相关的基础理论研究已有20年，他在中科大完成本科到博士的学习后，在美国Scripps研究所领导蛋白质翻译合成的基础理论研究，其博士后导师是目前国际上蛋白质翻译以及tRNA Synthetase领域研究最资深的科学家Paul Schimmel教授（院士，MIT生物系创始人之一，师从于细胞重组DNA技术的发明者Paul Berg教授，1980年诺贝尔化学奖获得者）。随后，郭敏在美国佛罗里达大学做到博士生导师、副教授，并先后发表了相关SCI文章70余篇。

郭敏认为，正如电动车的概念比燃油车出现得早，但直到特斯拉才实现电动汽车的大规模产业化一样，CFPS技术先出现的原因是它能更直接、更简单地实现，而后来没有被广泛应用的原因是缺乏配套的放大技术和真正适合的技术路线。一项创新技术真正实现产业化的前提是：① 能否大规模生产；② 能否提供足够高的性能（比如电动车能快速充电、几百公里续航等）；

③ 是否足够便宜（几十万元就能买到），对于CFPS技术也是如此。郭敏基于理论分析认为，CFPS技术的产业化有实现可能，但还需要做大量工作。抱着"把生产蛋白质变得和生产糖一样便宜"的初心，郭敏于2015年注册成立了康码，希望实现无细胞蛋白质合成的大规模产业化应用。

D2P技术开发及优势

康码创立九年来，致力于突破并不断完善独创的D2P技术体系。郭敏介绍，康码的技术不是对现有CFPS技术的改进，而是从理念上进行颠覆。传统观点认为无细胞应该比有细胞更复杂、应用范围更窄、成本更高，而康码的技术出发点是无细胞释放了细胞合成蛋白质的潜力，因此应该产量更大、成本更低。

D2P技术的实现过程包括，首先，要把CFPS变得足够便宜，就要选择便宜的原料，而最便宜、最容易大规模培养的细胞就是酵母。即便是常用的大肠杆菌细胞，也较难达到几百吨以上的培养规模（且大肠杆菌易污染、含内毒素、蛋白质折叠能力有限），而酵母细胞的应用（如啤酒厂）很多都是百吨千吨以上的生产规模。但酵母细胞是真核细胞，比大肠杆菌原核细胞要复杂得多，这也是酵母细胞CFPS相关的产业化技术专利在当时几乎是一片空白的原因。康码选择了一类特殊的酵母细胞作为底盘细胞，这种酵母是FDA批准的可食用、可药用的细胞种类，无内毒素，同时基因组传代稳定。原始的细胞合成蛋白质的效率很低，康码对其进行了大量研发，使其体外蛋白质表达效率提升了1.2万倍以上。

接下来是对原料细胞进行大量培养。原料细胞自身能合成核糖体、酶、氨基酸等，因此只需要给它们提供氮源、碳源等基本物质即可，比如氨水、糖，再加一些磷酸、金属离子等少量元素，这些原料都很常见且便宜。

培养出大量原料细胞后，利用自主开发的专有工艺和设备，把细胞打开，同时保留其所需的活性物质，再添加一些必要的物质，从而在细胞外模拟细胞内的环境，让合成蛋白质更高效更稳定，康码对这些添加物质也做了许多研发和改进。最后，康码会把这些物质组合进行干燥，做成粉末（康码称之为"蛋白质工厂"），以便于储存和运输。

D2P技术相当于把传统细胞合成蛋白质过程中培养细胞的环节（占传统细胞合成蛋白质过程90%—99%的时间）前置，在合成蛋白质时不需要再培养细胞，只需把干粉加水溶解后，加入目标蛋白质的DNA模板，反应三个小时即可合成目标蛋白质。郭敏介绍，目前整个体系已很稳定，合成蛋白质的反应过程对外部环境依赖小，"甚至可以用饮用水来溶解干粉，来合成蛋白质"。为满足生物医药GMP要求，康码还自主研发了全球首套专有的无细胞蛋白质合成生物反应器，以及体外DNA模板自动扩增系统，可以直接从单分子DNA扩增，从而只需要加入极少量的DNA模板，就可以完成公斤到吨级的目标蛋白质合成反应，实现了国产化生物合成硬件的突破。

康码的D2P技术解决了现有蛋白质合成技术的许多不足，比如生产周期、生产效率、产品均一性、对环境的依赖、成本等。康码对整个体系的各个环节都进行了大量研发，使每一个环节的成本和效率都得到提升，给总体带来的提升更是几何级别的。用D2P技术合成蛋白质的成本仅为传统细胞合成的1%—10%，效率是传统细胞合成的近100倍。

康码的整个D2P技术体系开发过程十分重视知识产权保护，也具有较高的技术壁垒，主要包括，① 通过系统而全面的知识产权专利池把核心技术路线保护起来，竞争对手难以复制。该平台技术未来可以延伸出更多的专利，理论上每一种借助D2P技术开发的商业化蛋白质都可以单独成为一个发明专利。② 多方位综合保护：康码从基因工程、配方组分、生产工艺、算法应用四个方面对D2P技术进行了综合的专利和技术保护。比如生产工艺方面，涉及生物科学，算法、机械自动化、高分子化学、材料、有机合成等多个学科的交叉。康码的很多生产设备都是自己设计改造而成，在市场上没有销售。

③ 核心技术秘密：对于最核心的技术、工艺，不宜用公开专利保护，按照商业秘密和技术秘密进行固化保护。内部研发团队严格按照保密要求，分段式开发、分段式管理，确保无单一员工或高管掌握全部工艺、材料和技术。

郭敏表示，虽然D2P技术并非能高效合成所有蛋白质，比如对一些比较复杂的膜蛋白以及需要糖基化的蛋白质，但大部分蛋白质康码都可以合成，特别是对于AI人工设计的新型蛋白质，相对于其他技术有足够的优势。

商业化应用探索

随着D2P技术的稳定，康码开始考虑其商业化应用，于2018年12月建成了1吨（1,000升）的生产线，2020年9月又建立了5吨的生产线。早期产量有限时，康码主要服务于科研市场，比如高校实验室的研究项目中需要合成难度较高的蛋白质。但这一领域的市场空间小，只有10亿级的规模。有了5吨的生产线后，康码陆续接触了各行各业的几百家客户，探索更多应用方向。

郭敏认为，D2P技术应用有两大优势：一是以更低的成本、更高的效率生产已有的蛋白质；二是高效合成高精尖、创新的蛋白质产品。在具体行业上，可以广泛应用在高端研发、药物筛选、生物制药、疫苗、医美、IVD、化工酶制剂、食品大健康等。

但创新技术的早期应用必然面临较多的挑战，首要的是在政策方面，如传统生物药的生产都是从培养细胞开始，而康码的技术领先于当前的市场现有技术，在进行药物申报时就需要面临更多质疑。

在此情况下，康码先尝试了一些短期内易实现，特别是高端研发、药物筛选、IVD 等，目的是逐步接触不同产业和客户，更多地了解市场需求，也让更多客户了解康码的创新技术，建立客户信任，寻求更多商业化机会。同时，也让公司有一定的现金流，这样可以不完全依赖融资，保持一定的灵活度。

例如，康码的技术非常适合进行大量的蛋白质筛选，即在其干粉溶液中同时放入几千种 DNA，快速合成几千种蛋白质，然后进行筛选。康码曾和百度合作，由百度做大数据和 AI 算法，康码来合成目标蛋白质。康码也与一些 IVD 企业合作，IVD 相关的蛋白质市场规模有数百亿级，但需求比较细分，蛋白质种类繁多但每种用量很小，康码的技术在成本和效率上都有优势。但由于这是一个成熟市场，原有的体外检测产品使用的蛋白质酶的来源一旦申报就不易改变，新的工艺来源的原料难以替换进去，因此未能成为康码的主要应用方向。同时，康码也探索了一些虽然附加值较低、但市场需求大的领域，康码的技术具有极大的成本优势，如饲料、人造肉等。

从长期来看，生物制药、医美、疫苗等高附加值领域具有更大的吸引力，这些领域蛋白质相关的市场规模都是百亿甚至千亿级以上，技术壁垒高，康码的优势会更加凸显。例如，一些医美产品厂商找到康码，希望合作开发和生产胶原蛋白、肉毒素等。但作为科学家，郭敏最看重的还是生物制药领域，这也是前景最大的市场——全球生物制药的制造市场到 2025 年预计将达到 1,500 亿美元。但生物医药的审批需要长期、持续的投入，至少 5—8 年。同时，生物药的范围非常广泛，康码具体该做哪些？

在郭敏看来，生物医药看似高端，其实非常容易同质化竞争，比如免疫治疗药 PD-1 抗体，由于靶点本身（PD-1, PD-L1）无法直接专利排他，大家都可以针对相同靶点筛选出各自抗体，只要序列不同，就可以几乎不受限制地开发，国内高峰时有上百家企业在做 PD-1 抗体药物。这类药物开发模式短期来看比的是研发速度，谁先上市谁就能占据先发优势。而从长期来看，比的是谁的生产效率更高、价格更便宜、质量更好。特别是那些专利到期的生物药，未来都要比拼成本。如果用康码的技术，不仅能显著降低成本，还可以凭借工艺创新申请专利保护。

沿着这样的思路，郭敏考虑过进入胰岛素市场。胰岛素是一种常用药，从市场规模来看，仅国内市场就有280亿元，国外市场更大。康码如果能建成百吨级的原料生产线、吨级的胰岛素生产线，成本至少可以降至现在市场上胰岛素成本的五分之一。随着国家带量采购的推进，胰岛素几乎已经降到成本价，未来还可能进一步降价，成本将是未来胰岛素市场竞争的关键。此外，康码的技术优势还能为一些已有的生物药找到新的突破。比如，长效降糖药GLP-1近十年在全球保持了近40%的年复合增长率，远高于胰岛素。[7] GLP-1也具有减肥功效，但其价格较高，作为减肥药的需求潜力未完全释放。

而在更高精尖的领域，康码的技术能够合成许多非天然、难度较高的蛋白质，因此应用在创新药上有着很大优势。还有一些生物制品领域，康码技术的独特性也更能得到体现，比如血液制品。目前全球血液市场年需求约6万吨，合900亿美元，远高于目前任一种生物药品。由于血红蛋白的复杂性和细胞抑制毒性，传统细胞重组方法无法量产合成，因此可以充分发挥康码技术的成本优势。同时，人造血液制品有极高的技术壁垒，一旦成功可能独占整个市场。此外，国内血液供应严重短缺，如果能大量生产出人造血，也将有巨大的社会价值。

核心能力提升

在探索商业化的过程中，康码进一步提升了核心能力。一是在知识产权上，康码在全球无细胞蛋白合成领域保持遥遥领先的地位，截至2024年上半年，提交的专利已经有500多项，授权的有两百多项，其中发明专利占一半，知识产权总数达到1,600多项（含申请中），该领域第二名的公司只有其1/10。康码在2021年被美国加州大学戴维斯分校（UC Davis）的科研团队评为无细胞蛋白质合成领域30年来全球公开专利贡献最多的公司。

二是在无细胞蛋白合成量产方面，2023年4月30日，总投入约3.1亿元的康码160吨级无细胞蛋白合成生产线在上海闵行区完成达产，批次生产规模是世界第二的美国公司的220倍，年产能是后者的上千倍（技术不同，康码可以一天生产一批，后者一周一批）。到目前，康码蛋白质工厂产线已稳定运行一年多，标志着全球无细胞蛋白质制造正式进入百吨级产业化阶段，对于康码的商业化应用具有重大意义。此外，康码还有多个不同用途的工厂建成或在建设中。

三是围绕D2P构建新的相关技术能力。例如，康码自主研发了基于D2P体外合成平台的AI蛋白质设计算法及分析平台D2PLab，通过数据分析为蛋白质研发提供指导，提高研发效率。此外，康码作为独特的底层技术公司，也吸引了更多的研发人才主动加入，为公司带来新的技术能力。例如，新加入康码的一位研发负责人领导的大分子递送技术"MMLPT"，包括大分子透皮技术、舌下透皮技术和微针透皮技术，可以把高活性的蛋白质分子高效递送到人体内，从而拓展了D2P合成蛋白的应用场景。

截至2024年6月初，康码已在上海浦东、奉贤、闵行、崇明，海南三亚，江苏无锡、南通，河南商丘，安徽合肥等地设有子公司及研发生产基地，共有逾五万平方米研发生产空间，370多名员工，其中70%为研发人员。

明确商业化方向

经过前三年的商业化探索，康码有了一些突破性进展。例如，新冠疫情期间，康码于2021年下半年与湖北省疾控中心、武汉大学基础医学院、中国科学院武汉病毒研究所、华中理工大学五家单位联合研发出一种能够有效阻断冠状病毒传播的一类新型蛋白阻断剂，命名为"康斯汀"（Kansetin）。研究表明，冠状病毒表面的刺突蛋白通过与人ACE2蛋白（hACE2）结合，从而进入人体细胞。[8]康斯汀蛋白模拟了hACE2，并通过特有的AI辅助结构设计，较hACE2对冠状病毒及其变种更具亲和力，通过物理粘连病毒，阻断病毒进入人体细胞，从而预防感染。经湖北省疾控中心卫生检验检测研究所权威鉴定，康斯汀蛋白对冠状病毒不同变种都能有效阻断。[9]康斯汀蛋白还具抗病毒进化突变的优势，可应对所有通过ACE2受体感染的病毒。此外，康斯汀蛋白热稳定性高达83℃，室温可放置两年，经口、吸入、腹腔注射等均无毒性，对物表无腐蚀，因而适用于与人体、动植物接触的消杀场景。已感染冠状病毒的阳性患者使用康斯汀蛋白，也有助于减轻症状。相关产品包括十余款日化防护产品及四款消字号产品在国内获批，于2022年3月上市，Antivirus Spray产品于2022年8月获得欧盟CE的医疗器械认证。该系列产品当年累计销售额三千多万元，加上对学校等机构的捐赠，市场使用的产品总额过亿元人民币，使用人次上千万，取得了很好的防护效果和市场反馈。这也是康码在无细胞蛋白质合成产品商业化道路上第一个突破。康码2021年还技术入股了一家创新药企，共同开发治疗渐冻症和白内障的新药。治疗渐冻症的药物2023年获得了美国FDA的"孤儿药"（又称"罕见病药"）认证，2024年获得了中国国家药监局的临床许可，成为中国首款获批临床的渐冻症基因治疗药物。

这些突破让康码认识到，要充分发挥先进D2P技术的优势，找到市场"引爆点"，需要结合创新的分子设计、满足市场重大需求、开发出高活性高附加值的蛋白质分子。因此，康码开始主动做减法，放弃了一些价值较低的产品，比如饲料、人造肉、胰岛素等，也拒绝了许多合作机会。郭敏进一步梳理了D2P技术的商业化思路。他认为，康码未来应聚焦三个方向：第一，用创新性思维，选择最大潜力市场；第二，用特异化技术，实现超高价值创造；第三，用无细胞"蹊径"，独辟生物医药"巅峰"。

第一个方向是最大市场潜力，对应产品如减肥市场的GLP-1和甜蛋白。中国约一半成年人、1/5儿童和青少年超重或肥胖，相关产品市场潜力巨大，到2030年中国GLP-1市场规模预计将超过600亿元，全球市场可能超过千亿美元。[10] 全球进入临床研究的GLP-1药物已有100多个，更有大量企业在争相涌入。[11] 康码通过分子改进开发出第四代GLP-1，使其更稳定、半衰期更长，一步法合成，经皮给药，可以长效缓释，患者使用剂量更小、更安全、成本更低、依从性更好。同时，随着肥胖问题的凸显，消费者对无糖、代糖食品需求增加。传统的天然甜味蛋白甜度低，分子不稳定，不耐高温，50 ℃就会变性失去味道，而康码开发的甜味蛋白的可耐热达95 ℃以上，应用场景大大增加，且甜度可达蔗糖的13万倍，食用后能消化分解为氨基酸，因此更加安全。2024年无锡产业基金以总投资10亿元、先期投资康码约1亿元的招商政策，将四代GLP-1和甜蛋白产品引入无锡锡山产业园区，并确定无锡康码为无锡合成生物学产业链主企业，以D2P先进底层制造技术，吸引更多高科技企业落地发展。

此外，康码利用已有的百吨级蛋白质合成产能，2023年开发了作物科学施肥产品，即含丰富氮磷钾矿物质、蛋白质、氨基酸、维生素、有机酸等生物高活性物质的水溶性蛋白营养液。郭敏介绍，全球肥料市场规模约2万亿元，传统化肥使用粗放，效率低，对土壤污染严重。康码的蛋白营养液可以替代化肥，使用量减少40%以上，降低了用户成本，同时普遍提高产量和作物品质，且能改善土壤，修复传统化肥对土壤的破坏。蛋白质营养液产品已获得三个国家农业部准字号批准，在上海崇明、河南、内蒙古、新疆、东北、浙江、山东、河南、云南等多地使用，效果显著，并作为"一带一路"的代表产品，得到当地政府的高端重视，受邀与相关海外基金筹备合资公司，开拓中东及欧洲市场。

第二个方向是高附加值，对应产品如"健美肽150"。郭敏介绍，传统肉毒素是由肉毒杆菌在生长过程中所产生的一种神经毒素蛋白质复合体，是世界上已知毒性最强的分子，也是最贵的蛋白质。肉毒素附加值很高，目前市场上一毫克价格高达1.4亿元（每次注射量非常小，只有纳克级）。虽然不用考虑性价比，但由于其安全性问题，生产和使用场景有限。而康码的技术具有安全性和成本优势。2022年，康码参与完成了国家食品药品监督管理局的《新型肉毒蛋白的无毒化生产开发》项目，通过D2Pi平台设计并开发出新型的肉毒素"健美肽150"。与传统肉毒素相比，"健美肽150"蛋白活性相当，但口服无毒、经皮无毒、创口无毒，且通过D2P系统高效无细胞合成，全流程无毒株、无泄露、无毒性、无危险，解决了传统肉毒素的痛点。"健美肽150"不仅可以用于传统肉毒的医美市场，还可用于开发祛皱抗皱功效的涂抹型化妆品，市场潜力远高于传统注射肉毒素市场，未来还可能应用于治疗皮肤神经痛、偏头痛、面部痉挛、斜视、多汗、狐臭、脱发等二十多种传统肉毒素已获批的适应症。负责相关产品生产和运营的子公司已于2022年在海南三亚落地。"健美肽150"预计2025年年中开始临床试验，上市后将开拓全新的肉毒素应用市场。

康码三亚公司成立一年后，于2023年研发并获批了中国食药监局五种人源化活性蛋白原料，可用于医美产品或护肤品。郭敏介绍，目前国际上尚无其他公司同时拥有五种人源胶原蛋白原料批件，以往技术要花很多年才能研发出一种。多种人源化活性蛋白组合使用，可以达到更好的皮肤抗衰效果，这在全球范围独树一帜。利用这些原料优势，康码三亚公司截至2024年已累计获得七款妆字号批件，相关产品开始在线上线下销售。其中线上主要是日常使用的"普罗敦"系列护肤品，线下产品主要面向美容院，康码已开始和一些连锁美容院探讨合作。

第三个方向是挑战现有生物医药技术尚未攻克的重大难题，如人造血红蛋白、创新药等。人造血红蛋白是康码产品线的重中之重。2023年11月习近平总书记在上海考察时，康码人造血红蛋白与"C919"大飞机等，作为上海市国际创新中心十周年的重点科创成果一同汇报，引起高度重视并得到良好评价。康码已于2024年5月完成第一只猴的人造血换血试验，实现了在15%的全血（相当于临床三级失血）失血后，注入康码的人造血红蛋白补输，猴子整体状况良好。产品安全性、有效性都超出预期。目前，康码已开始进行后续更高剂量和更多剂型种类的试验，目标是将一次换血量提升到1/3。1/3失血是临床上致死失血的边界，也是目前人造血的国际标准。

人造血被称为生物医药行业的"圣杯"。第一代人造血即氟化碳乳剂人工血液(PFC)，具有部分载氧能力，可暂时替代血液部分功能，但距离替代人血仍有不小的距离。2001年，美国Biopure公司开发了一种名为"Hemopure"的人造血，以牛源血红蛋白为基础，可以兼容各类血型，在室温下可存放三年。但因担心疯牛病传播及副作用，最终只在南非获批，未能广泛使用。2022年11月，英国研究团队开展了世界上首次人造红细胞的临床试验，从约470毫升健康人捐献的血液中分离出50万个干细胞，在此基础上培养出500亿个红细胞，最终筛选出约150亿个成长到适合输入人体的红细胞。[12]而康码设计合成的通用人源化血红蛋白，没有细胞膜，不会造成排异反应，且氧气和二氧化碳传输效率更高，安全性也更有保障，未来有极大的应用前景。郭敏和临床医生探讨，除了急救用血，人造血红蛋白还可用于癌症病人、老年人等慢病贫血，甚至是普通人的心血管保健等，需求广泛。但后者需要考虑长期频繁使用的影响，如是否会造成身体本身造血功能退化等。目前康码首先要实现急救用血产品的研发和上市，如果进展顺利，计划在2025年开始进行临床试验。

对于肿瘤药这一巨大的市场，康码目前专注于细胞毒素这一优于抗体偶联药物(ADC)的第三代抗肿瘤靶向分子技术平台的开发（第一代是抗体药物，第二代是ADC）。ADC是当前抗肿瘤药物最热门的方向，是一种由单克隆抗体和具有强细胞毒性小分子药物偶联而成的新型生物创新药，兼具抗体药物的靶向性和小分子药物的细胞毒性。其技术难点主要在于抗体药物和小分子药物的偶连，保证小分子药物的毒性不外泄，否则会产生严重的副作用。截至2023年底，全球已有15款ADC药物获批上市，在研管线超过500条。[13] 比起ADC药物，细胞毒素药物效用更强，但合成难度更大，目前仅三款细胞毒素药物获得FDA批准，均用传统细胞合成方法生产。其中一款细胞毒素的活性蛋白得率只有0.6%，因生产稳定性问题而停产，另外两款也效果欠佳。康码D2P技术则能够高质量一步法合成细胞毒素，具有显著优势。细胞毒素进入细胞后可以高效杀死细胞，达到同样杀死癌细胞效果的用量只需抗体的1/100、ADC药物的1/10。康码计划2024年年底完成分子的开发，2025年年底进行临床申报。郭敏介绍，由于细胞毒素用量小且用D2P合成成本低，最终产品的生产成本可能只有ADC的百分之一。"这是所有做药人的梦想，有一天我们能把治疗癌症的药做成感冒药的价格，而且药效更好，安全性更高，让癌症家庭不再痛苦。""医药行业的健康和高质量发展不是靠内卷去压成本，而是靠技术突破。"

未 来 发 展

截至2024年6月，康码的核心产品研发进展顺利，并已有康斯汀、普罗敦等产品上市，但商业化仍然充满挑战。这些面向消费者的产品虽然审批上市较快，但公司需要自己花很多精力进行市场教育，让消费者相信产品功效。康码对此并不擅长，也不愿冒险投入大量营销资源。2022年上市的第一代"康斯汀"虽有短期销售高峰，但随着公共疫情的趋势，产品已没有市场需求，康码进一步研发了第二代"康斯汀"，即广谱抗病毒防护类产品，目前已在南通落地。普罗敦的销售正在推进，但进展较慢，在郭敏看来，这更多是为未来"健美肽150"上市后积累市场经验。而创新药、人造血红蛋白等需要多年研发并获得大量医学证据才能获批上市的产品，市场教育可能会相对容易一些，但临床试验需要巨大的投入。目前这些产品都还处于临床前的研发阶段，投入还不算大，公司尚能自主把控。

康码创立早期的资金主要来自郭敏和家人，以及他在Scripps的同事。2018年5月，康码进行了首轮融资，投资方是国内一家小型机构。在商业化初期，由于技术过于创新，投资人甚至不相信其技术的真实性，因此融资屡屡受挫，资金链几近断裂。2020年10月，公司终于获得5,000万元投资。随着技术的成熟并有产品上市，康码于2022年5月得到鸿商资本2.5亿元和其他投资人3,000万元投资，投后估值28亿元。随着康码技术的战略意义得到政府的关注，公司于2023年10月得到奉贤、南通、无锡政府等约两亿元投资，投后估值约35亿元，目前正在进行新一轮融资。公司2022年收入约3,400万元，2023年收入约1,000多万元，现阶段仍主要靠外部资金支持公司的运营和发展。康码计划在2025年年底前开始有几个核心产品的临床试验。除了进一步融资，公司需要有一定现金流，目前农业科技产品和美妆产品有可能在短期内带来收入增长。

对于未来产品的商业化模式，郭敏认为少数核心领域应自己主导，如人造血红蛋白，另一些非核心领域需要与外部合作。康码已成立专门负责不同产品商业化的平台子公司"康码海洋""康码高产""妍诗美社"，运营旗下农业科技产品、"健美肽150"及美妆产品、GLP-1及甜蛋白、"康斯汀"的研发和生产销售。未来这些子公司都可以独立融资和运营，借助更专业的团队实现产品市场价值的最大化。

作为一个从底层制造、理论体系突破做起的，历经九年仍然专注在基础技术开发，虽然有部分产品落地，技术世界领先，但主体仍然在开拓探索中的科技企业，康码在眼下中国的创业生态中是不多见的。未来的发展之路可能漫长且艰险。其一系列颠覆性技术产品在监管许可、市场培育、合作发展以及主流业务何时能盈利等方面，仍充满挑战。

附 录

附录1　蛋白质合成过程

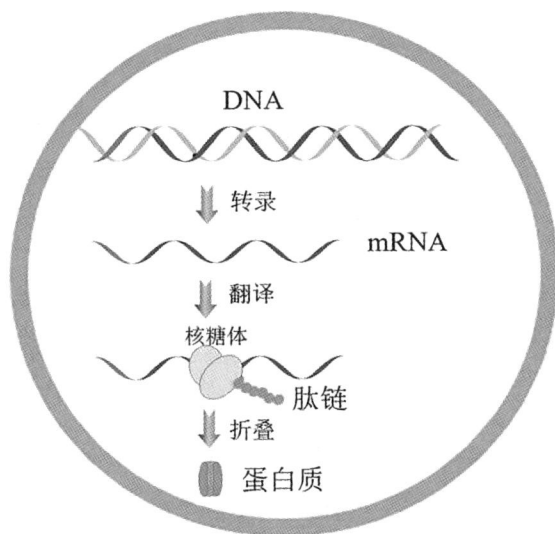

资料来源：韩晓军, 赵晶晶. 无中生有：无细胞蛋白质合成系统[N/OL].澎湃, 2021-04-02[2021-06-15].https://m.thepaper.cn/baijiahao_12034160.

附录2 细胞和无细胞蛋白质合成的比较

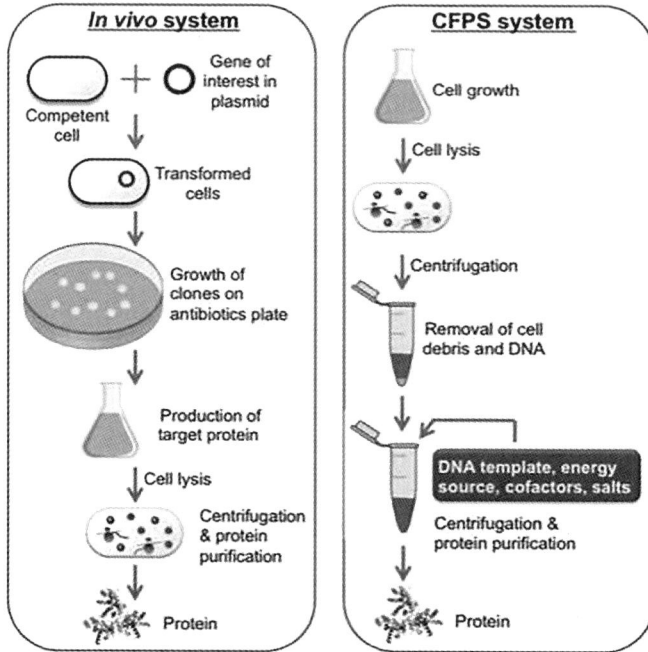

资料来源：韩晓军，赵晶晶. 无中生有：无细胞蛋白质合成系统[N/OL]. 澎湃, 2021-04-02 [2021-06-15].https://m.thepaper.cn/baijiahao_12034160.

尾　注

1　P.C. Zamecnik, E.B.Keller. Relation between phosphate energy donors and incorporation of labeled amino acids into proteins [J]. Journal of Biological Chemistry, 1954.

2　Schweet R, et al. The synthesis of hemoglobin in a cell-free system [J]. Proceedings of the National Academy of Sciences of the United States of America, 1958.

3　韩晓军，赵晶晶. 无中生有：无细胞蛋白质合成系统[N/OL]. 澎湃, 2021-04-02[2021-06-15]. https://m.thepaper.cn/baijiahao_12034160.

4　中国医药创新促进会.合成生物新突破！凯莱英成功构建体外无细胞合成体系[EB/OL]. (2023-05-12)[2024-06-02]. http://www.phirda.com/artilce_31387.html.

5　Sutro Biopharma[EB/OL]. [2024–06–04]. https://ir.sutrobio.com/stock-data/quote-chart.

6　药融圈.火热的24价肺炎疫苗：无细胞蛋白合成疫苗新贵，市值48亿美元[EB/OL].(2023–11–29)[2024–06–02]. https://baijiahao.baidu.com/s?id=1783862138791966962&wfr=spider&for=pc.

7　格隆汇.医药行业专题报告：GLP–1引流全球降糖药时代变革[EB/OL].(2020–11–20)[2021–06–27]. https://baijiahao.baidu.com/s?id=1683854713783794282&wfr=spider&for=pc.

8　西湖大学:新冠病毒表面S蛋白"劫持"人体ACE2蛋白入侵[N/OL].澎湃新闻,2020–02–01[2022–03–16]. https://baijiahao.baidu.com/s?id=1659104090183769760&wfr=spider&for=pc.

9　康码生物自主研发并合成出一款新型阻断蛋白"康斯汀"，可高效阻断新冠病毒和多种病毒变种侵染人体细胞[N/OL].金融投资报，2022–01–05[2022–03–16].https://www.jrtzb.com.cn/406qyzx/202201/58384990.html.

10　药时空.千亿市场规模的GLP–1减肥药，是否值得投资人和创始人趋之若鹜？[EB/OL].(2024–04–06)[2024–06–03]. https://mp.weixin.qq.com/s?__biz=MzA4ODY4MDE0NA==&mid=2247608059&idx=2&sn=27c2f031ca59167787460e41ea0a5884&chksm=916fd5b0317d09e9450f14ef1af9a08e3693ac868a0342a9b91973f5859af6fadb413b816bc4&scene=27.

11　深究科学.全球124个临床管线、诺和诺德再投40亿：GLP–1药物的开发到底有多火？[EB/OL].(2024–04–04)[2024–06–04]. https://mp.weixin.qq.com/s?__biz=Mzg3OTE3NjA4Nw==&mid=2247578415&idx=3&sn=e67176770accc5617cfad87dea48f1d8&chksm=ced33da4cdf33d3445183f1ab2fcae9fe8eb983c4e276fe3d873d0a3b1d194fc3d42d52b21e7&scene=27.

12　远川研究所.从人造血到无细胞合成系统[EB/OL].(2023–06–21)[2024–06–04]. https://baijiahao.baidu.com/s?id=1769298939774377044&wfr=spider&for=pc.

13　药智网.三款ADC药物有望2024年上市[EB/OL].(2023–12–27)[2024–06–03]. https://m.baidu.com/bh/m/detail/ar_9375888343989447553.

康码生物案例点评一
合成生物学"皇冠上的明珠"

高利民[*]

郭敏博士开创的新一代无细胞合成是一次平台级的技术突破，不仅具有重大的科研价值，更蕴含了巨大的经济价值。

如果用一句话来概括新一代无细胞合成的产业价值，那就是："新一代无细胞合成将生物药的制造从发酵升级成了化工、将生物药的制造从农耕作业推进到了工业化时代。"

从上海和国家重点打造的合成生物学产业视角看，无细胞合成堪称合成生物学皇冠上的明珠——与传统合成生物学生产基本集中在低附加值的大宗化工品不同，无细胞合成变革的是具有极高附加值的生物医药市场——以无细胞合成突破的人造血为例，该单品就是一个全球900亿美元市场的超级单品（堪与当下最红火的最强单品司美格鲁肽并肩）。

如果将视野放大到新质生产力发展的高度，新一代无细胞合成是世界领先的平台级技术——以当下尖端的ADC药物制备为例，康码的技术全面超越国际竞争对手：不仅在效率、质量上全面超越，在成本降低上更是达到了惊

---

* 高利民，上海金融与法律研究院研究员、投资人。

人的2个数量级。在下一代新型肿瘤药创新、生物药人工智能落地、合成非天然氨基酸等重大核心领域，康码的无细胞合成都在发挥核心和引领的作用。

作为平台级的技术革新，康码的无细胞合成还远远超越了生物药制造领域，有着更为广阔的应用天地。以康码的新一代高效蛋白肥为例，据有关部门测算，如果全面推广，可以将全国1农田的有效产出提升5—10个百分点，相当于将全国的农田面积提升2亿至4亿亩——对于我们的粮食安全具有重大的战略意义。

如此重大的技术创新背后，其核心动力归根结底是企业家精神、是新一代顶尖知识创业者澎湃的企业家精神。

郭敏博士的创业之路正是这样新一代企业家精神的典型写照。

一、敏锐抓住基因编辑技术突破的窗口

2016年，基因编辑技术出现重大突破。郭敏博士敏锐地意识到，他多年精研的无细胞合成从理论落地成产业的机会窗口打开了："没有基因编辑，要做到当下的水平，需要30年的时间，那就不是产业的机会了。"

二、世界级的理论素养带来的超人一筹的远见和勇气

作为无细胞合成领域数一数二的世界级顶尖科学家，郭敏博士在前期研究仅仅出现痕量级成果的一线曙光之时，就毅然辞去令无数人羡慕的海外顶尖学术机构的终身教职，回国创办康码，其内在的强大自信正是来自世界级的理论把握。这个巨大的远见和勇气还可以从另一个侧面得到映照：创业前三年，郭敏博士并未向外融一分钱，而是倾举家之力。

三、灵活转身，打开高端附加值的新蓝海

如前所述，新一代无细胞合成的根本性突破是将生物药制造从古老的发酵推进到了现代的化工，其不言自明的推论就是能够将生物药的制备成本实现数量级的下降，沿着降成本、卷成本的路线发展也就成为默认选择。郭敏博士在起步阶段也是沿着这一方向做的探索。难能可贵的是，郭敏博士不仅是一位世界级的科学家，还是一个善于反思和决断的优秀创业者，在低成本领域经过若干次碎步尝试和快速迭代后，郭敏博士果断冷静转身，转向高附加值领域的新蓝海，迅速打开了局面。（出于商业保密的考量，其中精彩之处无法展开，殊为可惜。）

四、胜而后战的谋篇布局

作为创业者，郭敏博士是一位罕见的一起步就能够以十年维度谋篇布局的帅才。在关键决策上，他讲究"胜而后战"。以工程菌的选择为例，他一起步就精心选择了克鲁维酵母："这有三个好处，一是它非常稳定，不容易发生工程母株的变异；二是它是单基因株，可以极大降低基因工程的工作量；三是它原来是用来做奶酪的，无毒，为我们长远进入新型食品领域不留障碍。"

五、全栈优化，重大节点降维突破

八年来，在基因工程、生产工艺、循环利用等核心环节，康码完成了全栈优化，并在相关环节上集中顶级人才和压倒性资源降维突破。我们举一个关于专利保护的辅助侧面来看，创业一起步，郭敏博士就建立了专利保护小

组——参访康码的产业大佬都异常惊讶：这个阶段的创业公司居然拥有媲美老牌龙头的专利运作。在整个无细胞合成领域，康码拥有超过90％的专利，尤其近五年来，康码几乎垄断了该领域全部数百项的专利发表。

六、善于团结一流人才

强烈的时代使命感和勇者无畏的钢铁意志是郭敏博士给人留下的强烈感受，康码的科研团队融资团队的主要负责人都是这样被深深打动的，包括他的几轮投资者也是如此。

在若干先进领域，中国的制造业已经从模仿者、追赶者进化成了开创者、引领者，康码的新一代无细胞合成正是其中浓墨重彩的一笔。

作为开创者、引领者，当然同时也是探路者、试错者。作为探路者、试错者，或许更要"赢率优先于赔率"、更要重视并抓住不确定性中的确定性，警惕"资源瓶颈"。不妨加强这三个方面的考量：

（一）"摘取低垂的果实"

容易被忽视的是，作为"摘取低垂果实"的另一种用法，是"不解难题"，或者说"不解难题"跟"摘取低垂的果实"是一枚硬币的两面——"不解难题"的本质是耐心，是善于等待和敢于等待，是等待到条件成熟、等待到队伍壮大、等待到难题变成了"低垂的果实"再动手。从"勇敢无畏"到"善于等待"是一种升级和进化。

（二）"以十胜一"

"集中优势兵力打歼灭战"是兑现"确定性"最经典的手段。

将最优秀的人才队伍集中到最要害最关键的部位和事项，是集中而不是分散、是集中集中再集中、甚至给它准备总预备队——而在实践中，创业公司总是资源稀缺、最优秀的人才常常被切成了 N 个切片，在若干个事项间来回切换甚至疲于奔命。

对于管理者而言，多目标难以加杠杆：难以真正的授权、检查和督导的投入总是不足、善始善终的成本变高；更重要的是，授权对象若不能全力以赴，就一定会弄虚作假。

"伤其十指，不如断其一指"，值得每个创业者三思。

（三）"简法、简法再简法"

"简法"是"断其一指"的前置，充分的目标简法、组织简法和管理简法才能让"集中优势""断其一指"成为可能。

不仅如此，"从一堆事中致力于最重要的一件事，堪比成功"。

好的简法还能"增加系统能见度"——在这里，"简法"是减少灰色的部分，或者转移到灰色较小的部位，或者是等待灰色的部分变白的机遇或变革趋势。

"简化"问题，还是如何问出好问题的根基——尤其在开放环境中，"简化问题"是至关重要的头等大事。

康码的未来是星辰大海，中国先进制造业的未来是星辰大海。

康码生物案例点评二

李成长*

阅读"康码"这篇案例后，笔者从以下四个维度展开评论：技术创新，商业化策略，技术商业化应用方向，未来发展。

第一，康码的无细胞蛋白质合成技术对行业进步有着杰出贡献，但技术的完善还需要持续论证，不断攻克难点，加强技术壁垒。康码团队的D2P核心技术已经完成，但具体应用上还需要做大量的临床论证、案例收集等工作。任何一项创新技术都需要经过商业化应用的验证才能算得上迈出成功的第一步，希望康码能聚焦在核心技术商业化应用上。有些应用领域必须做出颠覆性创新才能获得规模化的市场应用，这需要耐力及不断寻求技术应用突破。

第二，在商业化策略上，康码应采取两条腿走路。首先，成立独立的商业化运营公司，组建专业的市场营销团队。其次，与成熟的营销/销售公司合作，可以招募区域运营代理公司，让他们提供市场营销、销售的解决方案。康码的技术属性较强，但在市场端能力不足，应当把市场端的问题交给离"炮火"最近的专业"特种兵"，让专业的人做专业的事。专业公司会迅速收集市场信息和需求并反馈为产品开发和技术需求。所有的有效创新成果

* 李成长，高鼎控股集团董事长。

都是基于市场需求，专业的市场团队能够促进市场信息的传递，让技术开发更贴近真实业务，加速产品研发和迭代。

第三，康码在技术商业化应用方向上，主要有以下几大板块：农业、人造血、食品、医药、抗衰等。

在农业上，其产品可代替传统肥料，能降低成本，提高农作物产量，并能解决传统肥料使用过程中造成的土质污染等问题，市场潜力巨大。可以与行业前三的传统肥料生产商探讨合作路径，共同生产销售创新商品，快速形成规模效应，以及品牌和市场效应。

在人造血领域，如果能实现颠覆，将是造福人类的巨大贡献，值得持续钻研、攻克，这会让康码成为一家伟大的公司。

在食品产业，合成蛋白的需求很大，如大健康相关的食品、饮品添加原料等都可能需要大量的合成蛋白，康码的技术能够降低产业成本同时提高产能。

在生物制药、医美抗衰等领域，D2P技术有着广泛的应用前景。医美市场对合成蛋白相关的国家二类和三类医疗器械创新耗材需求持续增加，如果新型肉毒素能够成功，将是革命性的突破。同时，口服及透皮GLP-1也有着持续、大量的市场需求。生物制药前期研发投入大、周期长，一旦突破市场想象空间大，相比之下，二类医疗器械耗材及减肥相关产品审批周期较短，市场进入门槛较低，可先行尝试量产。

第四，对于康码未来的发展，持续的技术创新是一家企业的核心竞争力，康码未来仍应把技术创新放在首位，需要并行发力的是将创新技术成果商业化，这样才能自我造血，验证技术创新的商业价值。商业化上应保持自建和借力双管齐下的策略，由自建团队来统筹运营技术成果转换，整合资源、渠道、营销策略等，同时借力成熟的渠道和市场销售公司的推广能力、销售网络等优势，快速树立品牌、占领市场份额，最终成为从研发创新到产业运营为一体的平台化公司。

　　康码有成熟的科研团队，在D2P技术创新及应用上已深耕多年，在商业化转化上也早已开始布局。只要继续聚焦研发创新和商业化运作，由两个专业化的团队独立运营，并相互配合和有效协同，把两种专业发挥到极致，康码一定会成为一匹行业黑马。

　　有使命的团队，永远胸怀诗和远方！

第三章

医疗器械：从国产
替代到创新引领

天臣
医疗

案例　天臣医疗：
自主研发突破进口垄断[*]

　　天臣国际医疗科技股份有限公司（以下简称"天臣医疗"）成立于2003年8月。经过20多年的发展，公司通过不断创新，已形成管型吻合器、腔镜吻合器、线型切割吻合器、荷包吻合器和线型缝合吻合器等五大产品线（见附录1），获得境内外专利558项，其中发明专利297项，覆盖中国、美国、欧洲、日本、俄罗斯、巴西、加拿大、澳大利亚、韩国等国家和地区，有效突破了美国医疗器械巨头在该领域垄断多年的知识产权壁垒，成为国内高端外科手术吻合器出口的领先企业。产品销往全国31个省、自治区和直辖市以及境外40个国家和地区。

　　2020年9月28日，天臣医疗在上海证券交易所科创板成功上市。当日收盘价较发行价上涨118.64%，市值达到32.57亿元。募集资金将用于研发及

* 本案例撰写于2021年，最后更新于2022年9月。

实验中心建设、生产自动化技术改造、营销网络及信息化建设等。随着资金到位和相关项目实施，天臣医疗的资产和经营规模进一步扩大，同时也将面临更多挑战。

吻合器行业

吻合器是临床上用来代替传统手工吻合的设备，被广泛应用在外科手术中，其主要原理类似于订书机，即通过向组织内击发植入金属钉，对器官进行组织离断、关闭及功能重建。相比于手工吻合，使用吻合器可以提高手术效率和质量，缩短康复时间，在减轻患者痛苦的同时降低医疗成本。

作为一种使用过程中需要直接与人体接触或深入体内的医疗器械，吻合器的精准性、安全性等要求极高。比如在微创手术中，需要让患者治疗损伤最小化，做到创伤小、出血少、恢复快、住院时间短等，这需要更精密、更微创的腔镜吻合器。因此，开发吻合器需要研发人员与医生持续深入沟通，不断提升产品性能。

据统计，全球吻合器市场规模在2019年达到90.18亿美元，年复合增长率约5%，预计到2024年将达到115.09亿美元（见附录2）。国内吻合器行业起步较晚，市场规模2019年达到94.79亿元。但随着我国人口老龄化加剧、医疗健康需求增加、经济不断增长和支付能力的提升以及医疗改革不断深化等，吻合器在外科手术中的使用率将进一步提升。2019—2024年中国吻合器市场规模复合增长率约15%（因国家集中采购在吻合器领域的实施政策尚未明朗，此为非国家集采下的预测数据），预计到2024年中国吻合器市场规模将达到190.58亿元（见附录3）。

然而，国内吻合器市场一直由进口品牌主导，2019年进口吻合器占整体市场份额的73%。其中，开放式吻合器产品经国内厂商多年努力，国产产品已占60%以上的市场份额，而腔镜式吻合器由于技术水平较高，市场由外资品牌主导，占比达80%以上。国内市场参与者主要分为三个层级：首先，以强生、美敦力为代表的跨国医疗器械企业，凭借历史悠久、产品线完整、技术领先、研发能力强、品牌声誉等优势，占据最多市场份额；其次，以天臣医疗、瑞奇、法兰克曼、威克、派尔特等为代表的本土企业，部分自主核心产品性能已达到行业领先水平，具备较强市场竞争力；最后，国内仍有大量小规模吻合器生产企业，资金和技术实力有限，整体竞争能力较弱。

目前，发达国家总体微创手术比例已达80%以上，而中国发达省市最好的医院微创手术比例也不到70%。手术微创化、器械操作智能化已是大势所趋，同时，医改对基础医疗水平及医保覆盖予以更高的重视，这些都将促进国内微创手术的普及，进而拉动吻合器市场的进一步增长。

天 臣 医 疗

创业契机

天臣医疗由陈望宇、陈望东兄弟二人创立。创业之前，哥哥陈望宇曾在外汇管理局、开发区管委会任职12年；弟弟陈望东曾在飞利浦消费电子公司任职8年。但他们一直有创业的想法，希望做一些对社会大众有意义的事，去体验不一样的人生。创业之初，陈望宇原本想做互联网相关的项目，但后来遇到一位长海医院的教授对他说，要创业，就要敢于去啃硬骨头，做一些对国家、民族有更大价值的事，并推荐了当时中国严重依赖进口的两个领域，而临床需求潜力很大的领域：一是人工心脏瓣膜；二是吻合器。经过一段时间的考察和研究，兄弟二人将创业目光投向吻合器行业。当时吻合器市场被美国强生和美国外科（2007年被美国泰科收购后改名为柯惠医疗，2014年又被美敦力收购）两大巨头垄断，在专利、产品技术和市场方面形成了极高的壁垒，长期无人突破。垄断使得行业发展受限，一方面，许多国家和地区因无法承受产品的高昂价格，病人无法通过这种先进的治疗手段获益；另一方面，垄断也使产品技术进步受阻，大量临床反馈强烈的产品缺陷长期得不到改善，新的临床需求也缺乏更新的产品来满足。但与此同时，这也为新创企业留下了发展空间。

于是，兄弟二人商议，从临床需求出发，创立一家自主创新的吻合器企业。陈望东是理工科专业背景，他当时判断，花三年左右的时间应该就能够突破技术壁垒。他们身为高级工程师的父亲也认为，机械相关的技术，只要潜心钻研，一般3—5年的时间就能突破。但现实远比想象的困难，在那位长海医院的教授看来，白手起家谈何容易，于是那位教授引荐了一些医学、机械工程方面的专家与兄弟二人交流，并建议他们：吻合器的技术壁垒太高，先不要考虑自主创新，投50万元破解和模仿美国的产品即可，这样能快速收回投资。当时这种做法确实很流行，花一两年便可产品上市销售。但兄弟二人考虑再三，最终坚持认为，创业一定要做正确的事情，模仿虽然能赚快钱，但长期一定会遇到知识产权的瓶颈，无法进入全球主流市场与巨头竞争，而只有实现底层技术突破，才能不断做强最终做大，成为一家有长期价值的企业。

虽然当时还摸不着门路，但带着创业的激情，兄弟二人毅然决定投身其中，于2003年8月成立天臣医疗，立志要做出中国真正自主创新的吻合器，让医生有更多选择，惠及更多病患。从今天回望公司的发展历程，兄弟二人觉得当时的想法可谓"无知者无畏"。

产品创新

天臣医疗最初的创业团队只有七名员工。陈望东主要负责研发，团队成员都来自不同行业，且没有相关专业的人才。大家怀着空杯的心态，不受既有产品和技术的限制，从一开始就坚持"自主创新，研发先行，专利布局"的思路，踏上了技术创新的探索历程。

研发团队深度学习了人体解剖、外科临床、产品应用以及吻合器专业技术知识，通过与临床医生深度交流，了解真实的临床需求，以此为基础进行头脑风暴，并不断进行试错验证，产生了不少打破传统的创新思路。比如，公司首创的旋转切割技术的灵感就源于一张打印纸。在技术团队绞尽脑汁想办法解决手术中长期存在的切除不净的问题时，一名工程师在复印时被打印纸划破了手掌，瞬间灵光乍现："一张这么薄的纸竟然如此锋利，那么我们是不是可以转变思路，改变传统吻合器冲压式的切割方式，结合纸张割手的运动特性，让吻合器刀口在缝合时旋转一下，满足手术中对缝合的特殊安全需求呢？"经过技术开发和临床试验，公司由此研发出旋转切割技术，攻克了组织安全有效切割的技术难题。旋转切割技术即通过切刀固定角度往复旋转，模拟日常生活中用刀切割的真实场景，实现安全、可靠的组织切除，且有利于吻合后器械的顺利退出，保证吻合口完好，避免术中因组织切不断而造成的吻合口牵拉、撕裂，提高了手术安全和成功率。

2007年，天臣医疗第一代具有自主知识产权、质量安全可靠的外科手术吻合器一次性使用管型消化道吻合器（CSC）问世。此时，公司专利申请量已突破200件。随后，天臣医疗不断实现技术突破并推出创新的产品。比如，2010年，天臣医疗开创了选择性切除新术式，并开发了TST系列产品，用微创的方式有效解决了传统痔病采用的痔上黏膜环切术导致的过度治疗及吻合口狭窄等问题，得到国内外医生的广泛认同，并逐步实现对跨国巨头垄断的痔上黏膜环切术及其所采用的PPH产品的替代。2015年，天臣医疗自主研发了通用腔镜平台技术并开发出腔镜用切割吻合器ELC，实现了根据临床需求决定更换组件或钉仓的低成本解决方案，解决了市场上现有竞品的不足。2020年，天臣医疗研发出一次性使用大视窗自动保险型消化道吻合器（CST），该产品荣获德国iF设计奖、德国红点奖、意大利A Design设计大奖三项国际大奖（见附录4）。

第一款产品研发成功后，紧接着的是生产问题。由于当时国内医疗器械尚未实行上市许可持有人制（MAH），公司必须用自有厂房生产。为使得产品尽快商业化落地，2005年，天臣医疗特地聘请日籍高管作为首任生产和营运总监，以当时行业最高标准建设了符合GMP（《药品生产质量管理规范》）要求的工厂，并建立相应的质量管控体系和生产供应链系统，通过了各国法规的严格审核，以优质的产品实现其创新技术。

为保持技术优势，天臣医疗近年来研发投入一直保持在8%以上，并逐年加大，2021年上市后的第二年，公司研发投入同比增长90.5%，占当年销售额的13.7%。公司的无障碍吻合技术、通用腔镜技术平台、选择性切除技术、旋转切割技术、自动保险技术和钉成型技术等成为核心竞争力。为避免技术泄密的风险，天臣医疗建立了严格的保密制度，并在境内外实施相应的专利布局，构筑技术壁垒。截至2021年年底，天臣医疗已申请专利近1,500项，其中有些是核心专利，还有许多专利是对核心技术进行的防御性布局，其核心和非核心专利数量都远超国内竞争对手。

研发模式

在长期研发创新过程中，天臣医疗逐步形成了临床需求驱动、竞争驱动、目标驱动和文化驱动相结合的研发模式，并对研发过程进行有效管理。

在临床需求驱动方面，公司采取了MWS（Meeting With engineers/surgeons，工程师/外科医生见面会）与MVP（Minimum Viable Product，最小可行产品）相结合的模式。MWS即组织世界各地的外科医生与公司研发工程师进行各种形式的直接对话，建立创意和技术之间的绿色通道，让创造者和使用者之间产生了有效连接。通过该机制，研发工程师们首先极大地丰富了医学和临床知识，增进对解剖学和外科手术了解；其次能收集临床痛点和对产品的需求，让医生对关于产品的想法得到落地；同时也让自己的创意和设计在最早时间得到一线医生的反馈，有利于缩短研发周期，降低研发成本。外科医生们可把自己的诉求或创意交给设计开发团队来实现，并在过程中持续给予建议。同时，这些医生也是公司未来新产品的"早期用户"，可形成一定的临床预热和市场培育，从而加速产品的临床应用和市场拓展。工程师会关注相关技术领域的发展，结合新材料、新工艺，采用MVP的方式，快速验证技术解决方案的可行性。MVP机制即通过使用快速建模、3D打印、实验首板、体外测试等方式，快速进行创意验证，使研发团队能够更早识别产品是否满足临床需求，以及能否创造商业价值，从而降低研发风险，缩短研发周期。这一机制突破了传统的研发流程限制。通过MVP机制，研发团队能够始终保持创新的氛围。例如公司第四代全自动保险技术的创新过程正是通过采用MVP的机制，先采用高分子材料3D打印的方式进行结构验证，再渐次使用机加工、简易实验模和正式生产模的方式对零部件进行快速迭代和验证，获得了理想的成果。

在竞争和目标驱动方面，公司会持续跟踪主要竞争对手的产品和技术，深入了解与国际吻合器巨头间的差距，以此为驱动加速新产品开发的进程。

同时，公司以高端外科手术器械的技术创新为目标，密切关注外科手术器械的技术发展趋势，即从开放到微创、无源到有源及智能化、常规材料到生物材料相结合等，并以此制定技术创新路径，规划产品的短期、中期及长期开发策略。

文化驱动方面，公司形成了独特的"PK机制"（见附录5），将协同竞争贯穿企业文化中，以此激励技术人员勇于试错和方案的快速实现。在此过程中，首先，公司研发及创新中心资讯科负责拟开发项目前期的整体调研。随后，资讯科创建PK组委会并释放项目信息，公司内部员工可自由组队，用PK的方式来争取这个项目的开发权。组队时，每个队伍要有自己的技术路径、产品实现方案、市场推广方案、盈利模型，然后进行数轮的同台PK。在每轮PK前，资讯科会及时将所有的创新方案汇总并开展专利评审和专利布局；每一轮胜出的队伍既可以保持原来的队形，也可以根据下一阶段的实际需求进行人员调整；最终PK会邀请医学、技术、法规和市场营销领域的专家组成专家团进行专业点评，并邀请所有不参加终极PK并有意愿的员工成为评委，专业的评审意见加上公司员工对参赛队员的观察，决出最后的胜出队伍。获胜队伍和个人能够获得经济和荣誉上的激励。同时，研发人员参与PK，能够拓宽自己的边界，最大限度地挖掘自己的潜能，快速地学习和提升自己的专业能力。天臣医疗的管型外科手术吻合器新技术平台就是通过PK机制产生的。

高端医疗器械新产品研发具有技术壁垒高、周期长、投入大的特点，需经过项目立项、技术设计、产品试制、产品中试、验证和确认、临床试验、产品注册等阶段，才能进入生产制造环节并上市销售。在此过程中，公司一方面可能面临自身研发方向出现偏差、研发进程缓慢、研发所需材料供应不足、招收临床试验受试者困难、试验未能获得理想的安全性及有效性结果等风险；另一方面可能面临因境内外法规标准和相关监管部门要求的原因，导致产品临床试验或上市申请未能及时获批甚至无法获批的风险。因此，天臣医疗制定了《新产品开发程序》，将研发管理贯穿于研发工作始终，使所有研发环节都有章可循。同时，天臣医疗还制定了《研发支出管理制度》以合理规划公司的研发费用预算和支出，避免盲目投入。

市场拓展

虽然天臣医疗不断突破技术壁垒，研发出创新的产品，但作为初创企业，拓展市场、建立品牌的过程同样艰辛。在国内，当时的市场环境对于本土创新产品不够包容，国产品牌主要以低价竞争，而天臣医疗定位高端，无意争夺低端市场；在海外，当时一提到中国产品往往意味着劣质和廉价，遭到许多欧美发达国家的歧视。特别是关乎患者生命的医疗产品，发达国家的医生更加不会主动选择中国产品。海外潜在客户在了解到天臣医疗是中国品牌时，即便看到其创新的特性，一般也会犹豫。这一度让公司因无法打开国际市场而陷入困境。

对此，团队积极拓展营销渠道，连续参加在德国杜塞尔多夫举办的全球最大的医疗展并组织各种专业学术会议，从而吸引潜在客户。2008年，天臣医疗首代CSC产品以独特的创新功能和高质量的临床表现，终于被瑞士一位外科医生认可，实现了零的突破。当时，天臣医疗的一家瑞士代理商非常认可该产品，便遮住产品的铭牌标签，让这位医生同时试用天臣医疗的产品与美国的同类产品。这位医生使用后发现，天臣医疗的产品更加优越，在了解到这是中国的品牌后，大为惊讶，并表示愿意在临床上使用。这位医生还积累了之后多年在手术中使用天臣医疗产品的数据，发表了相关学术文章。以此为支点，天臣医疗的品牌逐渐在海外市场建立了起来，先后打开了奥地利、意大利、德国、西班牙、英国等欧洲国家的市场。天臣医疗还与世界领先的专业医疗设备及手术医疗器械制造商德国贝朗医疗集团建立了长期合作，由其代理天臣医疗产品在全球30个国家的销售。

由于天臣医疗的国际业务占比较高，2019年达到近40%，而不同国家和地区的法律体系存在差异，如果在海外市场出现相关纠纷或诉讼，可能使天臣医疗处于不利地位。天臣医疗对此早有应对，2015年就在意大利成立了全资子公司，主要从事意大利及欧洲市场的开拓和客户的维护，并支持公司全球市场战略。在境外设立机构能够更好地了解当地法律法规、产业政策，以及应对国际关系紧张、贸易制裁等不确定性。天臣医疗的国际市场的份额逐年提升，2019年其吻合器产品出口额占中国自主品牌吻合器出口额约14.8%，在欧洲市场，如意大利、西班牙、奥地利等主要出口国，均位居中国自主品牌出口商第一。

与此同时，天臣医疗在国内也通过代理商，使产品在全国31个省、自治区和直辖市五百多家医院应用。2010年，天臣医疗销售额突破1,000万元，2013年首次实现盈亏平衡。2019年营收达到1.73亿元，净利润达到4,200万元；2020年受疫情影响，营收下降至1.63亿元，净利润约3,500万元；2021年销售额已回升至2.14亿元，净利润4,100万元。

现金流管理

天臣医疗成立的前几年，一直依靠自有资金维持运营。而高端吻合器从研发到市场销售，都需要大量资金投入。随着公司业务的迅速发展，资金需求不断增长。在产品打开销路之前，兄弟二人不仅抵押了全部家产，还通过各种途径融资借款，包括亲友在内，最高时负债达到6,500万元。而那时，几家靠模仿起家的同行都已赚回好几倍本金。虽然心理压力很大，但兄弟二人坚信公司一定能走出困境。

幸运的是，2007年，天臣医疗得到中欧同学刘伟女士（时任巨人网络董事兼总经理）的1,000万元天使投资，让团队得以继续前行。2008年金融危机后，国家和地方都推出了许多中小企业贷款的支持政策。而在此之前，中小企业没有净资产、固定资产和产品，很难从银行得到贷款支持。陈望宇曾在银行工作多年，对银行的流程和文化都非常熟悉，因此从2008年开始，天臣医疗充分利用各种金融工具，比如，苏州曾试点过中小企业发债、知识产权抵押贷款；太平保险、中国人民保险推出过保险抵押贷款；苏州元禾控股旗下设立了小贷公司，对园区企业提供信用贷款；南京银行试点过投资型贷款等，天臣医疗都争取到几百万元到上千万元的贷款。陈望宇介绍，天臣医疗之所以能够持续获得贷款，一是因为公司从来不做假账，消除了银行最为担心的不确定因素，相反，天臣医疗会如实把公司所有的情况告诉银行，并与银行充分沟通公司的发展规划。其次，兄弟二人也押上全部身家，这样的情况一般会得到银行的支持和理解。同时，通过各种金融工具的组合利用，天臣医疗也从未逾期还款。天臣医疗的贷款最高只有10%的利率，再加上当时国家、省市以及园区对中小科技创新型企业的利率补贴，贷款利率最终只有6%左右。

尽管公司前期经营困难，但从未出现拖欠工资的情况，每年公司年会还都会特别隆重，兄弟二人对家人也从来报喜不报忧，从而让员工和家人对公司保持信心。陈望宇介绍，在公司发展的过程中，"我永远会保留1,000万元，保证公司三个月不会有资金问题。这是我在中欧课堂上学到的：只要负债账期足够长，那和拥有这些钱有什么区别呢？把现金流控制好，哪怕走得慢一点，但知道往哪里走，公司风险就是可控的。"

随着产品逐渐被市场接受，天臣医疗的发展进入快车道，2010年12月31日，天臣医疗获得第一笔1,300万元的风险投资，2013年又进行了5,000万元的B轮融资，投资方包括分享资本和英杰医疗。但从长远来看，资金仍无法满足公司加大研发、加快市场开拓和扩大产能的需求，天臣医疗在与资金实力雄厚的对手竞争中难以获得优势。天臣医疗需要更强的资本实力、市场竞争力和抗风险能力。2019年11月，天臣医疗正式改制为股份公司。2020年9月28日，天臣医疗在科创板上市，当日收盘价较发行价上涨118.6%，市值达32.6亿元。募集资金用于研发及实验中心建设、生产自动化技术改造、营销网络及信息化建设等。

未 来 发 展

随着募集资金到位和相关项目实施，天臣医疗的资产和经营规模进一步扩大，同时也将面临更多挑战。首先，公司需要在资源整合、市场开拓、产品研发、财务管理和内部控制等诸多方面进行完善，加强内部管理、提高效率将成为公司发展面临的重要问题。为此，公司制定了未来十年的发展战略，在人才、组织架构、激励机制等方面进行变革。

其次，目前的国家吻合器行业集采政策不可预见，竞争日趋激烈，天臣医疗该如何应对？同时，新冠疫情的暴发对全球及中国经济各行各业都带来不同程度的影响，天臣医疗如何保持海外业务的增长势头？

最后，随着技术进步和环境变化，比如电动吻合器是否会替代手动产品，一次性医疗器械产生的大量医疗废弃垃圾对环境造成影响与双碳背景下的环保要求该如何平衡等，这些都对天臣医疗未来技术路径选择提出挑战。

附 录

附录1 天臣医疗主要产品系列

产 品 类 别	产 品 系 列	产 品 图 片
管型吻合器类	管型消化道吻合器	
	管型肛肠吻合器	
	管型泌尿吻合器	
腔镜吻合器类	电动腔镜吻合器	
	微创腔镜吻合器	
线型切割吻合器类	直线型切割吻合器	

续　表

产　品　类　别	产　品　系　列	产　品　图　片
荷包吻合器类	自动荷包缝合器	
线型缝合吻合器类	直线型吻合器	

资料来源：天臣医疗2022年半年报。

附录2　2015—2024年全球吻合器市场规模

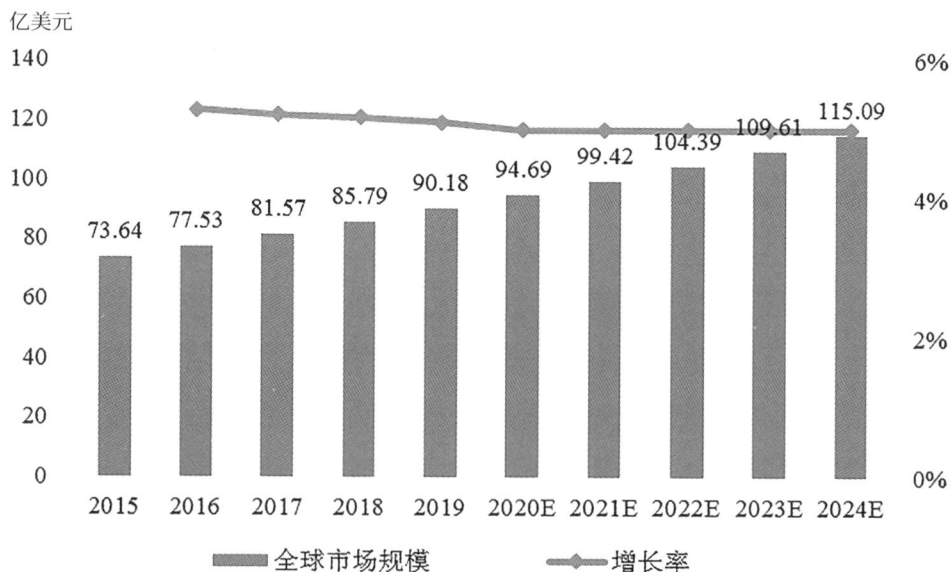

资料来源：丁香园.吻合器行业发展概况[EB/OL].(2020-02-19)[2021-09-01].https://device.dxy.cn/article1679335.

附录3　2015—2024年中国吻合器市场规模

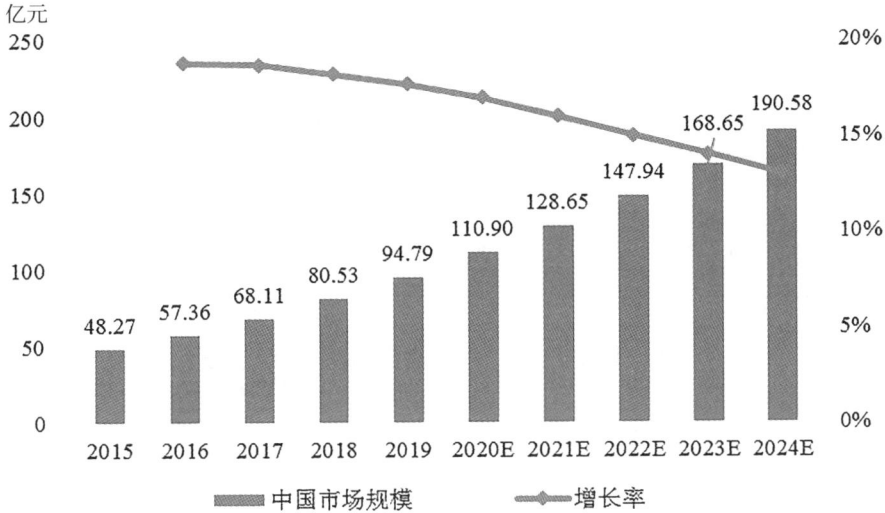

资料来源：丁香园.吻合器行业发展概况[EB/OL].(2020-02-19)[2021-09-01].https://device.dxy.cn/article1679335.

附录4　天臣医疗发展历程

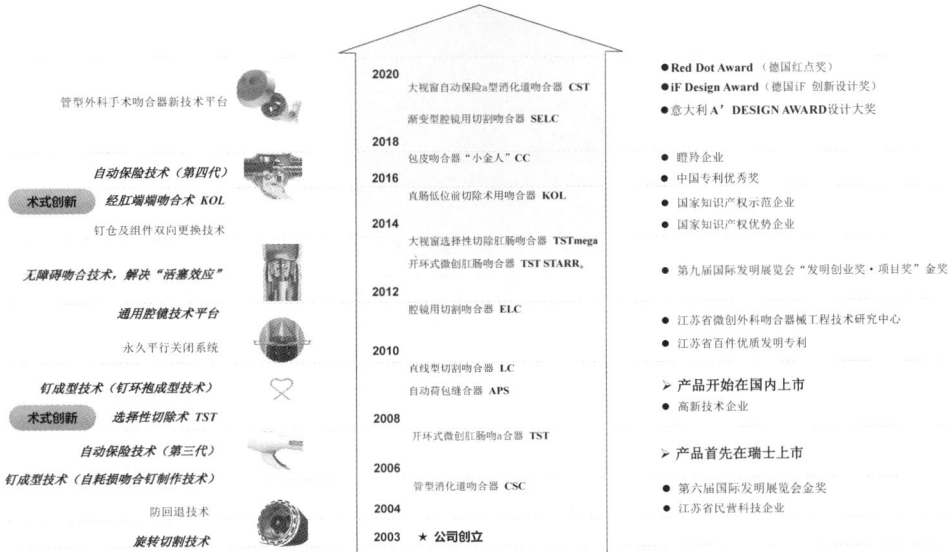

管型外科手术吻合器新技术平台	2020　大视窗自动保险a型消化道吻合器　CST
	渐变型腔镜用切割吻合器　SELC
自动保险技术（第四代）	2018　包皮吻合器"小金人" CC
术式创新　经肛端端吻合术 KOL	2016　直肠低位前切除术用吻合器　KOL
钉仓及组件双向更换技术	2014　大视窗选择性切除肛肠吻合器　TSTmega
无障碍吻合技术，解决"活塞效应"	开环式微创肛肠吻合器　TST STARR,
通用腔镜技术平台	2012　腔镜用切割吻合器　ELC
永久平行关闭系统	2010　直线型切割吻合器　LC
钉成型技术（钉环抱成型术）	自动荷包缝合器　APS
术式创新　选择性切除术 TST	2008　开环式微创肛肠a合器　TST
自动保险技术（第三代）	2006　管型消化道吻合器　CSC
钉成型技术（自耗损吻合钉制作技术）	2004
防回退技术	2003　★ 公司创立
旋转切割技术	

- Red Dot Award（德国红点奖）
- iF Design Award（德国iF 创新设计奖）
- 意大利 A'DESIGN AWARD设计大奖

- 瞪羚企业
- 中国专利优秀奖
- 国家知识产权示范企业
- 国家知识产权优势企业

- 第九届国际发明展览会"发明创业奖·项目奖"金奖

- 江苏省微创外科吻合器械工程技术研究中心
- 江苏省百件优质发明专利

➤ 产品开始在国内上市
- 高新技术企业

➤ 产品首先在瑞士上市
- 第六届国际发明展览会金奖
- 江苏省民营科技企业

资料来源：天臣医疗招股书。

附录5 PK机制

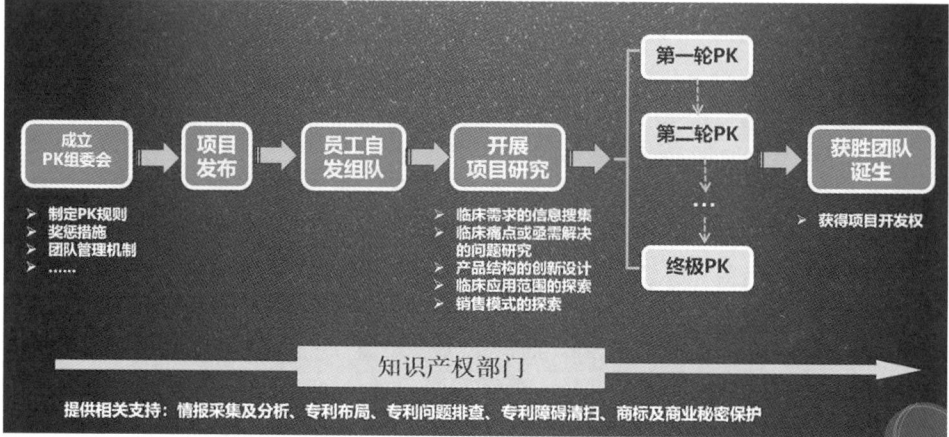

资料来源：天臣医疗招股书。

天臣医疗案例点评一
非典型创业中的团队、人才实践

刘　伟[*]

　　天臣医疗是陈望宇、陈望东两兄弟白手起家，从零创办的企业。一般创业者创业会选择自己学习过的专业、从事过的行业或熟悉的领域。与"典型"创业不同的是，两兄弟的专业背景、人生经历跟医疗器械领域是完全不相关的。创始人凭着创业激情，一脚踏进了陌生的且高门槛的行业。创业之初，创始人就有着高远的目标，希望自己做的是一项长久的事业——产品是高水准、自主创新的，不是简单模仿、低价竞争的产品，因此也就必然面临和有着多年厚重研发积累的国际大厂竞争的局面。天臣是如何在两个创始人对该行业都陌生的情况下出发，经过20年的摸爬滚打，走出了一条属于自己的路？我试图从团队与人才的角度来分析天臣的创业实践。

　　虽然两位创始人在专业背景领域有明显的欠缺，但两兄弟在性格和专业上互补，相互有着绝对的信任。两兄弟在整个创业过程中也始终拼杀在一线，除了一起制定战略外，一个负责全面管理和市场销售，一个负责研发和生产，在创业过程中形成了稳定的领导核心。创始人之间思想的统一、默契

────────────

* 刘伟，巨人集团总裁。

的配合、遇到困境时共同面对以及清晰的利益分配都对天臣20年的稳定发展起到了至关重要的作用。

他们在创业之初即清醒地意识到自己在专业领域的欠缺，一直希望能够引进有国际大厂经验，特别是在市场销售、生产以及管理方面经验丰富的人才。为此，创始人花了大量时间精力甄选人才并在合作中磨合、辨别、汰换，并不断重复这个过程。即使在创业早期有很多次试错，走了很多弯路，但通过在人才引进方面坚持不懈的努力，最终招募到不少适合的人才，同时也帮助天臣在发展中不断强壮自己的原生团队，提升了在行业中的竞争实力。下面是几个具体的例子。

2006年，在开发第一款吻合器产品时，急需建立高品质的生产线。他们想到日本在精益生产方面的声誉，想方设法请来日本专家T先生加入天臣担任厂长，帮助公司从一开始就建立起国际先进的生产质量体系，并获得国内外各种专业认证。为公司高起点，制造优良的产品，培养后继生产条线的管理者立下汗马功劳。

T先生退休后，天臣又引进了在外企担任总经理的80后F女士，帮助公司继续提升生产质量管理，并在2021年又接管了公司的研发管理。这两位优秀的管理人才先后加入天臣，应该是创业公司成功的重要因素。

一个新的吻合器产品要想打开市场，特别是自主研发的国产品牌需要和历史悠久的国际知名品牌同台竞争，难度不言而喻。一开始创始人考虑到拓展市场的难度，倾向采用代理商销售模式，后来经过反复打磨，为企业未来的长远发展，还是决定迎难而上，逐步建立起自己的专业销售团队。于是陆续引进了国际竞品公司的市场销售管理者，从市场销售总监到大区经理，大胆引进、大胆试错。可想而知，这些习惯了销售知名品牌和外企文化的人到了天臣，都会出现水土不服的情况。有的在工作了一两年后就离开了。但大浪淘沙，2013年，天臣引进了一位在外企竞品医疗条线任总经理后退休的E女士，来天臣担任高级副总裁，主管天臣的市场、销售及专业教育。按照E女士在外企的职级和丰富的管理经验，匹配在天臣的定位，能力是完全胜任甚至是超出的。E女士的做事风格高效、果断、强势，特别是对时间的管理非常精准，这让天臣的部分管理者甚至创始人都不太适应。但创始人非常清楚，要想让公司在各方面上台阶，必须引入人才，而要想引入的人才发挥才干，公司文化必须具有包容性。在创始人不断自我调整、做好内部团队思想工作的过程中，E女士最终顺利地融入团队，在她的带领下，天臣的日常管理和市场销售上了一个新的高度。

在医疗器械领域，由于有着强劲的双寡头行业领先者，大多数本土品牌创业者瞄准的都是国内市场。而天臣的想法则不同，开拓国际市场是天臣创立公司时既定的战略，在确定公司名称时特别要求加入"国际"两字。创始人甚至早于国内市场布局，先开始探索欧洲市场。市场拓荒面临的第一个难关还是人的问题。创始人通过各种渠道，先后在澳大利亚、意大利、以色列、南非、英国招募了当地有经验的人才加入天臣，开展市场拓荒工作。在这群海外拓荒者中也诞生了天臣的明星员工。Y女士是创始人多年好友，大学毕业时即移居澳大利亚，2011年正式加入天臣。由于没有医疗器械行业经验，她从创始人的助理做起，一路跟随创始人征战海外各大展会，去世界各国走访当地医生及合作伙伴，进行开疆拓土的艰苦工作。Y女士虽然在专业上有着明显的短板，但刻苦努力，又深受创始人信任，配合默契。通过数年的不断进取，逐步成长为天臣海外市场销售总监，并在2019年迎来了业绩绽放。特别是在疫情的三年时间，公司所有人员无法出国，Y女士独挑大梁，承担了整个海外市场的活动，成绩斐然。直到目前，Y女士作为天臣高管仍然在海外市场一线奋战。

天臣的人才战略是引进、培养并举。引进是从比自己优秀的企业引进。培养则靠的是创始人亲力亲为的传帮带和引进人才的带教。据创始人粗略估算，20年来他先后亲自带出了16位各层级管理者，大都是从创始人助理做起，逐步成长为公司各条线的骨干。现在的国内外销售总监、财务总监和董秘，都是自己培养起来的骨干。此外，天臣还引进了一批顾问、教练人才，分别以观察者、导师、培训师和心理辅导师的角色为员工提供服务和能量。

天臣的创业过程，两位创始人从零开始，零外部投资、零行业经验、零资源。属于"非典型"创业。之所以最终能在激烈的市场竞争中九死一生杀出一条血路存活下来，成为行业细分领域第一家上市的本土公司，离不开创始人走正道、聚焦、坚持、长期主义的正念。也离不开创始人呕心沥血带出来的这支团队。无论是从外部引进的经验丰富的管理者，还是自我培养的行业小白，无论是在公司发展过程中发挥过重要作用的过客，还是至今仍奋战在一线的常青树，无不体现着创始人在建立团队过程中的投入、包容、耐心和分享精神。

上市是天臣创业的一个里程碑，上市后天臣面临着更加复杂严峻的外部环境，其中最为重要的变化—国内外集采，在很大程度上改变了医疗行业的业态。由于价格大幅降低，很多中间渠道失去了生存空间。这一变化迫使医疗器械行业回归本质：更强的创新能力、更高的产品和服务品质、降低对中间环节的依赖。面对这些新的变化和挑战，天臣更加坚定自己在过去20年践行的战略"持续创新、提升品质、海内外双轮驱动"。目前公司正在打造更高标准的研发生产设施。在国内外市场，努力探索健康的商业模式，产品已销往全球近60个国家。

天臣过去20年的历程是从零到一，稳健而坚定的发展。未来20年要从一到十、从十到百，实现规模和质的突破。核心是产品的更新迭代和创新领先性。在该领域，手工缝合、机械吻合已经走了100多年，未来电动化、智能化是方向，终极目标是用AI技术武装起来的手术机器人—它能像医生的眼睛去观察，医生的大脑去判断，医生的双手去感知和操作。创始人预言这一进化速度会越来越快。如果天臣仍然延续过去的自主发展模式，可能会失去很多机会。如何立足主业，围绕"手术关键时刻"，布局投资并购，加快产品的创新和迭代是天臣未来的重要课题。

新变化、新战略都给天臣的人才带来新的挑战。创业本就是一场修行，让我们拭目以待。

天臣医疗案例点评二

沈捷尔[*]

一、"天臣医疗"案例的意义

中国是人口大国，也是医疗器械产业大国，目前中国医疗器械市场规模位居全球第二。[**]长期以来，中国医疗器械市场中高端产品的供应商以国外品牌为主。中国政府积极推动国内医疗器械企业发展。2010年，中国政府将医疗器械列为战略性新兴产业之一。经过十多年的努力，中国医疗器械市场不仅逐步成为"国产替代"的主要战场，而且也成为"中国制造"出海的重要领域。

医疗器械分为诊断类和治疗类，天臣医疗主要产品"医用吻合器"属于后者，附加值更高。目前，诊断类医疗器械领域（体外诊断试剂和影像设备等），国内企业市场规模占比较高，但在治疗类医疗器械领域（呼吸机、监护仪，尤其是腔镜吻合器和骨科植入材料等高端耗材）国际大品牌（美敦力、强生和雅培等）仍然占据市场主导地位，国内企业还处于追赶、争取国产替

* 沈捷尔，苏州信慧成创业投资有限公司执行董事。

** 角宿文创.2023年中国医疗器械市场：增长、创新与国际竞争力的综合分析[EB/OL].(2024-01-08).
https://mp.weixin.qq.com/s/1ePqdXc2cmSTA3zHXZIpTRw.

代的过程中。

天臣医疗2003年创办，2007年拿出第一款具有自主知识产权的医用吻合器。这个时间点前后，全国好几家企业进入医用吻合器领域，有的企业率先得到资本青睐。但20年后的今天，天臣医疗成为吻合器领域首家上市公司，申请的专利近1,500项，不仅超越大部分国内竞争对手，而且在国际市场上也能够与国际大牌企业同台竞争并胜出。

在这样的背景下，"天臣医疗"的案例有着特别重要的意义。作者详细分析了天臣医疗团队在"产品创新""研发模式""市场拓展""现金流管理"等方面的独到之处，值得中小企业借鉴。

二、天臣医疗创始团队特点：正直，专注，稳健

天臣医疗创始团队是陈望宇和陈望东兄弟俩发起的。2010年底，盛泉资本投资天臣医疗1,300万元，是天臣医疗早期投资者之一。盛泉资本二期三期基金又参与了天臣医疗后续融资，直至天臣医疗2020年9月创业板挂牌，伴随了天臣医疗十年成长历程，见证了天臣医疗从销售不到1,000万元、亏损数百万元的小企业，成长为国内吻合器龙头企业。

与大多数小企业家相比，天臣医疗创始人突出的特点是正直、专注和稳健。

正直，指创始人团队有远大目标，且言行合一，说到做到。创始人团队的核心价值观是"创新和长期主义"。他们给公司制定的使命是"给医生更多选择，惠及更多病患"，即通过提供多样化的医疗产品和服务，以及持续的技术创新，来满足医生的需求并提高病患的生活质量。十多年来，他们用实际行动始终如一践行公司的使命，推动公司稳步成长为科技小巨人企业。

专注，是指公司创立至今，创始人团队长期专注于在吻合器领域做精做强。吻合器销售主要面向医院。曾有人建议，医疗器械品种多样，企业获得医院销售渠道后，若能销售多种医疗器械，可以助力企业快速成长。但创始人陈望宇多次表示，天臣医疗吻合器销售达到10亿元之前，企业应当集中力量深耕医用吻合器。基于这一想法，天臣医疗最近几年主要围绕医用吻合器增加研发投入，开发腔镜和电动吻合器等新产品并获得市场认可*，成为推动公司业绩持续增长的关键驱动力，天臣医疗2023年投资报告也提到这一点。

稳健，指天臣医疗在经营策略和财务管控上十分稳健。案例重点介绍了公司同步开拓国际和国内两个市场，以及现金流管理策略。前者避免了单一市场的风险，后者则使企业从容应对外部环境重大变化，持续达成既定目标。投资人天臣医疗公开数据显示，2017年至2023年，天臣医疗连续七年的经营性净现金流均为正，七年累计经营性净现金流，大约相当于同时期净利润的1.27倍。投资初期，我们印象最深的，就是陈望宇非常注意真实销售，避免/禁止向经销商压货来换取靓丽的销售数据，这一两年还建立了"库存管理系统"帮助经销商降低库存压力。这意味着企业的业绩建立在非常扎实的基础之上。

三、关于天臣医疗面临发展机会和挑战的讨论

天臣医疗团队面临的发展机会和挑战。我理解，主要来自两个方面。

第一，医疗器械企业做大做强，一定会涉及产品多元化，参与并购重组

---

* 据华安证券2023年11月7日的报告，天臣医疗公司腔镜及电动吻合器营收占比快速提升至44%。

不可避免。

与医药企业相比，医疗器械企业的显著特点是，单个产品规模比较小，产品更新速度快，大型医疗器械企业往往都是产品多元化企业。天臣医疗创立至今，创始团队拥有独特的文化是竞争优势之一。但医疗器械企业产品多元化和更新周期快的特点，决定天臣医疗未来20年的发展，一定会涉及并购重组，公司将面临多线程研发新产品和不同文化的挑战，这是创始团队面临的新课题。

第二，企业发展的同时，如何兼顾投资人和团队的利益。

公司2020年9月上市，业绩表现靓丽。2023年比2017年[*]，主营收入6年增长2.83倍，平均每年复合增长18.9%；净利润6年增长3.4倍，平均每年复合增长22.6%；2017年至2023年，7年经营性现金流累计3.13亿元，相当于同期净利润2.46亿元的1.27倍。[**]

公司业绩增长的同时，市值却逐年下降，2024年以来公司市值徘徊在14亿元至15亿元，市盈率30倍左右。与同类公司比较，市场对公司估值偏低。[***]

天臣医疗连续三年实施"员工股权激励计划"[****]。此举有利公司加强公司核心员工忠诚度，对公司长远发展非常重要，但不可避免影响股东利益。我理解，当投资人无法预期股东价值的成长性时，可能会对上市公司给予比较低的估值。

---

[*] 天臣医疗自2017年起公开主要的经营数据。

[**] 摘自天臣医疗投资报告：主营收入，2023年2.54亿元，比2017年8,964万增长2.83倍，相当于6年复合增长18.9%；净利润，2023年4,731万元，比2017年1,390万元增长3.4倍，相当于6年复合增长22.6%；经营性现金流，2023年8,294万元，比2017年788万增长10.5倍。

[***] 一般而言，小市值公司市盈率比较高，100亿元市值以下的医疗器械公司，市盈率通常40倍以上。

[****] 据公司测算，实施"员工股权激励计划"这一措施每年实际减少净利润约1,000万—2,000万元。

华声

医疗

案例　华声医疗：
引领国产"新超声"*

深圳华声医疗技术股份有限公司（以下简称"华声"）成立于2013年3月，主要提供智能超声影像、生命信息支持和云端医疗服务。

成立至今，公司坚持"用户导向""专科专用"的理念，不断投入研发。截至2024年年初，已取得60余项国内外发明专利、200余项软件著作权等，荣获国家级专精特新"小巨人"企业等称号，产品包括超声科床旁专用超声、急危重症专用超声、麻醉疼痛专用超声、产筛专用超声、康复肌骨专用超声等，服务100多个国家和地区、1,000多家国内三甲医院，年销售额超过3亿元，其中海外收入占40%。公司于2017年8月在新三板挂牌，2021年3月摘牌，2021年5月完成1.5亿元B轮融资。经过疫情的考验，公司业务发展稳定，计划在北交所IPO。

---

* 本案例撰写于2022年，最后更新于2024年4月。

回顾过去十年的发展，董事长兼总经理李永刚指出，华声主要做了两件事，一是引领国内"新超声"的发展，二是通过数字化，让医生看到超声图像背后更多的可能性。未来十年，公司将继续沿着"一核（华声云）两翼（智能超声影像设备、生命信息支持）"的布局发展，打造"新医械"，践行"新出海"。

医用超声行业

超声医学影像设备诞生于20世纪50年代，是医疗机构常用的诊断设备，主要依据超声波在连续介质中传播的物理特性来实现超声成像。[1] 由于其安全、无创、实时、经济等优点，应用广泛，从早期的腹部、妇产科，拓展到心血管、神经、肌肉骨骼等多领域临床诊断。2000年前后，国际巨头通过并购整合，逐渐形成G（美国通用电气，以下简称"GE"）、P（飞利浦）、S（西门子）三足鼎立的局面，占据全球主要市场份额。近年来，全球医用超声行业稳步发展，预计全球超声设备市场规模将从2017年的68亿美元增长到2023年的89亿美元，年均复合增长率为4.6%，到2026年市场规模将增长到115亿美元，2023—2026年的年均复合增长率为8.9%（见附录1）。[2]

20世纪80年代，国内才研制并使用医用超声，一开始主要是黑白超声。随着进口产品进入中国市场，国产超声处于劣势。1995年前后，国内市场上进口与合资品牌占据主导，国产企业在夹缝中生存。21世纪初，国内出现大量中低端超声企业，但以GPS（上文提到的通用、飞利浦、西门子的总称，下文同）为代表的进口产品仍占据国内95%以上的彩超市场份额。2006年迈瑞推出了DC-6，成为真正意义上第一款国内自主研发的彩超，[3] 其他企业也逐步实现技术突破，形成门类齐全、产业链完善的体系，在中低端市场基本实现进口替代。2015年后，领先的中国本土企业开始向中高端彩超进发，进口产品的市场份额降至75%左右，但在高端市场（三甲医院）和高端领域（如心脏、妇产、床旁超声、重症、麻醉），仍然鲜见中国超声品牌的身影。[4]

近年来，随着国内各级医院及体检中心对超声设备需求日益增加，以及国家医疗改革等政策利好，我国超声设备行业较全球发展而言更为迅速，2017—2023年市场规模从83亿元增长到预期129亿元，年复合增长率为7.6%，预计2026年市场规模将达171亿元，2023—2026年年复合增长率为9.8%（见附录2）。同时，部分国产超声企业不断投入技术研发，产品在质量、性能等方面逐渐接近国外同类型高端产品，国产替代逐渐进入高端领域。[5]

华 声 医 疗

创业契机

李永刚是临床医学专业出身，毕业后先做医生，辞职加入初创的迈瑞之前，他已是一家公立医院的副院长。怀着一颗挑战自我、要干一番事业的雄心，他在迈瑞的12年间，从基层销售一步步做到营销副总，并负责迈瑞超声产品线。2012年，迈瑞已是国产超声第一品牌，且远超第二名，市场份额约9%。但与进口品牌GPS等相比，迈瑞在质量、品牌等方面仍相去较远。

李永刚认为，中国医疗设备在过去的30年已跨过从无到有的阶段。在这个阶段，市场是增量市场，医生有设备用即可，对功能细节没有太多要求，即便觉得功能不够好，也不会主动提出。到了2012年前后，国内超声行业已完成中低端国产替代，满足了基本功能需求，且国产设备性价比很高，但高端市场仍被进口产品占领。在他看来，由于技术发展成熟、巨头垄断，使得医用超声行业在很长一段时间没有出现创新的企业，但在需求端，医生与患者的需求并没有得到很好的满足。随着产业周期的演进，国内公司的中低端产品很快会遇到增长瓶颈。新一代国产医疗器械要想在高端突破，必须改变传统的产品思维，转为用户思维，才有机会从模仿欧美巨头到实现"弯道超车"。

基于此，他当时认为迈瑞超声产品线应朝两个方向发展，一是高端化，二是满足国内医生在实现从无到有后逐渐出现的细分、个性化需求。这些新需求传统综合超声已不能满足，需要做专科超声。专科超声在欧美医疗机构的应用刚刚兴起，增长迅速，但由于市场规模没有综合超声大，巨头不太关注。作为公司副总，李永刚的建议得到了迈瑞的支持，公司还专门成立床旁超声团队。但由于当时传统超声业务还在增长，公司整体资源仍向其倾斜，因此新业务在公司内部发展了两年也没有大的起色。

综合考虑之后，李永刚决定辞职创业，从而实现做高端、专科超声设备的设想，进而推动国内超声行业的发展。2013年，他和团队自筹资金创立了华声，创始团队的14名成员基本来自迈瑞，研发和营销人员各约占一半。迈瑞的多年工作经验使他们对超声技术、市场和客户都有较为深刻的理解，因此对开发出领先的产品充满信心。但他们也明白，创业的过程仍将充满挑战。

产 品 研 发

专科专用

华声一开始就明确要提供新一代"专科专用"的医疗设备，基于团队的技术积累，先聚焦专科专用的医疗超声。相对于传统超声，新超声是增量市场，增长速度更快。

公司首先选择进入超声科床旁便携彩超市场，该设备主要用于中高端医院超声科医生携带到移动不便的住院病人病床旁对其进行诊断。原因在于，便携式彩超有一定技术门槛，除了要保证图像足够清晰，还有外形尺寸和重量限制，对机器的抗电磁干扰性能也有严格要求，因此全球只有GE、飞利浦等巨头能够研发和生产。华声如果能成功进入该市场，不仅不用面临低价产品的冲击，同时也能证明公司的研发实力。对于华声初创的研发团队而言，这既是挑战，也是锻炼队伍的机会。2016年，华声的第一款产品"四叶草"（见附录3）一经问世，便一炮打响，在行业里站稳脚跟。

接着，华声选择进入麻醉科专用超声领域。其原因在于，首先，麻醉科在医院的地位举足轻重，手术都需要用到麻醉，因此一般麻醉科提出需求，医院都会满足，这意味着其购买力较强。更重要的是，超声对麻醉的诊断价值高。在局部麻醉手术中，以往都是麻醉师凭经验操作，靠师傅带徒弟，有了超声后，将区域神经阻滞麻醉过程可视化，不仅能够避免麻醉穿刺过程中误伤其他部位，使麻醉药用量更精确，培养学生的周期也会缩短。在欧美国家，麻醉科用超声已经是规范性的操作，但国内一开始只有顶尖医院国外留学回来的医生会操作使用。随着相关培训的开展，越来越多年轻医生已必须配合超声才进行麻醉操作。此外，当时国内麻醉科超声市场经过索诺声（2011年被富士胶片收购）近十年的培育，已有一定基础，但需求尚未被完全激发，华声可以"搭便车"，减少初期市场培育成本。李永刚当时与索诺声高管交流，对方认为中国该市场已经饱和，且索诺声已占60%—70%的市场份额，因此劝华声不要进入。但李永刚认为，国外医院可能每2—3张手术床就配有一台麻醉超声，而国内大部分医院总共也只有几台，甚至完全没有，对方所谓的市场饱和是指现有市场，考虑到增量市场，还有大量需求未被挖掘，而他希望培育这个市场。2018年，华声首款非超声科的专科超声产品——麻醉专科专用新超声"指南针"（见附录4）问世，是全球第一款物联网专科专用、针对麻醉单一科室研发的超声。据李永刚估计，近几年中国麻醉科超声市场年复合增长率超过20%，而目前华声的市场份额已和索诺声相差无几了。

到2021年年底，华声已在四个主要细分市场落地，包括超声科专用床旁超声、麻醉科超声、肌骨康复超声以及急危重症超声。在选择科室时，华声主要考虑给医生和患者带来的价值以及该科室的支付能力。比如，华声是国内首家提供急危重症专用超声的企业（GE是全球首家），ICU医生在救治重症病人时，往往来不及申请超声科医生来支持，而供急危重症科专用的超声，有很多针对重症学科的特殊功能，同时内置了学习软件模块，可以帮助ICU医生做出更加快速、准确的综合判断，从而及时挽救病人的生命。

用户导向

华声创立之初就强调用户导向，并始终贯彻在实践中。比如，在"四叶草"立项时，产品经理走访了几十家医院，了解床旁超声使用者的需求，发现他们最看重产品的三点特征，即重量轻、图像清晰、表现可靠。于是，华声就以"轻便、清晰、稳定"作为"四叶草"的设计准则，比如选择兼具重量轻、强度大的镁铝合金作为整机外壳，以用户需求为核心，砍掉非必要的功能。当设计团队就某个问题争执不下时，就回到最初锚定的设计准则，其他都要为准则让步。

再比如，在设计"指南针"时，公司进入了不熟悉的麻醉科。为了解客户需求，公司选择了10家全国有代表性的三甲医院麻醉科，派产品经理和需求工程师参与到科室日常工作中，观察并记录医生每天如何使用、在什么场景下使用现有超声，与他们交流使用感受以及探讨未被满足的需求等。产品经理和研发团队随后进行分析，反复与客户沟通、确认，最终形成产品开发任务书。李永刚指出，医生的使用需求与产品开发需求并不是一样的，医生只会提出直观的感受和要求，需要产品经理和研发人员进行深刻的理解和转化，并通过改进产品特征来满足。"指南针"后期得到用户认可的差异化功能设计，如"19寸超大触摸屏""7小时超长电池续航""探头按键""麻醉科专门预置图像条件"等都是这样设计出来的。

李永刚介绍，有些创新其实并没有太多高科技含量，但用户价值很高。比如，一位麻醉科主任提出，超声总是需要充电很麻烦，有时甚至手术准备好了，才发现麻醉超声没电了。华声就将特斯拉专用电芯巧妙地装在超声底座上，在不影响原本形态和功能的前提下改进续航能力，并加上低电量提醒，防止机器在关键时没电。再比如，"指南针"首版样机完成后，一家知名医院的麻醉科副主任评测后对各项功能设计都比较满意，唯有指出一点：屏幕反光。这是在接近暗室的超声科使用时不会出现的问题，而麻醉医生在手术室使用时，室内无影灯非常亮。针对这一需求，产品经理快速在全球范围搜索，找到一款平衡高灵敏度、高透光度、低反射度的夏普触摸显示屏。

对用户需求的重视让华声得到许多专家的认同，他们一用华声的产品就知道是自己需要的，从而成为华声的忠实用户。华声也逐渐建立起一套理解专科用户真实需求并转化为产品开发的方法论：第一，目标市场选择和管理，明确核心用户；第二，核心用户需求挖掘，必须深入到医生的工作场景中，实时观察以及和医生沟通，从而深度了解需求和痛点；第三，需求优化选择，通过分析竞品，确认需求和洞见创新应用；第四，清晰定位，精准开发。这四步法方法论反映了华声所强调的"竞争在产品研发前"，能够在之后公司进入不熟悉的临床科室和应用领域时复用。

精益求精

为了提供高质量产品，公司从一开始就在产品开发上精益求精。比如，设计"四叶草"时，华声邀请了国内顶尖设计公司的设计总监。对方原以为自己经验丰富，给许多顶尖品牌做过设计，对华声这样的项目自然信手拈来。然而，从设计草图开始，散热孔是3 mm还是3.5 mm，转角半径是硬一些还是缓一些……华声都不放过每一个细节，因此工业设计经历了7版草图、9个月时间、30多次会议。

再比如，当时主流品牌的便携式彩超一般采用单探头接口、重量在7公斤左右（含锂电池），华声一开始给"四叶草"设定的目标就是双探头接口、6公斤以内，这已非常有挑战性。主流品牌都是大型国际厂商，设计和工艺上都已做到极致，在原有基础上减少100克可能都很困难，更不要说减少1公斤，且不能牺牲图像质量和功能。后来，当公司决定把目标重量改为5公斤时，大部分人都觉得很难实现。最终成功时，团队设计出的方案包括237页硬件原理图，采用了间距0.15 mm的14层PCB（印制电路板）主板，上面密布了17,138个点位的元器件，且测试性能优于同类产品。但设计出方案后，生产又成了难题。由于贴片密度超过了一般医用设备的规格，华声找了很多工厂都无法实现，最后找到一家可以生产，但价格也贵了很多。在软件优化方面，截至"四叶草"拿到注册证，其软件迭代了17,365次，源代码接近220万行。

数字化探索

华声创立初期，国内数字化开始兴起，许多行业开始数字化转型，而医疗行业相对传统，还没有多少数字化应用。但李永刚认为，这一趋势迟早会到来，因此一开始就注重产品的数字化属性，并希望通过产品的信息化、网络化、云端化，未来逐步把数字化、智能化作为公司的核心竞争力。

2015年，华声就把包含SIM卡的通信模块嵌入到产品主机中。由于超声影像文件较大，存储在本地会占用很大空间，容易出现系统卡顿、容量不足等问题，医生也希望有云端存储并能够方便地上传、归档和调用超声影像，从而能将更多精力投入精准诊断上。虽然会付出额外的成本，但华声认为这件事对医院、医生和患者有益，因此应该去做。当时国内还是3G、4G网络，传输速度不够快，华声就与中国联通合作进行了一些技术定制开发，保证传输流畅，并采用亚马逊公有云架构，为用户提供即开即用的SaaS（Software as a service，软件运营服务），可实现云端在线更新、远程运维等。根据超声医生的工作流程，从患者提交超声检查申请到医生交付报告，每一环节都能在云端工作站实现，为医生提供了高效便捷的服务。2017年，华声基于物联网技术搭建了远程超声会诊平台，希望让医生能够不受时空限制随时在云端查看、处理和共享医学影像，进行远程超声会诊。[6] 2018年，华声与华大制造开启战略合作，共同开发远程超声机器人诊断系统。[7] 2019年是中国5G商用元年，联通基于之前的合作，专门为华声建了5G基站，使其成为医疗领域最早被5G覆盖的机构之一。华声还趁势推出"5G超声空中诊室"，与联通、移动、腾讯等结为战略合作伙伴，共同推动远程超声诊断的应用。疫情防控期间，其床旁超声、重症科超声等产品因具备远程图像采集和传输功能优势，发挥出显著功能。随着近几年国内分级诊疗、医联体、医共体等推进，华声云平台开始发挥越来越大的作用，偏远地区的患者也能在本地就享受到异地专家高水平的服务。2023年，华声携手中华医学会超声分会，启动"云端超声基层赋能行动"，利用云平台赋能基层超声医生。

华声2018年开始的AI超声研发也于2020年落地，"北斗"（见附录5）成为全球首款麻醉专科AI超声。基于对超声影像大数据的深度学习，"北斗"可以实时提示麻醉医生神经、肌肉、血管等的准确位置，实现更准确的诊断。李永刚希望，未来通过超声与AI、5G等前沿技术的深度融合，让医生看到更多超声影像背后的价值。

市场拓展

初创企业都会面临资金压力，但华声一开始并没有想着依靠融资，一是考虑到公司当时没有多少声誉，花大量时间精力找投资人也是徒劳，二是不想一开始就丧失太多股权，从而失去主导权，偏离创业初心。

所幸团队中很多人是营销出身，从2013年到2016年公司第一款自研超声问世前，华声在不同区域代理了一些超声品牌，如飞利浦、索诺声等，通过代理业务来养活自研业务。但代理业务也有一定收益周期，且随着研发投入的不断加大，代理收入也逐渐捉襟见肘。团队深刻体会到创业的不易，也养成了勤俭节约的好习惯。且由于资金不足、工资有限，公司难以招聘到成熟的研发人员，只能大胆培养和提拔年轻人，其中一部分人迅速成长，后来成为公司的研发中坚力量。

自研产品问世后，李永刚不顾团队的反对，毅然停止了公司全部代理业务，全力销售自研产品，团队成员在公司困难时想偷偷销售代理产品，也被立刻制止。有代理业务积累的市场基础，华声就先从代理产品的销售区域开始推广自研产品，如东北、山东、江苏、广东等，再逐步开拓全国市场。面对竞争对手在客户、渠道上的施压，李永刚认为，这样反而提升了华声的品牌，客户和渠道商可能会认为华声是因为对对手产生了威胁，才引起对方的关注。到2018年，华声的国内销售体系基本成熟，在全国八个大区建立了自有销售团队和覆盖全国的分销渠道体系。

对于海外市场，华声2015年开始布局，从一开始就定位为高端专科专用医疗设备，初期主要通过参加海外主要医疗设备展，如RSNA、"MEDICA"、Arab Health等，吸引合适的海外销售代理商。早期公司国外营销人员缺乏，只能由英文比较好的创始团队成员兼任国际销售人员，后期才逐渐扩充专门的团队，系统性地开拓国际市场。华声最早在国际市场销售的是监护仪，2016年"四叶草"上市后，其双探头接口、重量轻的特征在国际上也具备领先性，而国际市场客户比国内专业度更高，华声因此凭借产品优势逐渐赢得国际客户的认可。2023年，美国华声、德国华声、香港华声三家子公司成立，开展本土化运营。截至2024年年初，华声的产品已销往100多个国家和地区，2023年海外市场销售额超过1亿元，占其总营收的40%左右。

推动行业进步

定位为新一代超声，意味着华声需要推动行业创新。在上游，虽然也面临过竞争对手对供应商施压，不让他们给华声供货的困境，但华声的产品更加创新，代表着未来的方向，从而逐渐得到上游供应商的认可。与华声合作给他们带来的不仅是销售，更是帮助他们提升，这些供应商未来给其他厂商供货时就能占据先机。

华声在推出产品和解决方案的同时，针对目标客户进行多种形式的学术推广，并提供专业的服务，树立公司的学术品牌形象。比如，华声采用体验式营销方式，即免费提供超声设备给意向客户使用，并请专家给客户培训，让客户在试用中了解华声专科超声产品以及培养使用习惯。从2018年开始，华声相继推出了"蒲公英计划""康乃馨计划"等学术培训项目。截至2024年年初，公司已与超过300家顶尖医院的麻醉科、疼痛科、重症科、康复科、超声科合作，挂牌成立了专科超声新技术培训基地，累计举办线上线下学术培训活动5,000场，覆盖超过30万名临床医生。华声还与全球600多位知名学科专家建立了良好的学术合作关系。这让华声获得了越来越多客户和专家的认可，也树立起华声"专科超声领导者"的品牌形象。

未 来 发 展

随着产品、渠道和品牌的提升，华声在三甲医院装机数量逐年提升，在麻醉、急危重症、肌骨康复等超声细分领域，其市场占有率已在国内位居前三。在国际市场，华声超声出口销售额排名从2018年的第七提升到2021年的第五，且60%以上是出口到欧美发达国家。公司疫情防控期间发展稳定，销售额保持20%以上的年均增长，2023年销售额达到3亿元。公司人员达到470人，其中研发人员占31%。2019年底，华声完成了毅达资本的4,000万元A轮融资，2021年5月完成来自深创投、深圳高新投等1.5亿元B轮融资，近期计划在北交所上市。

在李永刚看来，公司经过十年的发展，经历了产品从需求开发到营销到品牌建设的全周期，已基本掌握行业发展的节奏，也理清了公司发展的逻辑。未来，华声将继续坚持"一核两翼"的战略布局。对于"两翼"，即原有的超声、监护等产品品类，将继续做深做透专科化，在一些原本被进口品牌垄断的高端科室实现国产替代，如华声已推出产筛专用超声"并蒂莲"，并持续在技术壁垒最高的心超领域进行大量研发投入。对于"一核"，即云服务，华声在以往信息化、网络化、云端化的基础上，发展平台智能化、要素数据化和设备物联网化。李永刚认为，未来的趋势是要打造智能、高效、精准同时让大众可及的"新医械"，这需要硬件和软件的配合。

公司希望未来能够通过数字化、智能化创造更多价值。李永刚认为，随着国内医保支付压力的增加、医改的深化、医院信息化的推进，以及从以治疗为中心向以预防为中心的转变，整个产业链价值将重新分配。公司需要在产业链中重新找到合适的定位，建立新的盈利模式，通过帮助医院、医保降本增效创造价值，而不是单纯销售产品。除了原本涉及的智慧医疗，华声还计划做医院智慧管理，这些以前是HIS（医院信息系统）厂商在做，目前包括GPS（上文提到"通用"、飞利浦、西门子，下文同）在内的巨头以及许多AI厂商都在做，其中必然会面临系统开放和主导权的问题。华声的优势在于有硬件作为支撑和切入点，可以围绕麻醉科等科室需求，做自己最擅长的事，并以开放的心态与其他系统和设备对接。

更进一步，华声还计划围绕已建立良好客户关系的科室，如麻醉疼痛、急危重症和心脑血管科的需求，提供完整解决方案。比如，基于麻醉科医生的需求，推出麻醉机等其他麻醉科产品，从而产生协同效用。提供完整的解决方案不能单靠公司自己研发，需要进行并购整合。李永刚介绍，国内有约三万家医疗器械企业，仅深圳就有1,800家，其中绝大部分的年产值可能只有两千万元，原本它们还可以生存。但经过疫情，不少企业都面临生存危机，其中不乏技术优势明显但销售能力欠佳的企业，也有不少销售能力强但产品缺少核心竞争力的企业，目前正是并购的窗口期。华声通过并购整合，能够给多方创造价值。公司已成立专门的并购部门，如果能尽快IPO，则能够为这一计划提供资金支持。

对于海外市场，李永刚认为，过去简单依靠海外分销渠道合作伙伴的方式已经行不通，企业需要"新出海"。这一方面是地缘政治的影响，另一方面，欧美发达国家的客户对产品售前售后服务要求越来越高，需要有更多投入。此外，虽然国内的临床水平和技术尚未赶超国外，但由于国内患者多、需求量大，使得产品迭代速度快、产业化创新多，因此许多国内产品在易用性、功能创新上在全球也称得上领先，海外市场有巨大的发展潜力。华声已在美国、德国等发达国家设立子公司，并招募当地员工开展本地化运营。在他看来，未来中国医疗健康企业出海需要做OBM（代工厂经营自有品牌），即在拥有核心技术的基础上在海外建立品牌。华声将继续在欧美成熟市场直面GPS的竞争，加强本地化运营，精耕细作、抢占市场份额，同时拓展"一带一路"等其他市场。

附 录

附录1　2017—2026年全球超声设备行业市场规模及预测情况（十亿美元）

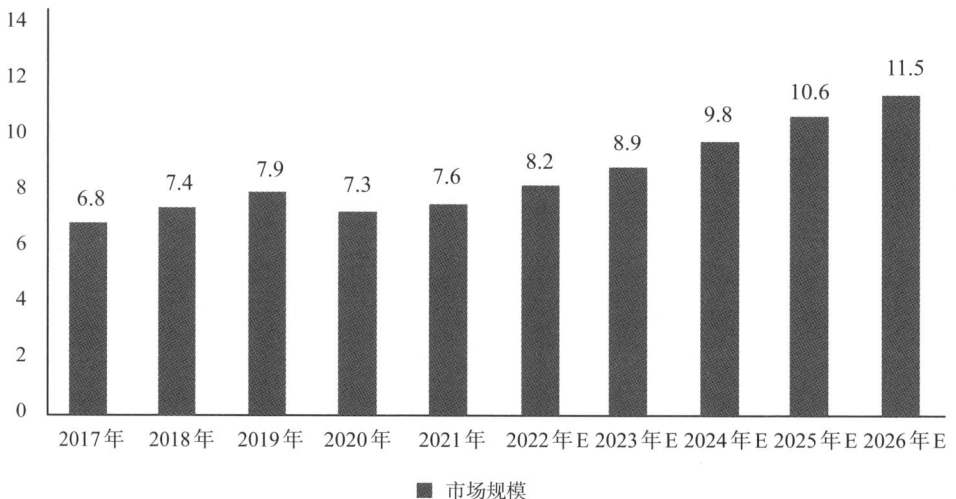

资料来源：观研天下.我国超声设备行业分析：市场规模超100亿 5G医疗成未来发展方向[EB/OL]. (2023-02-28)[2024-03-08]. https://baijiahao.baidu.com/s?id=1759054876856795007&wfr=spider&for=pc.

附录2　2012—2022年我国超声设备行业市场规模及预测情况（十亿元）

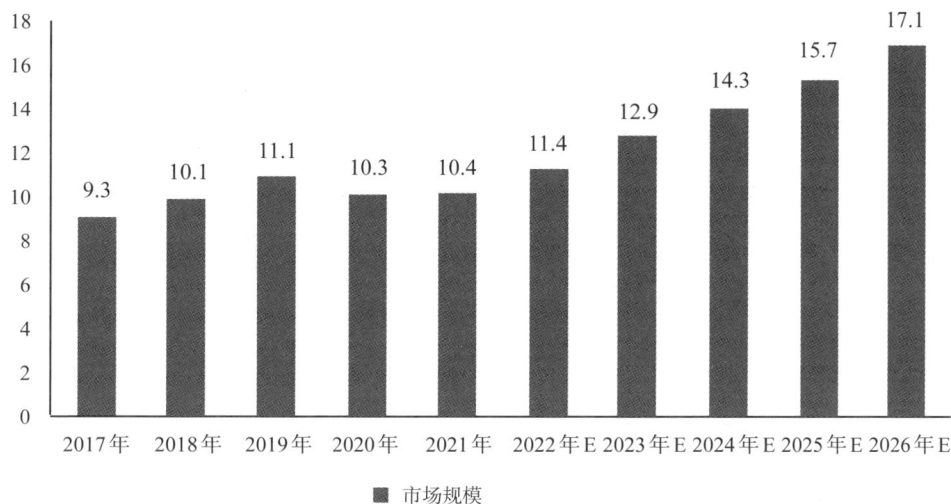

资料来源：观研天下.我国超声设备行业分析：市场规模超100亿 5G医疗成未来发展方向[EB/OL].(2023-02-28)[2024-03-08]. https://baijiahao.baidu.com/s?id=1759054876856795007&wfr=spider&for=pc.

附录3　"四叶草"

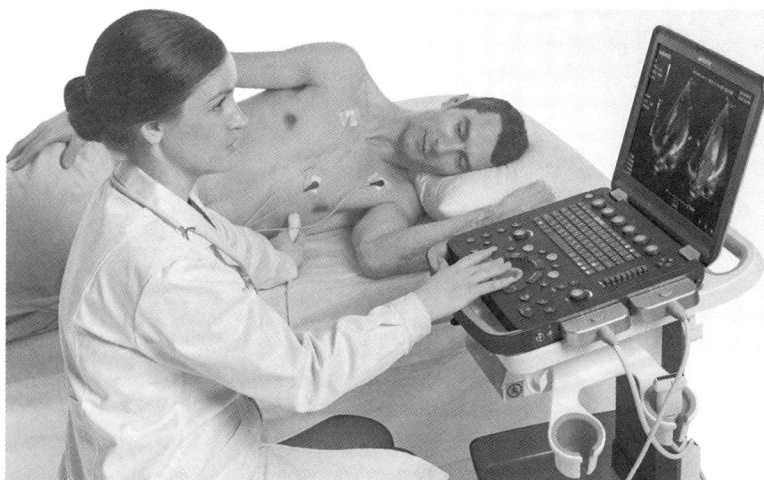

资料来源：华声医疗。

附录4　"指南针"

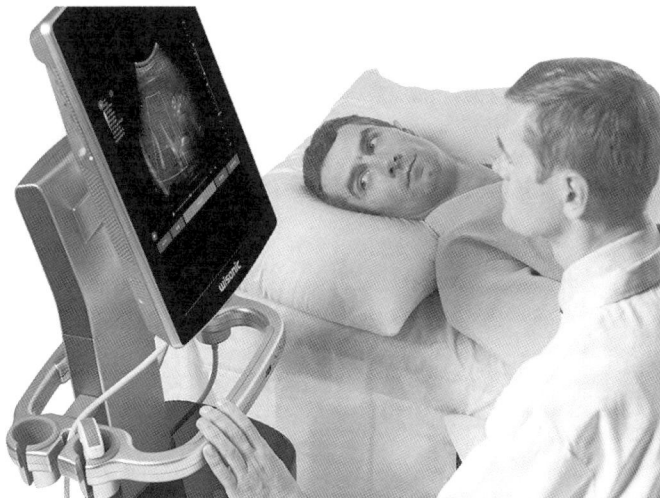

资料来源：华声医疗。

附录5　"北斗"

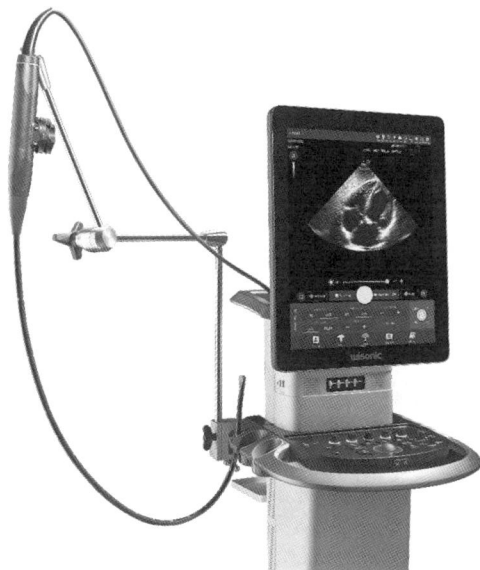

资料来源：华声医疗。

尾　注

1　思宇医械观察.国内超声诊断行业：国产品牌的崛起与发展之路[EB/OL].(2019-02-27)[2021-12-10]. https://mp.weixin.qq.com/s/5rTjo8WRNZA2xAdhSYcakw.

2　观研天下.我国超声设备行业分析：市场规模超100亿5G医疗成未来发展方向[EB/OL].(2023-02-28)[2024-03-08]. https://baijiahao.baidu.com/s?id=1759054876856795007&wfr=spider&for=pc.

3　赛博蓝器械.2021全球超声市场[EB/OL].(2021-09-26)[2021-12-10]. https://mp.weixin.qq.com/s/fM5E9DNcdAeZj_ZeEFA0qw.

4　国信证券.医疗器械行业深度报告：118页深度解析超声产业链[EB/OL].(2020-08-02)[2020-12-10]. https://mp.weixin.qq.com/s/9KxlcxgxiABAIy_wNr63KQ.

5　观研天下.我国超声设备行业分析：市场规模超100亿5G医疗成未来发展方向[EB/OL].(2023-02-28)[2024-03-08]. https://baijiahao.baidu.com/s?id=1759054876856795007&wfr=spider&for=pc.

6　搜狐.华声医疗:因需创新"云端超声工作平台"，跨越空间接力健康[EB/OL].(2022-08-04)[2024-03-08]. https://news.sohu.com/a/574089235_120560004.

7　杨娟.华声医疗携手华大智造，共同打造最强远程超声诊断系统！ [EB/OL].(2018-04-11)[2024-03-08]. https://www.vbdata.cn/ZmY4MjgyZGZkYzg2MzI4ZTczN2M0YjdhNTgxODA0ZjA=.

华声医疗案例点评一

杨 健[*]

　　应研究中心的邀请，在阅读了《华声医疗案例：引领国产"新超声"》这篇案例后，个人做了相应的点评，当然这些观点仅代表个人想法。我从企业实践亮点、可能的改进建议、对其他公司的借鉴思考这三方面进行相关点评。

　　从企业实践亮点来看，首先，公司建立的时间点相对比较合适。该阶段国内超声市场主要被GE、飞利浦等进口品牌垄断，虽然有汕头超声、迈瑞等国内企业相继发展起来，但是留给国产品牌的机会还是非常大的。同时，从华声医疗创始人背景来看，不仅自身医疗专业出身，同时也在国内头牌医疗企业有着数十年的营销经验。这对于大部分创业医疗企业来说很难得，是聚集了医、工、贸创业三条件其中两项。当然有在迈瑞的工作经验，相信对于技术团队建立丰富的人才资源也有一定作用。

　　同时，公司聚焦于超声板块的技术点，不断加入时代所需的相关技术，更迭产品，使产品变得更加智能化、数字化，在立足于核心技术的基础上再延伸到麻醉、急重症等板块，这个实践思路是可行的。因为在国内竞争日益

---

* 杨健，苏州美新迪斯医疗科技有限公司董事长。

激烈的情况下，夯实自身主要技术的同时，需要在技术平台基础上进行产品线的拓展，从而为企业的未来也做好打算。以上是在企业创业时间点、创始人背景、赛道选择相关方面呈现的亮点。

从市场营销的角度来看，企业有相对清晰的思路。因为十家创业企业中有九家倒在了流动资金上。流动资金源于企业的商业化能力，这才是成为一家良性运营企业的根本。企业在获证之前就开始代理相关超声品牌，这不仅给企业带来了一定的现金流，同时还能打造一支有丰富经验的市场队伍，这是千金难买的。更难能可贵的是，在自有产品上市后就全身心投入新品牌的营销上，可谓是壮士断腕，毕竟再优秀的产品，品牌的建立不是一蹴而就。之前市场团队可能在原有代理业务上获得了红利，这往往会降低团队继续开拓的精神，所以创始人在自有产品获证后毅然决然放弃代理，重新锻炼队伍，建设自身品牌，这也是一个巨大的闪光点。在推进内销的同时，公司就开始进军海外市场，这也是非常难得的，因为这完全是两套市场体系。在这方面需要花巨大的精力和代价，当然这样的布局也让现在的我们看到了盈利来源的多样化。当国内市场内卷时，公司可以依托海外的销售给自身制造现金流。

在可能的不足之处和改进建议方面，个人认为，从技术端而言，华声医疗在传统超声结合互联网5G甚至6G方面已经有了很好的建设心得。但是，这样的技术联合主要是依托国有通信公司的建设而发展起来的，所有超声企业都可以共享这样的平台。只要平台技术足够成熟稳定，对于同类企业来说，追赶可能是短时间内就能完成的，更别说头部品牌。所以，是否可以在其他医用超声技术领域进行拓展并夯实，占领品牌先机，这一点值得企业去思考。比如超声结合内窥镜的使用应该是未来的一个方向，不仅可以通过内窥镜观察病变部位，同时结合超声诊断可以更加精确定位。在这方面，国内现有技术还相对少，上市的产品更是寥寥无几。同时，超声结合球囊或MRI（核磁共振）在心血管、肿瘤等方面进行治疗，也是一个不错的方向，国内暂时也没有多少企业可以做出来。相较于超声诊断设备的竞争，这个赛道是否值得去做，公司可以考虑一下。毕竟精细化治疗是未来微创手术的一个方向。

在市场端，能提供的建议是合理布局销售团队。随着欧美新的MDR（医疗器械法规）的颁布以及对国产医疗器械的出口审查趋严，海外的销售压力也会随之增加。国内出台了一系列关于设备升级改造的政策，这有利于国产医疗器械，特别是设备的业务增长。企业可以重点抓住这个机会，投入人力、物力、财力进行市场推广。同时，国家对于未来医改方向也是明确的，首先明确了省级中心大三甲医院的服务定位，就是治疗疑难杂症，同时逐步将手术之前的诊断等需求分流至下辖市、县、镇等医疗机构，并进行人才培养和医联体建设，从而形成从基层的家庭医生病情建档到市级、省级医疗机构手术治疗的分级诊疗模式。这样的建设未来会给予各基层医院更多的更新设备，从而提高诊断、治疗能力的机会。在这个过程中，超声诊断这类设备相信会有很大的再发展机会。以上是我个人提出的改进建议。

最后，关于对其他公司的借鉴。我个人观点是，在当前医疗环境下，企业首先要考虑活下去。从2023年整个生物医药行业的IPO情况来看，未来三年，可以很明确地预判，有真正运营能力的企业才会得到监管层和市场的信赖。无论是高精尖器械还是普通耗材，只要市场基础真正扎实，就会有很好的发展空间。

感谢中欧卫生健康产业研究中心给予我这次机会，能够从优秀企业的发展历程有所获得，也衷心祝愿华声能够做大做强，真正成为"中华超声"的代表。希望大家再接再厉，让我们播种现在，向下扎根、向上生长，拥抱美好未来。

华声医疗案例点评二

沈志勇[*]

在舒医汇与华声医疗的合作中，我们见证了彼此的成长与进步。对于该公司在业务发展上取得目前的辉煌成绩，笔者基于专业角度总结出五个关键因素。

第一，创始人和创始团队的优势。董事长兼总经理李永刚先生的临床医学专业的背景，使他不仅具备深厚的医学知识底蕴，而且在医疗行业也有着丰富的实践经验。李永刚先生在医院管理岗位上表现卓越，由医生逐步晋升至公立医院副院长职务，这表明他在医疗领域拥有深厚的专业素养和卓越的管理才能。

而在迈瑞医疗任职12年的历程中，李永刚先生从基层岗位做起，凭借出色的工作表现逐步晋升至营销副总的位置，并在此期间负责迈瑞医疗的超声产品线管理。这一经历使他在需求端（医生、医院）和供应端（研发、生产、销售）都积累了丰富而成功的经验，对医疗行业的市场需求有透彻的理解，以及对医疗产品从研发到生产的全程把控能力。

李永刚先生与他的创始团队共14名成员，多数来自迈瑞医疗，这支团队

* 沈志勇，舒医汇（古麻今醉网）创始人。

拥有扎实的专业背景和丰富的行业经验，他们在医疗领域的各个关键环节都有着深厚的积累。正是这样的优秀创始人团队，为华声医疗的创建奠定了坚实的基础，也为公司在医疗行业内的后续发展提供了强大的助力。

第二，专注于擅长领域进行深度耕耘。创始人李永刚董事长在创立华声医疗之初，就展现出了非凡的洞察力和战略眼光。他深知医疗行业涵盖众多细分领域，每个领域都有其专业深度和独特性，因此，他明确并垂直地切入医疗领域，选择了他非常熟悉的超声技术，而没有涉足陌生的医疗设备。

李永刚董事长当时面对的迈瑞医疗在超声技术方面已有一定的积累，但产品相对单一且简易。然而，李永刚董事长并没有止步于此，他坚持"用户导向"和"专科专用"的原则，深入了解用户需求，针对麻醉疼痛、急重症和床旁等专用超声场景，精心打造了一系列口碑极佳的产品。这些产品不仅解决了用户的痛点，更在市场上获得了广泛认可，为华声医疗的快速发展奠定了坚实基础。

第三，华声医疗的成功因素还包括其地理位置优势。深圳，作为我国改革开放的前沿阵地和经济特区，有着得天独厚的优势。这里不仅拥有大量的电子设备元件企业集群，还汇聚了众多不同类型的制造企业，形成了强大的产业集群效应。这样的环境为华声医疗这样的医疗设备企业提供了极为便利的供应链，使其能够快速获取各种所需的原材料和元器件，极大地提高了生产效率，同时也降低了成本。

更进一步的是，这种地域优势所孕育出的创新生态环境，对华声医疗的快速发展产生了深远影响。深圳作为创新之都，始终保持对高新技术产业的政策支持和资源投入，吸引了众多医疗器械和生物医药企业扎根发展。华声医疗在这样的土壤中得以充分吸收创新养分，不断强化自身的研发能力和技术水平，使得其在医疗设备领域的产品线日益丰富和完善。

第四，国产化替代所带来的红利效应，在华声医疗身上得到了充分体现。随着国内医疗设备国产化趋势的加速推进，以及国家政策对国产医疗设备的大力扶持，华声医疗凭借其敏锐的市场洞察力和坚定的国产化战略决心，成功地捕捉到了这一历史性的发展机遇。通过自主研发创新和精细化的生产管理，华声医疗不仅在产品质量上达到了国际标准，更在服务效率和品牌影响力上实现了双重提升。

华声医疗在产品营销策略上采取了专科专业化的推广模式，这种策略通过精准定位目标客户群体，将产品和服务与具体临床应用场景紧密结合，从而实现了营销效果的最大化。公司不仅积极调动经销商资源，构建了遍布全国的营销网络，还强调内部营销团队的专业化建设，确保每一项营销活动都能精准触达潜在客户。

在麻醉等重要专科领域，华声医疗更是采取了独具特色的体验式营销方式。公司免费提供试用机会，让客户能够在实际操作中感受产品的卓越性能和稳定性。这种"先试用后购买"的模式极大增强了客户信心，提高了成交率。

此外，华声医疗还注重售后服务体系的构建，挂牌成立了专科超声技术培训基地，为每一位购买其产品的客户提供了强大的技术支持和专业的操作培训。同时，公司还推出了诸如"蒲公英计划""康乃馨计划"等一系列公益性质的教育培训项目，旨在培养更多的学科专家和临床应用人才，从而进一步提升了华声医疗在行业内的口碑和影响力。这些举措不仅赢得了广大用户的高度认可，也在学科专家中树立了良好的品牌形象。

随着华声医疗在业界的影响力逐步提升，其发展态势呈现出蒸蒸日上的趋势，但在这种高速增长的背后，也悄然暴露出一些新的问题和挑战。这些挑战可能来自市场环境的变化、竞争态势的加剧、技术更新的快速迭代，或者是内部管理规模的扩大带来的管理难题等。

第一，迈瑞医疗等全设备企业的降维竞争对华声医疗等专注于超声医疗设备的企业构成了严峻挑战。由于国内新医院建造步伐放缓，政府和医院的采购经费受到严格控制，迈瑞医疗等全品类企业开始采取打包供应策略，以提供更为全面、一站式的医疗设备解决方案来满足医院的需求。

在这种背景下，超声医疗设备由于其单价相对较低，且随着技术进步，不同品牌之间的性能差异逐渐缩小，同质化现象日益严重。因此，在项目招标过程中，超声设备常常被作为"搭赠"项目包含在大型医疗设备采购方案中，这样的市场策略对华声医疗等以超声业务为核心竞争力的企业形成了压力。使得它们不仅需要面对市场竞争的加剧，还要应对由于技术同质化带来的价格战以及市场份额被挤压的风险。

第二，随着超声技术的广泛普及和广泛应用，市场上涌现出了众多多元化、多应用场景的同类企业，产品同质化现象日益严重。在这样的市场环境下，价格战成了一种常见的竞争手段，使得市场竞争愈发激烈。

华声医疗作为超声医疗设备领域的专业企业，应充分把握和发挥自身在专注专科超声方面的成本优势。这种成本优势来源于华声医疗对超声技术的深入研究和持续创新，以及在生产制造过程中的规模效应和精细化管理。在未来设备集中带量采购中能够抓住机遇。

第三，华声医疗作为一家在医疗领域具有影响力的企业，其海外市场占公司业务的40%，虽然这一占比在一定程度上体现了华声医疗在国际市场上的竞争力以及其拓展海外业务的战略成果，但考虑到全球市场的广阔性和发展中国家的大量需求，华声医疗的海外市场规模还有待进一步提升。

发展中国家由于经济发展迅速，人口众多，且医疗卫生条件相对落后，对于医疗设备、药品和服务的需求呈现出快速增长的趋势。特别是在基层医疗、公共卫生以及高端医疗等领域，存在着巨大的市场空白和潜力空间。华声医疗应当充分利用自身的技术优势、产品创新能力以及服务水平，积极布局全球市场，特别是那些对医疗健康服务需求旺盛但供给相对不足的发展中国家和地区。

具体而言，华声医疗可以通过投资建厂、设立分支机构或寻找优质合作伙伴等方式，实现产品的本地化生产和服务覆盖；也可以针对发展中国家的具体需求，研发和引进更适合当地市场的高性价比产品和服务；同时，借助数字化、智能化手段，打破地域限制，为全球用户提供远程诊疗、在线咨询等便捷高效的医疗服务。

总之，华声医疗凭借创始人及团队的卓越才能、对擅长领域的深度耕耘、地理位置优势以及国产化替代的红利效应，已经在超声医疗设备领域取得了显著成绩。展望未来，华声医疗面临着全设备企业降维竞争等挑战，应继续深化专科专用战略，加大研发创新力度，并在新设备领域进行突破，成为一家超声为基础的多元化医疗设备企业。

领航
基因

案例　领航基因：
领先技术破解临床难题*

领航基因科技（杭州）有限公司（以下简称"领航基因"或"领航"）成立于2014年，是专业从事数字聚合酶链式反应（Polymerase Chain Reaction, PCR）产品研发、生产、销售及服务的国家级高新技术企业，主要为国内外医院、政府部门（如海关）、高校科研机构等提供数字PCR设备（见附录1）和试剂。截至2024年年初，公司员工约200人，其中研发人员占1/3，已获批11张医疗器械注册证，设备装机量超过300套，覆盖90%国内前20的医院，50%前100的医院，2023年订单收入约5,000万元。2024年计划实现600余套总装机量，覆盖70%前100的医院，并借助经销商进入更多地市级医院。公司第一款血流感染（脓毒症）试剂盒预计2024年第三季度获批，将成为国内该领域首张试剂注册证，能够在2小时左右实现血流感染精

---

* 本案例撰写于2024年，最后更新于2024年4月。

准诊断，填补了行业空白。"设备+试剂"的组合有望给公司收入带来进一步增长。

在总经理夏江看来，领航基因现在的定位并不是一家数字PCR公司，而是一家解决脓毒症快速精准诊断问题的公司。"如果能成为全球脓毒症精准诊断的领航者，公司就有千亿元估值，即便只是中国脓毒症精准诊断的领航者，也有百亿元估值，所以我们只需要先做好这一件事。"

数字PCR

PCR是一种用于体外扩增和检测低浓度核酸的技术，是目前临床应用最广泛的分子诊断技术[*]（其他分子诊断技术包括荧光原位杂交、基因芯片、基因测序等）。[1] 20世纪80年代，第一代PCR技术问世，只能提供定性的结果。随后，科学家在之前技术的基础上通过加入荧光探针或染料进行靶向扩增，发明了荧光定量PCR (quantitative PCR, qPCR)，为第二代PCR技术。由于需要对照标准曲线和存在扩增偏差，第二代技术仍无法提供准确的定量结果，但因其快速、简易和经济的特点，目前使用最广，新冠病毒核酸检测就采用了第二代PCR技术。而数字PCR (digital PCR, dPCR)是20世纪90年代末发展起来的一种对核酸分子绝对定量的技术，被称为第三代PCR技术。其原理是通过把反应液均匀分配到数万个独立的 PCR反应单元进行单分子扩增，扩增结束后对阳性（荧光）和阴性分区计数，再通过泊松分布定律计算得到目标分子的数量。[2] 与qPCR技术相比，dPCR具有高灵敏度、绝对定量、高稳定性和抗干扰能力较强等优势；[3] 与基因测序主流技术NGS（Next Generation

---

[*] 分子诊断（molecular diagnosis）是指应用分子生物学方法检测患者体内遗传物质的结构或表达水平的变化而做出诊断的技术。

Sequencing，第二代基因测序）相比，dPCR检测范围小但灵敏度更高，且操作便利、成本较低，而NGS在未知序列检测、高通量、信息量丰富的检测上更有优势。[4] dPCR目前还处于市场导入期，其应用场景尚处于探索阶段，在对超低丰度靶标检测上有较大优势，在病原体感染检测、肿瘤检测、无创产筛、食品安全和环境检测、药物基因组学等领域的应用上可能有较大潜力。[5]

全球PCR（含qPCR和dPCR）市场规模由2015年的52亿美元增至2020年的162亿美元，年复合增长率为19.3%，预计2030年将达到388亿美元，其中北美市场占比最大，其次是亚洲和欧洲。[6] 全球PCR主要厂商有伯乐、赛默飞世尔、罗氏、凯杰等，前五大厂商共占有超过70%的市场份额，[7] 他们已纷纷通过投资并购等方式布局dPCR业务。[8] 全球dPCR设备市场预计将从2023年的7.521亿美元增长到2028年底的13亿美元，复合年增长率为11%。[9] 中国PCR产品市场规模由2015年的4亿美元增至2020年的27亿美元，年复合增长率为43%，预计2020年至2030年将保持较高增长率。[10] 亚太地区dPCR市场增长速度较快，2015年至2019年中国的dPCR市场规模从5.47亿元增长至15.84亿元（其中设备3.63亿元，占比从2015年的30.35%下降至2019年的22.92%，其他为试剂），预计2020年至2024年市场规模将从21.33亿元增长至70.11亿元，年复合增长率为34.65%。[11] 中国PCR设备市场目前80%以上是qPCR，2030年预计总体规模将达到约113亿元，其中dPCR设备市场规模预计将达到31亿元，占比27.3%。[12]

dPCR市场主要竞争者包括国外的伯乐、赛默飞世尔、凯杰、Stilla Technologies，国内企业包括领航基因、新羿生物、臻准生物、锐讯生物、小海龟、思纳福等。从2023年国内dPCR设备中标结果来看，伯乐市场份额最高，领航和凯杰分列第二、第三位；但在临床细分市场上，领航以30%的占比位居第一（见附录2）。[13] 领航基因是如何脱颖而出的？

领 航 基 因

领航基因成立于2014年，创始人夏江曾在赛默飞世尔担任临床大客户部东区销售经理。虽然是销售，但夏江对技术也非常了解，从而能与专家进行良好的沟通。其间，他看到国产和进口仪器之间在品牌影响力、质量、价格、市场份额等方面存在巨大差距，也经常听到科研人员抱怨："国产仪器虽价格比进口仪器便宜不少，但用一段时间后很容易出问题，所以宁可多花点钱买进口产品。"随着工作经验的积累，夏江对国外仪器营销策略的了解日益增多，便萌生了研发出性价比更高、具有自主知识产权的国产仪器的理想，于是决定辞职，走上了创业道路。

公司成立之初，可谓困难重重。首先是招人难，小公司难以招聘到重点大学的毕业生。其次是融资难，研发需要大量投入，而由于创始团队中没有海归、大外企研发背景的成员，很难得到资本的青睐，中间有四年时间没有融到资。夏江和几个合伙人的积蓄很快就花完了，夏江还卖了房子，所幸当时公司通过代理产品产生了一定流水，前后从银行贷款2,000万元。直到2021年才拿到分享资本、达晨财智等1.2亿元A+轮融资，2023年又拿到思邈资本约亿元B轮融资。

数字PCR技术研发

由于公司早期缺乏专业人才，便采取了分模块产学研合作的研发模式。夏江在做销售时就经常阅读相关文献，他把数字PCR相关研发分拆成不同的模块，从网上搜索相关课题和论文，再找到对应的专家与他们沟通，通过横向课题合作换取知识产权。通过与浙大、中科院、上海交大等知名院校专家的合作，分别开发出了初代光学扫描、算法原理机以及微流控芯片，并买断了知识产权。夏江回忆道："我们赶上了一个好时机。2016年到2018年，高校还没有太多创业风气，但已经开始注重科研成果转化，我们找专家合作几乎没有遭到过拒绝，当时专利价格也合理，双方各取所需。比如做基因芯片扫描模块，找的是一位曾做过蛋白芯片扫描成像设备的专家，原理基本是一样的，对他来说手到擒来。分模块拆分研发不仅提高了成功率，专家课题经费也不会太高，他们更看重研究能否真正实现转化。"

但专家提供的是原理，要整合起来转化为产品还需要实现工程化和规模化。公司陆续招募了一批有丰富经验的转化人才，花了几年时间逐步把科研成果转化为商业化的产品。例如，2017年，公司推出首款国产全自动数字PCR设备，2018年拿到首张数字PCR注册证，2021年推出全球首款"流水线"设备，同年取得七色荧光设备注册证等。随着公司逐渐有一定积累，开始有顶尖人才愿意加入，公司开始更多地进行自主原创性研发。

从技术驱动到临床问题驱动

一开始，公司研发是模仿国外巨头，紧跟国外的技术。夏江逐渐意识到，好技术并不等于好产品，两者有着本质区别，好产品必须能够解决客户的问题。数字PCR有三大市场，包括科研市场、政府市场和临床市场，临床市场中有遗传赛道、肿瘤赛道、病原体感染赛道等，这些细分赛道还可以继续细分，它们要解决的是不同的问题。数字PCR技术要想产生巨大的商业价值，必须找到合适的应用场景，开发出"杀手级"的产品，就像第一代PCR应用在乙肝检测、第二代PCR应用在新冠病毒核酸检测，产品应用和技术平台相互成就。

对于领航这样的初创企业，要想快速增长，必须做临床市场。国内临床PCR市场规模2020年约150亿元，2023年预计增至549亿元。而科研市场2020年仅5亿元，预计2030年达到19亿元。[14] 国外巨头一般在科研市场更有优势，一方面进口设备价格昂贵，可能是国产设备的几倍，而科研市场对价格不太敏感；另一方面，科研人员使用的目的是发表论文，要求结果可重复，这就对设备的精度和稳定性要求很高。而临床市场则对设备的检测通量、荧光通道、自动化程度、成本和注册证等有一系列要求，还要求企业有快速响应能力。此外，临床需求也更细分和多样，不仅要求企业提供设备，有对应具体场景的试剂，还要求相关产品有医疗器械注册证。巨头即便看到了临床需求，也未必能全部满足和快速实现，其中有很多机会。在某个临床细分领域，巨头的研发投入可能不如一家初创企业。

基于临床需求，领航进行了针对性的研发和改进。例如，在自动化程度和便捷性上，公司2017年就推出全自动数字PCR设备，2021年推出的全球首款流水线设备，首次实现了"样本进，结果出"，医生只需要按一下按键即可，这能够极大减轻医院检验科的工作量，免去了大量培训和人力成本，也避免了操作过程中可能对样本的污染。特别对于中国的医疗机构而言，从三甲医院到基层乡镇医院都有这样的需求。领航七合一流水线已获得CE认证，正在进行NMPA（国家药品监督管理局）注册，而进口设备尚未实现全自动。同时，巨头普遍只做设备平台，不做临床试剂，一般由下游公司开发试剂盒并申报国内注册证。但很多设备的参数不适合用于多指标检测，临床使用成本非常高，而下游公司普遍没有能力按照临床需求自主开发设备或要求巨头调整设备。领航不仅提供设备，还根据临床需求开发试剂盒和解决方案。在夏江看来，领航的定位不是数字PCR设备厂商，而是取决于公司解决了什么现实问题。

聚焦血流感染

沿着问题驱动的思路，团队开始思考。dPCR在临床中可以用于病原体感染、肿瘤、遗传筛查等许多领域，不同赛道都有企业布局，领航到底要解决什么问题？

领航基因早期也尝试过肿瘤早筛、无创产前筛查等项目，但都没有产生突破性创新成果。团队复盘分析，在肿瘤领域，分子诊断主要应用在肿瘤药物的伴随诊断或肿瘤早筛，前者如非小细胞肺癌靶向药吉非替尼对应的EGFR基因突变检测，后者如美国Exact Sciences公司的甲基氏检测（Cologuard）结直肠癌早筛（在美国有保险支付）。伴随诊断一般采用下一代测序技术（Next Generation Sequencing），对准确度要求高，对时效性要求不高，患者对价格不太敏感，商业模式相对成熟。早筛由于需要对大规模人群筛查，对成本要求很高，qPCR技术更有成本优势，但由于目前人们对肿瘤的认知还不够充分，技术和产品尚不成熟，国内也未解决支付问题，所以还在起步阶段。在遗传筛查领域，传统方法包括羊水穿刺、超声、血清学唐氏筛查等，都有广泛的应用。无创产前筛查（Non-invasive Prenatal Testing, NIPT）基于NGS技术对母体血液中游离的胎儿DNA片段进行测序，解读胎儿遗传信息以进行相关疾病筛查，目前国内市场已相对成熟，市场渗透率预计2025年达到90%，主要有华大基因、贝瑞基因、达安基因等竞争者，其中华大基因和贝瑞基因凭借先发优势占据了绝大部分市场份额。[15]国内部分地区有医保报销，即便自费，孕妇和家属也有较高的支付意愿。在这些领域，dPCR技术都没有明显优势，且不乏市场竞争者。

2018年，夏江和团队查阅了三千多篇相关数字PCR的临床应用文献，找到了几个全球尚未满足的有潜力的临床应用，并在调研中发现了血流感染诊断存在的痛点。经过进一步调研、分析、预研开发和专家验证，团队看到了血流感染，特别是脓毒症诊断巨大的社会价值和商业价值，决定聚焦这一领域，在肿瘤、产筛等项目上不再投入太多精力。

夏江介绍，脓毒症是一种由血流等感染引发机体反应，对机体组织和器官造成损害而导致的致命性疾病，被称为"ICU杀手"。脓毒症和脓毒性休克是全球导致死亡的重要原因之一，全球发病人数每年约5,000万，国内约700万，全球导致的死亡人数约1,100万，超过肿瘤导致的死亡人数，每100人死亡中就有19人与之相关。治疗每延迟6小时，死亡风险就增加58%，还有可能导致认知障碍。因此，治疗的关键就是及早、准确地检测出病原体，并对症使用抗生素。目前脓毒症诊断金标准是血培养，每年全球检测超过1亿份，国内检测超过2,000万份，全球市场规模上百亿。但血培养有明显的缺陷，首先，血培养需要两三天才能将病原体培养到最低检出浓度，效率低；其次，由于感染早期血液里病原体含量少，再加上使用抗生素等因素使得病原体生长受阻，从而检出率低，阳性检出率可能只有15%。在检出之前，医生只能使用广谱抗生素，治疗效果欠佳。

脓毒症作为一项刚需的临床检测，许多国际巨头都尝试过解决这一难题，但都未能成功。因此，当领航2020年提出血流感染快速诊断方案时，专家们都持怀疑的态度，"凭什么领航这样的小公司能做出来？"对此，夏江解释，脓毒症检测需要满足两个条件，一是要快，二是要足够灵敏，两者必须同时具备，例如荧光定量PCR虽然能半小时出结果但灵敏度低，而dPCR恰好速度和灵敏度都满足，相比其他诊断技术具有得天独厚的优势，无需通过血培养就可以直接检测出低浓度的病原体及其耐药性。领航通过调研发现了这一未被满足的临床需求，基于前期dPCR技术积累，再加上聚焦该领域投入大量研发，目前其血流感染试剂盒的检测速度已能实现2小时出结果，阳性检出率达到40%以上，均超过进口产品，未来有望缩短至一小时并进一步提高准确率。夏江希望该产品能够改变脓毒症诊疗方式，真正实现先诊后疗，从而降低患者死亡率以及ICU住院天数和费用。"哪种感染该用哪种抗生素，连乡村医生都能掌握，关键是要知道是什么感染。"

市场拓展

聚焦血流感染的策略帮助领航打开了与顶尖专家对话的窗口。例如，夏江找华山医院感染科主任张文宏时，公司还没有拿到多少融资，但向他介绍血流感染检测方案后，夏江回忆："张文宏这样的专家一下就明白我们产品的价值，即填补了国内24小时内血流感染精准诊断的空白，他的实验室里堆满了各种先进设备，移走了三套进口设备给领航的设备腾出空间。"

公司近五年陆续与上海瑞金医院、华西医院、邵逸夫医院、上海华山医院、北京协和医院等十余家重症医学、感染科排名顶尖的医院建立科研合作，如2021年独家参与了华山医院牵头的多中心项目《基于数字PCR快速检测方法的疑似脓毒症患者精准治疗与疗效评估的多中心、实效性随机对照研究》，2022年参加由华西医院牵头、协和医院和东南大学附属中大医院承担的国家重点研发计划课题《感染性休克的早期快速规范化诊疗研究》等。在与顶尖医院ICU、感染科、检验科临床专家合作的过程中，不断验证产品的临床价值，并根据他们对产品的反馈持续改进，以及形成SCI文章，为后续临床推广提供循证医学证据。更进一步，这些顶尖专家会基于研究结果撰写专家共识和临床诊疗指南，从而自上而下地影响普通医院。领航已推动6份数字PCR专家共识的发布，计划尽快推动相关临床诊疗指南的改写。虽然共识和指南中不会提及具体公司和产品，但足以为领航的技术背书，从而排除竞争对手。

对于全国综合排名前100的医院或省排名前10的医院，领航会派自有团队逐个推广，每家医院需要半年到一年的时间，多家医院同时进行，有些是科研合作免费提供设备，有些是医院有项目经费购买。截至2024年初，领航的设备已进入全国前10的医院，19家前20的医院，56家前100的医院，一般大医院会有多套设备，总装机量已达到300套。在科室选择上，领航会先重点突破临床科室，包括ICU、血液科、感染科、急诊科，这些科室是使用血培养的重点科室。夏江解释，一般新产品刚使用时临床科室最有话语权，当技术相对普及后，检验科就更有选择权，所以领航目前是临床科室为主、检验科为辅，尽快进院"占坑"。如果竞争对手后面想跟进，就要花3—4倍的成本。有些竞争对手为了"占坑"，会与肿瘤科、移植科合作，这些科室的检测使用量与检验科相比少一半多，会影响未来产品的市场推广和占有率。

除了顶尖医院，中国还有三千多家三级医院、上万家二级医院。领航基因会通过已覆盖的顶尖医院辐射其他医院，让大专家带动领域内其他专家和医生，再通过区域代理商推进产品进院。公司目前采用一个"省级代理＋本省"多个二级分销的模式，省级代理与领航签订代理协议，领航设定代理商产品底价，同时约定本年度代理商需完成的任务额度，代理商先付款后拿货。每季度和年度，领航会对代理商任务完成情况进行动态考核，符合约定条件则续签协议，不符合则开发新代理商。夏江介绍，权威专家有很强号召力，产品有背书后进入普通医院的阻力很小，一个分销商一年就能推进5—10家。再加上公司的血流感染试剂盒即将获批，这是临床刚需，提高了医院诊疗水平，推广使用后医院很快就能收回设备成本并盈利，还能够免去医生花两三天做血培养的工作量。

盈利模式

领航基因的收入主要来源于数字PCR设备和试剂销售。在定价上，其设备主要按照成本加成定价，保证公司和代理商都有良好的利润。相比于同类型进口设备的价格，领航的价格要低得多。对于血流感染试剂盒产品，则采用市场定价，即目前大多省份已经有现行的病原体检测物价标准，并且有医保支付，领航可直接套用该标准和支付。这也是血流感染产品的优势之一，即一般新的诊疗项目要进入各地收费目录和医保目标，需要当地一家牵头医院去申请，可能需要耗费几年的时间。虽然领航的血流感染检测是采用新技术的新检测方式，但也是病原体感染检测，参照目录里已有的病原体检测项目收费也合理，这就免去了繁琐的申报流程，且医院、代理商和公司都有不错的利润。例如，上海一家900张床位的医院购买了三套机器，按其目前的检测量一年即可收回设备成本。尽管如果按照卫生经济学价值计算，血流感染试剂盒可能应该有更高的定价，但医院和公司都没有太大的意愿去推动。除非是个别省份明确了病原体检测收费项目采用的技术和针对的部位，那么就需要申报新的收费项目。即便是自费，ICU的患者和家属已经花了高昂的费用，很多人也不会吝啬几百到上千元检测费用。

尽管各省的病原体检测收费标准不同，公司未必能在每个省都有良好的利润，但公司选择现阶段把主要精力放在尽快进入更多医院上，而不是去影响各省的收费标准。公司目前收入还主要来自设备，其血流感染试剂盒即将拿到注册证，拿证后将带来更多试剂收入，这也是检测产品公司的主流盈利模式。夏江认为，那时设备的价格可以进一步降低，让基层医院也能买得起。其他公司的病原体检测试剂由于不适配领航的设备，就会被排除在外。设备和试剂相互配合，就能产生更大的优势。

未 来 发 展

2023年领航基因销售额达到5,000万元，其中设备占80%，试剂占20%。研发投入3,500万元，销售费用约2,000万元，亏损情况可控。公司希望2024年实现600套设备总装机量，覆盖70%全国前100的医院、80%江浙沪的地市级医院以及全国部分其他地市级医院；血流感染试剂盒获批后销售10万—20万人份。2025年实现800—1,000套设备总装机量，覆盖全国80%的地市级医院，再进一步覆盖到县级医院；试剂收入能达到八千万到一亿元，总销售额两亿元；目标要覆盖8,000家以上医院，达到两万套装机量。长期来看，公司希望能够引领行业发展，成为全球脓毒症快速诊断领航者，挽救更多脓毒症病患的生命。

但作为初创企业，领航基因还有许多地方需要提升。例如，在血流感染试剂盒报证的过程中，由于申报资料中信息填写错误，原本2024年3月就能获批的注册证要延后数月。团队也在反省，公司进入规模化发展阶段后，除了要有竞争力强的产品，还需要加强管理能力，提升工作效率，以及紧跟政策趋势调整公司战略。例如，政策上对于创新诊疗产品的物价申报上未来是否会予以便利，比如更多的基于卫生经济学证据确定价格，血流感染快速检测能够减少重症患者ICU住院天数，从而节省了医保开支，能否据此调整检测的价格。从领航在华山医院开展的多中心研究数据来看，可减少ICU住院天数，但相关影响因素很多，目前很难准确计算卫生经济学价值，领航未来可能需要在这方面投入更多研究。

随着国内市场日益内卷，领航还需要考虑如何保持竞争优势，目前已有多家企业效仿领航开始进入血流感染赛道。夏江指出，该领域的竞争很难通过专利去规避，竞争对手换一个基因序列即可，甚至即便对手照抄领航，但对外宣称基因序列不一样，也无法查证。领航至少在注册证上领先了一年半到两年，有先发优势。未来，领航需要做好后续产品开发及注册临床上的管线布局，不仅时间上尽快推进，还要不断积累技术性能上的优势，以及产品获证数量上的优势，针对客户临床痛点，不断对技术进行重构和创新，提升检测灵敏度和速度，做到人无我有、人有我优。同时，要搭建并维护好专家网络，利用国家级专家、省级专家在不同区域的影响力，为产品的临床价值背书，并做好各类专家共识和临床指南，把产品标准提前植入。此外，要构建好经销商网络，对经销商优胜劣汰，通过经销商建立设备装机量优势。

　　面对实力更雄厚的竞争对手，夏江认为，领航的优势之一在于聚焦，特别是当前经济下行，企业不能盲目扩张，必须拿出足够有竞争力的产品。有些竞争对手科研、政府和临床市场都做，而领航选择只做临床市场中的感染，感染里目前也只做血流感染这一临床刚需，目标是成为全球脓毒症精准诊断的领航者，如果能够实现，公司就有千亿元估值，即便是中国脓毒症的精准诊断领航者也有百亿元估值，所以现阶段只需要先做好一件事。但领航未来也要考虑选择合适的多元化产品布局，以血流感染为主切入临床市场后，将拓展呼吸道感染、中枢神经系统感染等感染类产品，随着试剂的丰富更好地发挥设备的平台优势。同时，作为数字PCR平台设备供应商，需要提高产品性能，扩大设备在临床生殖遗传、肿瘤方向的应用，为检验科创造更多价值。

　　除了国内市场，公司接下来要走向全球，计划未来三年分三个阶段，由点到面开发海外市场。2024年的重点是做好欧洲和东南亚等5—6个国家的标杆试点，完善相关产品的渠道布局，并提升售后服务能力；2025年由标杆客户向周边辐射，点状突破一些重点国家；2026年进入20个国家的头部医疗机构，形成初具规模的海外收入。领航的血流感染快速诊断产品在国外客户看来非常有优势，已经有意大利客户下订单。公司资源有限，在海外也主要依靠代理商进医院，公司会通过参加国际展会以及与标杆医院科研合作以建立品牌，等营收和净利润达到了一定规模后再加大出海力度。

回过头来看，夏江指出，领航一开始把思维局限在技术和产品上，而现在则考虑要解决什么问题，这是定位的不同。从问题出发，比如脓毒症检测如何更快，从两小时到一小时，甚至到十分钟，就需要做出一些颠覆性的技术，超越现有技术的边界，甚至全球都没有技术可以借鉴。不仅是设备，从原料和零部件上都要进行优化，不断追求极致，最终开发出与原来完全不同的模式和系统。"领航是销售一代、开发一代、预演一代、探索一代，永远要跟自己赛跑。"

附 录

附录1　领航基因dPCR设备

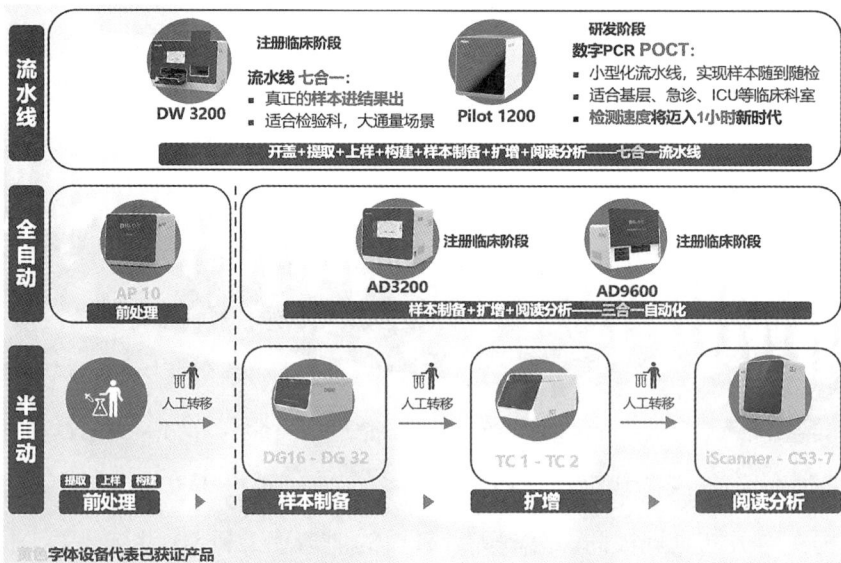

资料来源：领航基因。

附录2　2023年中国dPCR中标结果

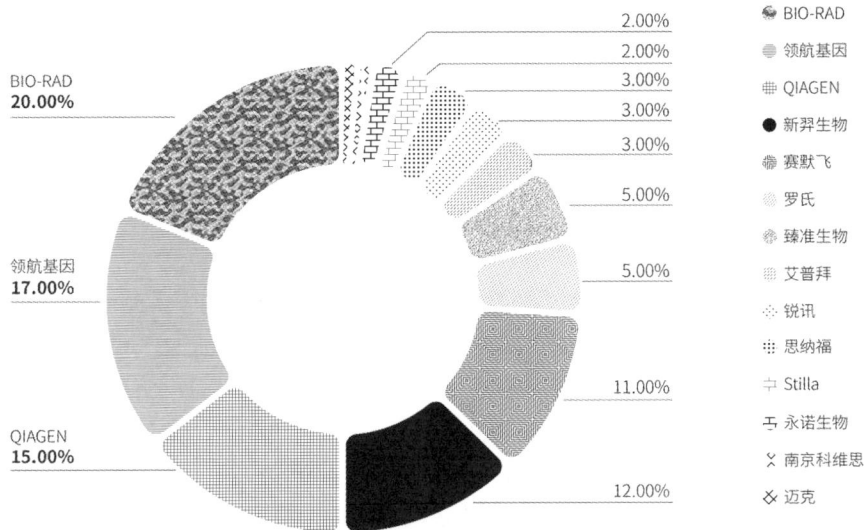

全部dPCR中标结果

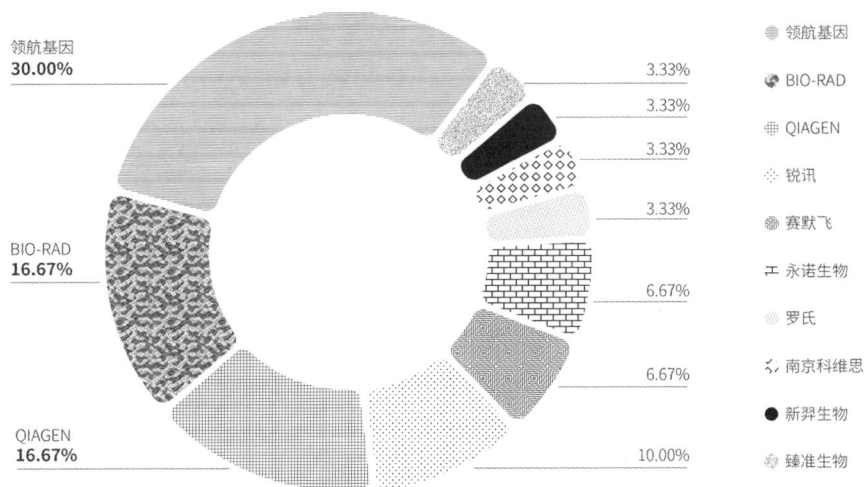

图例：
- BIO-RAD
- 领航基因
- QIAGEN
- 新羿生物
- 赛默飞
- 罗氏
- 臻准生物
- 艾普拜
- 锐讯
- 思纳福
- Stilla
- 永诺生物
- 南京科维思
- 迈克

BIO-RAD 20.00%
领航基因 17.00%
QIAGEN 15.00%
2.00%
2.00%
3.00%
3.00%
3.00%
5.00%
5.00%
11.00%
12.00%

全部dPCR中标结果

临床dPCR中标结果

图例：
- 领航基因
- BIO-RAD
- QIAGEN
- 锐讯
- 赛默飞
- 永诺生物
- 罗氏
- 南京科维思
- 新羿生物
- 臻准生物

领航基因 30.00%
BIO-RAD 16.67%
QIAGEN 16.67%
3.33%
3.33%
3.33%
3.33%
6.67%
6.67%
10.00%

临床dPCR中标结果

资料来源：仪器信息网.中国数字PCR市场：破局正当时[EB/OL].(2023-12-25)[2024-03-26]. https://mp.weixin.qq.com/s/L7Fkyofs-RADD2lJnXbnJQ.

尾　注

1　前瞻经济学人.2023年中国分子诊断行业细分市场分析——疫情促进PCR市场高速发展[EB/OL].(2023-06-22)[2024-03-28]. https://baijiahao.baidu.com/s?id=1769394009730329959&wfr=spider&for=pc.

2　周小匀等.数字PCR技术及其在临床检验中的研究进展[J/OL].检验医学与临床, 2023, 9(18)[2024-03-26]. https://mp.weixin.qq.com/s/o3_qdptiUDUdISska_0_tA 2738-2743. DOI: 10.3969/j.issn.1672-9455.2023.18.024.

3　高禾投资.数字PCR,行业概况[EB/OL].(2023-04-21)[2024-03-26]. https://mp.weixin.qq.com/s/BC8u08yfTV5fSUhGHclnSg.

4　王辉.核酸分子诊断三大技术：qPCR、二代测序NGS和数字PCR[EB/OL].(2021-06-29)[2024-03-26]. https://m.antpedia.com/news/61/n-2566661.html.

5　仪器信息网.中国数字PCR市场：破局正当时[EB/OL].(2023-12-25)[2024-03-26]. https://mp.weixin.qq.com/s/L7Fkyofs-RADD2lJnXbnJQ.

6　药械出海.中国PCR市场报告：数字PCR占近半壁江山[EB/OL].(2022-11-12)[2024-03-26]. https://mp.weixin.qq.com/s/VYM8gAkqPqwtHFMGRYWSyw.

7　雪球.2022年全球及中国诊断PCR行业头部企业市场占有率及排名调研报告[EB/OL].(2022-10-08)[2024-03-26].https://xueqiu.com/1929895213/232225928.

8　高禾投资.数字PCR，行业概况[EB/OL].(2023-04-21)[2024-03-26]. https://mp.weixin.qq.com/s/BC8u08yfTV5fSUhGHclnSg.

9　仪器信息网.中国数字PCR市场：破局正当时[EB/OL].(2023-12-25)[2024-03-26]. https://mp.weixin.qq.com/s/L7Fkyofs-RADD2lJnXbnJQ.

10　IVD第一资讯平台.中国PCR检测及仪器市场分析报告[EB/OL].(2021-08-07)[2023-03-26]. https://mp.weixin.qq.com/s?__biz=MzA5OTUwOTE0Ng==&mid=2650622138&idx=3&sn=e96116eb904f9590e8429c685760266d&chksm=8888de4fbfff5759f53d1726365f76e1c522fea156948fc70cf65f867799cf638faab7d0f1aa&scene=27.

11　药械出海.中国PCR市场报告：数字PCR占近半壁江山[EB/OL].(2022-11-12)[2024-03-26]. https://mp.weixin.qq.com/s/VYM8gAkqPqwtHFMGRYWSyw.

12　IVD第一资讯平台.中国PCR检测及仪器市场分析报告[EB/OL].(2021-08-07)[2023-03-26]. https://mp.weixin.qq.com/s?__biz=MzA5OTUwOTE0Ng==&mid=2650622138&idx=3&sn=e96

116eb904f9590e8429c685760266d&chksm=8888de4fbfff5759f53d1726365f76e1c522fea1569

48fc70cf65f867799cf638faab7d0f1aa&scene=27.

13　仪器信息网.中国数字PCR市场：破局正当时[EB/OL].(2023–12–25)[2024–03–26]. https://
mp.weixin.qq.com/s/L7Fkyofs-RADD2lJnXbnJQ.

14　IVD第一资讯平台.中国PCR检测及仪器市场分析报告[EB/OL].(2021–08–07)[2023–03–26].
https://mp.weixin.qq.com/s?__biz=MzA5OTUwOTE0Ng==&mid=2650622138&idx=3&sn=e96
116eb904f9590e8429c685760266d&chksm=8888de4fbfff5759f53d1726365f76e1c522fea1569
48fc70cf65f867799cf638faab7d0f1aa&scene=27.

15　观研天下.我国无创产前检测（NIPT）行业现状分析 监管逐步规范化[EB/OL].(2023–06–26)
[2024–03–27]. https://baijiahao.baidu.com/s?id=1769733397503321625&wfr=spider&for=pc.

领航基因案例点评一
领航基因选择临床市场切入的偶然性和必然性

徐渊平[*]

分子诊断主要用于自体基因检验（例如强直性脊柱炎、地中海贫血等）、自体微量突变检验（例如肿瘤基因变异）和外源感染和携带检验（胎儿基因鉴定、乙肝检验、新冠感染等）。

分子诊断的平台有几大类：毛细管电泳（亦称一代测序）是分子检验的金标准但成本低、通量偏低以及灵敏度偏低；NGS（亦称二代测序）通量高但成本高；荧光定量PCR检测目前应用最广泛，也是价格最便宜的分子检测技术，但是灵敏度准确性会偏低。而数字PCR是新一代的定量PCR技术。

一、数字PCR的产生、优点和应用领域以及缺陷

数字 PCR 技术自1992年概念提出，到2011年第一台成熟商用数字PCR仪器产出。作为PCR 领域划时代的技术迭代形式（第三代 PCR），其

---

* 徐渊平，达晨财智董事总经理、达晨晨健医疗基金合伙人。

绝对定量、高灵敏性、高耐受性的技术特点，使得其在诞生后的十多年间一直在生命科学研究领域发挥着独特的作用，尤其是低丰度靶标的绝对定量特点，使得其他技术定量精度难出其右。

尽管数字 PCR 在生命科学领域，诸如基因分型、基因多态性分析、低丰度基因表达、基因甲基化、基因拷贝数变异、非编码 RNA 分析、基因编辑等多个生命科学领域大放异彩，并且许多国际品牌，诸如伯乐、赛默飞、凯捷等知名品牌在该领域耕耘颇久，著述颇丰，但数字 PCR 在生命科学领域应用的个性化、创新化特征，决定了其非标化应用场景，很难形成数字 PCR 大的市场规模。

也因此可见，尽管众多国际品牌在数字 PCR 科研市场前仆后继，但彼时整体全球科研市场的规模不过数十亿美元。并且作为后进企业，在市场上已经有领先公司牢牢占据技术平台优势、品牌优势、市场份额优势、客户认知优势的前提下，很难有非常大的优势在科研市场与国际品牌进行同台竞技。

依然没有大规模发展的核心瓶颈：通量低，自动化程度低，成本高。

二、数字PCR新的技术改进和新领域的战略思考

针对通量低、自动化程度低、成本高的问题，领航基因采用国产化设备，自动化设计通量达到了全自动96通道设备，并且成本降低到国际产品的1/3。数字PCR的微流控芯片也进行了多次迭代研发，成本降低到同类产品的1/5，并且采用一张芯片多色荧光分析，7色荧光的方案达到了一张芯片是原来同等成本30倍以上通量，最终实现成本的降低。

另外，领航基因从战略角度思考"我有什么、我要什么、我能放弃什么"，义无反顾地战略性放弃了科研市场，而优先选择了从临床市场切入。这既是历史的偶然选择，也是必然选择。临床应用场景作为一个差异化竞争的"蓝海市场"，只要找到合适的应用场景，一个解决方案可以应用于成千上万个不同的终端，最终使得医疗器械公司成为"卖水人"的角色。那么基于数字 PCR 平台可以卖什么水？卖多少水，成了领航基因为代表的国产数字 PCR 公司的一道需要解决的算术题。

三、新冠疫情背景下，导致行业对感染检测灵敏度精确度提高到新的高度

2020 年前后，新冠病毒感染席卷全球，漏检、假阳性、假阴性层出不穷，更高灵敏度更准确的检验手段获得更多的市场认可。数字 PCR 独特的技术特点使得人们开始探索其在临床诊断方面的更多的应用前景。从科研应用到临床应用，这中间跨越十数年的时间窗口期，究其根本在于，任何一个先进的技术，要从技术跨越到产品，进而到商品（尤其临床），都需要时间的沉淀、技术的积累、应用场景的催化，而其中，应用场景的催化又是重中之重。适合于数字PCR 的临床应用场景又在何处？

即便在战略上优先确立了从临床市场而非科研市场切入，但在具体的临床应用场景探索中，领航基因仍然走过一些弯路，但最终非常幸运地找到了数字 PCR 在脓毒症快检的应用场景，创新性地发现了临床尚未被满足的需求。任何一个应用场景，在大致确定了市场规模的前提下，会面临着问题—方案的四象限（如下图示）。

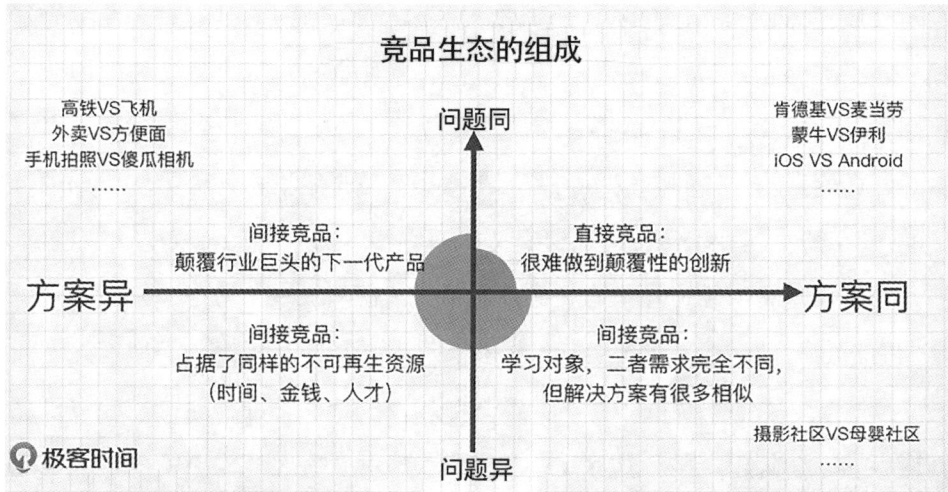

竞品生态的组成

四、确立第一推动方向：脓毒症快速、精准诊断

　　全球每年有将近 5,000 万脓毒症患者，如何在"黄金六小时"内进行快速、精准诊疗，这是一个迫切的临床需求（痛点），同时也是一个解决方案之间的"竞技场"。脓毒症并非今日才有，但直到20世纪末，德国医生、细菌学家罗伯特·科赫（Robert Koch）和法国军医卡西米尔-约瑟夫·达维纳（Casimir-Joseph Davaine），他们才独立进行了开创性的工作，奠定了现代微生物学和血培养技术的基础。

　　罗伯特·科赫提出了著名的科赫法则，这是确定某种微生物是否为某种疾病病原体的标准，他还发展了微生物的染色和培养技术。而卡西米尔-约瑟夫·达维纳则在1865年进行了实验，证明了某些细菌可以在血液和组织中存活，并导致感染。他的工作帮助证明了病原体可以通过血液传播。

　　随后，经过临床不断的探索实践，时至今日，血培养成了临床血流感染病原体诊断的"金标准"。但金标准仍然存在临床报告周期长（平均2—5

天）、检出率低（平均 10%）、采血量大（20—40 mL）、难以动态监测等限制性因素。同时，Biofire 等公司开发的基于血培养的血流感染病原体分子快检，也已在市场上已经取得一定的影响力。

同样的问题，如何寻找不同的解决方案？这是给准备切入临床市场进行产品开发的领航基因出的另一个难题。

尽管彼时尚未确定具体的产品开发路径，但从宏观上考虑，领航基因要开发的不是另外一个"血培养"，也并非另外一个"Biofire"类似产品，而是要开发一个性能更优的、有可能产生颠覆性创新的产品，这样才能真正在临床市场站稳脚跟。基于数字 PCR 的超敏和定量特点，领航基因以夏江总经理为首的研发团队快速通过 Paperwork(书面研究)、Prototype(原型)、Product(产品)、Promotion(推广)，获得了试点合作专家对于产品的价值认可以及迭代反馈。

数字 PCR 脓毒症快诊方案，于临床而言，是一个创新产品，它不同于临床现有的解决方案，其特点是报告周期短（2—3 小时）、检出率高（至少30%）、可实现对病原体的定量监测（提高患者临床预后管理水平）。在推广路径上，如何通过最低成本投入，达到最大推广效果，这是一个"经济账"，

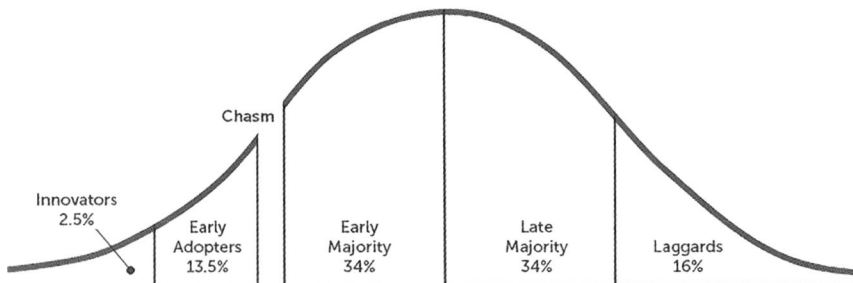

Technology Adoption Life Cycle

技术采用生命周期

同时也是一个"军事账"，毕竟对于处于创业初期的领航基因而言，没有太多资源用于市场大规模推广，如何在现有的解决方案中杀出重围，面临着许多不确定性因素。

在埃弗雷特·M.罗杰斯《创新的扩散》一文中，作者提出了"技术采用生命周期"（如上图所示）的概念。这对数字 PCR 脓毒症快检方案的推广而言，具有非常大的启示。领航基因如何找到该创新技术的"早期采用者"或"种子用户"非常关键，这决定了早期主流市场和后期主流市场（Early majority 和 Late majority）的跟进和采用。经过审慎思考之后，领航基因的市场开拓策略优先选择了复旦版中国医院综合排行榜上前100名医院的重点科室（ICU 和感染科）的 KOL（意见领袖）作为产品的首批合作对象（Early adopter）。之所以选择前100名医院重点科室的 KOL 作为产品首批使用对象，关键点在于：

该科室医生对于脓毒症病原体诊断的痛点感受更深，对于更优解决方案的开发抱有更为开放的态度；

该科室医生对于全球范围内现有的脓毒症解决手段视野更为全面，可以为产品的迭代提供更为有益的观点；

该科室医生是各自领域内的顶级专家，如果对产品的临床价值进行了肯定和认可，为未来产品的大规模市场推广（从首批合作对象跨越到早期主流市场）奠定了坚实基础。

确立了推广方向，随后在与众多前100名医院 KOL 合作过程中，进一步验证了产品的临床价值，也相继完成了产品"从0到1"关键阶段的突破。

综上，领航基因以数字 PCR 设备开发起步，进而通过技术迭代改进，把握数字 PCR 技术核心能力，通过战略分析，把握对脓毒症这个临床应用场景的深刻理解，将数字 PCR 技术特点与脓毒症临床痛点相结合，创新性地开发出了脓毒症快检方案，从而走出了一条和国际品牌差异化的发展之路。

领航基因案例点评二
数字 PCR 市场的未来：星辰大海与只争朝夕

徐高平*

正如悉尼·布伦纳（2002年诺贝尔生理学或医学奖获得者）所言，科学的进步源于新技术、新发现、新想法的推动。按重要性来排序的话：新技术先于新发现，新发现先于新想法。

诞生于20世纪90年代末期的数字PCR技术目前在生命科学领域已经获得广泛应用，尤其在以伯乐、赛默飞、凯捷、Stilla等知名国际品牌的引领下，数字 PCR 凭借其超敏、定量、耐干扰的突出能力以及数十年的市场推广，目前在生命科学各个前沿细分领域，诸如基因编辑、CAR-T定量、生物制药、标准品量值溯源等方面获得了全球用户的广泛认可。

与此同时，我们也看到自改革开放以来，尽管国产科学仪器的研发与生产取得了长足的进步，但中国科学仪器的进口总额仍然在不断攀升。以数字PCR 为例，由于进口数字 PCR 品牌上市早于国产品牌，有国际品牌影响力加持，再加上一定的技术壁垒，目前在国内科研领域60%以上的数字 PCR 产品仍然来自进口品牌。

---

* 徐高平，江西卫护医疗科技有限公司、江西未来医疗器械有限公司董事长。

数字 PCR 作为目前核酸定量最精准的手段之一，是生命科学领域的高端研究设备。即便抛却地缘政治、中美贸易战等不利因素，要成为科技强国，首先要成为仪器强国。要推进中国生命科学领域的发展再上新台阶，离不开国产科学仪器的突破创新。

和众多其他科技行业一样，数字 PCR 在技术的原始创新上，国际品牌走在了行业前列，但国产数字 PCR 企业在应用场景创新上走出了一条希望大道。基于仪器信息网 2023 年全国数字 PCR 品牌中标结果统计可见，伯乐一马当先，领航基因与凯杰紧随其后，与 2021 年、2022 年排名基本一致。在国产品牌中，自 2021 年起，领航基因连续三年力拔头筹，稳居国产数字 PCR 品牌中标占比第一的位置（36.17%），新羿、臻准、艾普拜等国产数字 PCR 玩家紧随其后。

而在临床市场上，以领航基因为首的国产数字 PCR 企业从感染、肿瘤、生殖遗传等多个细分领域临床未被满足的需求出发，打造了一系列应用解决方案，推进了临床市场客户对于国产数字 PCR 平台的认可和使用。

时至今日，以领航基因为代表的国产数字 PCR 企业当下取得了一些成果，诚然与企业切中了临床市场需求、开发了对应解决方案有关，但如何进一步加快实现从"追赶者"转变为行业"引领者"，这仍然是一个需要不断思考的命题。

创新是引领发展的第一动力。数字 PCR 技术的未来是星辰大海，但国产数字 PCR 企业在面对国外品牌同赛道竞争、第二代 PCR（荧光定量 PCR）与第三代 PCR（数字 PCR）市场共存、NGS 及质谱等多种手段均在针对临床场景开发解决方案的复杂市场环境下，如何以需求为导向，不断进行技术及产品创新，是一个刻不容缓、只争朝夕的实践之路。

以感染检测市场为例，在众多病原体检测手段中，如何实现"更快、更准、更全面、更可及"是一个终极目标，国产数字 PCR 企业在未来技术及产品开发中，面对上述目标，还有一系列课题需要解决。

荧光通道创新：荧光通道是数字 PCR 技术的核心，多色荧光通道的突破，使得设备能够同时检测多个基因靶标，大幅提高了检测效率和应用范围。目前领航基因的 7 色荧光通道暂时领先全行业，但同时也要看到国内外数字 PCR 品牌迅速也在向这一目标奋进，如何突破更多重荧光通道，不仅为临床诊断提供了更为精准的分析工具，也为生命科学研究开辟了新的可能。

检测通量提升：在生命科学研究和临床诊断中，检测通量的提升意味着更高的工作效率和更低的时间成本。荧光定量 PCR 经过新冠疫情的考验，其设备单日最大检测通量已经大幅提升。而这是目前数字 PCR 难以望其项背的。在临床科室空间有限的情况下，如果实现单位面积更高检测通量，不仅使得数字 PCR 单次实验能够处理更多的样本，更可能满足未来大规模筛查和高通量研究的需求。

检测时效性增强：在疾病诊断结果面前，没有哪个患者愿意等待。如果现在还在等待，那一定是技术的发展暂时还未能满足患者的迫切需要。病原体感染诊断不仅仅是满足住院患者抗生素用药前的快速检测需要（报告时间1—3 小时），同时还有大量门诊患者进行病原体快速诊断的需求（15—30 分钟），以及特殊场景下，诸如生化防控、野战创伤感染、极端环境（极地科考、深海探索、地外行星科考）等多种非医院环境下病原体及微生物的快速检测。

仪器自动化和智能化提升：自动化和智能化对于医疗器械产品开发具有重要意义，有助于减少人为干预，提高诊断准确性、降低医疗成本、提高医疗安全性、应对医疗人员短缺以及提高医疗决策质量。数字 PCR 目前普遍处于集液滴生成、PCR 扩增及阅读分析于一体的自动化时代，同时，随着

AI 蓬勃兴起，如何在自动化基础上，与 AI 进行整合，进一步提升设备自纠错、自检索、自决策、自报告能力，这是当下需要思考及探索的。

成本领先：在激烈的市场竞争中，成本控制是企业获得优势的关键。以领航基因为首的国产数字 PCR 企业如何通过技术创新和产业链整合，实现生产成本的有效降低，这将使得数字 PCR 更易于被广大用户接受，加速数字 PCR 技术的应用和普及。

市场准入：医疗器械的注册证是产品进入临床市场的"通行证"。针对临床场景，尽管国产数字 PCR 企业已经开发了一系列数字 PCR 试剂盒，但相比于荧光定量 PCR 获证试剂盒，现阶段数字 PCR 获证试剂盒数量稀少，如血流感染、肿瘤伴随诊断等目前均在注册临床试验中，这严重制约了产品在临床市场推广的速度。国产企业还需要加大国内外注册临床投入，唯有如此，方可以更好满足全球临床合规化使用需求。

出海推广：在这样的时代，一个企业需要有全球性的战略眼光才能脱颖而出，一个公司需要建立全球性的商业生态系统才能生生不息。今天的企业更需要国际视野的拓展。在全球化的今天，国产数字 PCR 企业不应仅仅满足于国内市场的成功，更需要将目光投向国际舞台。我们迟早要在全球与欧美顶级数字 PCR 品牌相遇，要为与他们在"山顶"交锋做好一切准备。通过参加国际展会、建立海外销售网络、与国际科研机构合作等方式，不断提升国产数字 PCR 的国际影响力和竞争力。

随着 IVD 领域分子检测市场份额的不断增长，检测精准性要求的不断提高，数字 PCR 势必会成为临床分子诊断的关键性技术平台，引领分子诊断向前发展。百年未有之大变局加速演进，在国内统一大市场的加持下，国产数字 PCR 企业只要发扬"只争朝夕"的精神，基于新技术、新应用、新作为，抓住国产医疗器械奋发图强的黄金窗口期，终将成长为行业参天大树。

第四章

消费医疗：满足
差异化的健康需求

半岛
医疗

案例　半岛医疗：
普及尖端科技*

深圳半岛医疗集团股份有限公司（以下简称"半岛医疗"或"半岛"）于2008年在重庆创立，现总部位于深圳，是国家级专精特新"小巨人"企业，主营业务为声光电类医疗器械的研发、生产和销售。截至2024年年初，公司已有正式员工1,000余人，其中科研人员约300人，销售网络遍布全球70多个国家和地区，产品覆盖国内85%的权威医院，累计为上万家医疗机构提供产品和服务，销售设备超过10万台。公司已获得FDA、CE、NMPA等70余项医疗认证，申请国内外专利500余项，国内同行业企业专利数量第一，其中已授权专利300余项。公司明星产品包括半岛超声炮、第四代和第五代黄金微针、6D黄金微雕、AI温控高频治疗仪、独角兽痤疮治疗仪、高频点雕、家用激光生发帽等。2018年在全球著名信息机构Global Info Research

---

* 本案例撰写于 2023 年，最后更新于 2024 年 4 月。

最新报告中，半岛医疗被称为"未来5年全球皮肤科最具潜力品牌"。

在创始人雷晓兵看来，医美是非刚需的行业，但人们对美的追求是无限的。公司创立的第一个十年成了中国医美设备第一，第二个十年要继续用科技驱动企业和行业发展。为此，公司在产品创新、市场拓展以及全球化布局等方面都将进一步探索。

医 美 行 业

行业概况

医疗美容，简称"医美"，指主要通过手术、医疗器械、药物及其他医疗技术来改变外观或改善生理机能的所有医学治疗。医美可分为手术和非手术两大类。其中，手术类即抽脂、鼻综合等整形手术；非手术类主要包括注射类（如玻尿酸、肉毒素、胶原蛋白）、能量源（如激光、强脉冲光、射频类、超声波）和其他。医美行业兼具"医疗+消费"的双重属性，因此行业特征主要体现在：① 受政府强监管、研发技术门槛较高、产品布局的前瞻性和产品获批速度等会带来先发优势；同时，② 非刚需，是一种可选消费，受个人主观意愿和收入影响。产品力、品牌力、渠道力等决定了产品的综合竞争力。[1]

全球医美市场快速增长，2020年达到1,255亿美元；2020年至2030年的CAGR预计为11.1%，其中2021年至2025年将保持10%以上的增速，后5年增速缓慢降至个位数，2030年全球市场规模将超过3,600亿美元。结构方面，手术类的市场规模目前高于非手术类，2020年以前，前者是后者的4—5倍。近年来，非手术类项目因创伤小、恢复期短、风险更低、更经济等因素，越来越受到求美者的青睐，预计2030年手术类和非手术类市场规模比例将逐步缩小至1.5倍左右（见附录1）。[2] 从量上来看，非手术类已超过手术类，2022年全球整形手术量占比44.3%，非手术量占比55.7%。[3]

中国医美市场近年来增速高于全球市场，从2016年的776亿元增至2020年的1,549亿元，CAGR为18.9%，预计2030年将达到6,535亿元，CAGR为15.5%。在类别上，与全球市场不同，中国自2020年后呈现出非手术类市场规模大于手术类的情况，且前者与后者的比值将逐步从2020年的1倍左右增长至2030年的近2倍，说明我国非手术类医美项目增长空间巨大（见附录2）。但中国医美治疗的渗透率（2019年为17.4次/千人）仍低于日本（29.2次/千人）、美国（52.9次/千人）、韩国（91.0次/千人）、巴西（47.2次/千人）等国家，有较大的增长潜力。按14亿人口计算，预计到2025年将增至52次/千人，2030年达到105次/千人。目前我国医美市场的一线城市渗透率远高于其他城市，年龄以20岁到35岁人群为主且20岁到25岁渗透率最高。[4] 用户规模快速增长，从2018年的740万人增加到2022年的2,093万人，预计2024年达到2,370万人。[5]

医美产业链上游主要为药械产品生产商和药品原料供应商；中游为医疗服务机构，主要包括公立医院、大型连锁医院、中小型民营医院以及小型私人诊所；下游为获客平台（如新氧、美团医美等）（见附录3）。对比中下游（平均毛利率50%—60%，净利率10%），上游因研发投入大等因素有较高的壁垒，同时也是产业链中利润最高的一环（平均毛利率70%—90%，净利率30%）。[6]

主要上游厂商

注射类医美项目主要包括玻尿酸、肉毒素等。其中，2020年我国玻尿酸皮肤填充剂产品市场规模达到49亿元，预计2025年达到157亿元。虽然进口品牌仍占主导，但我国玻尿酸厂商竞争力已逐渐赶上了海外厂商，进口替代加速，国产品牌销量占据一半以上的市场份额，竞争相对激烈。代表企业如韩国LG、美国艾尔建，国内的爱美客、华熙生物、昊海生物等。肉毒素由于性能上的优势，近年来市场快速增长，2020年国内市场规模达到39亿元，预计2025年将达到114亿元。肉毒素在全球各国都受到严格监管，国内市场2020年前一直被艾尔建和兰州生物制品研究所的两个品牌垄断，前者是后者价格的3倍，市场上充斥着许多"水货"，2020年后英国益普生的吉适和韩国Hugel的乐提葆在国内获批，"四足鼎力"格局形成。随着市场参与者增加以及国家对非法医美的整治，市场逐渐正规化。玻尿酸和肉毒素占据了主要注射类医美市场份额，此外，还有如重组胶原蛋白、再生类注射产品等处于起步阶段，如华东医药的少女针、爱美客的童颜针等。[7]

　　光电类医美项目主要分为激光类、光子类、射频类、超声波类（见附录4）。由于光电医美设备属于多学科交叉的技术密集型产业，有较高的技术壁垒，我国光电类医美设备中进口品牌占据主导地位，特别是高端市场主要是进口品牌。且由于进口光电医美设备在我国通常采用代理模式，代理商地位强势，导致设备单价较高，许多中小或非正规医美机构很难获得正品设备。有数据显示，"水货""山寨"设备在国内持牌医美机构的渗透率超过30%，在所有医美机构中渗透率超过60%。[8]

　　正规市场中，2020年中国激光医美设备市场规模约12亿元，预计2025年接近40亿元。中国企业的市场占有率约为50%，主要是由于进口品牌被中国企业收购所致，市场前三分别为欧洲之星（占21%，被汉德收购）、以色列飞顿（占15%，被复星医药收购）和本土的奇致激光（12%，2021年以7.91亿元总价被新氧收购84.49%的股份）。2020年光子类医美设备市场规模约7亿元，预计2025年将超过10亿元。市场一半份额由美国品牌科医人占据（51%），其次为以色列飞顿（20%），奇致激光约占5%。2020年射频类医美设备市场规模约4.6亿元，预计2025年达到8.7亿元。进口品牌（如以色列赛诺龙、加拿大索塔）占国内54%的市场份额，中资收购的进口品牌（如飞顿、被昊海生物收购的以色列EndyMed）占21%，自主品牌约占25%，如半岛医疗。超声波类医美设备种类较少，且单机价格昂贵、耗材质量要求高且更换频率快、使用风险较高等，因此注册难度大，市场上美国Ulthera的超声刀获得FDA和CE认证，其余少量韩国品牌获得KFDA认证，半岛医疗开发的超声治疗仪（半岛超声炮）获得NMPA认证，成为国内第一个应用在皮肤科、美容科的聚焦超声治疗设备。总体来看，国产光电医美设备品牌与进口品牌还存在较大差距，进口替代还有较大空间。[9]

半 岛 医 疗

　　半岛医疗是国内光电医美设备的代表性企业之一。2008年创业之前，雷晓兵曾是一名外科医生。他在医院工作时发现，当时国内很多医疗设备严重依赖进口，特别是医美行业，市场上甚至没有国产高端医美设备。进口设备不仅价格昂贵，零配件和维修费用也十分高昂，大部分医院无力承担，能够惠及的患者有限。他认为，随着人们生活水平的提高，对健康的需求一定会快速增长，但供给明显不能匹配。因此，雷晓兵决定创业，立志要做出大众买得起的好设备。公司后来的口号也由此而来，即"心系大众，普及尖端科技"。

　　在雷晓兵看来，公司要做的是能和进口产品平起平坐的差异化产品，同时要让大众买得起，即必须同时具备世界级的尖端技术、解决市场上还没有解决的问题，并且能让中国5,000家医院买得起。只有这样，才能让尖端科技惠及大众。那么，如何才能做到？

研发模式

　　半岛医疗采取了"医工结合"的研发模式，即医生提出临床需求、科研想法，与企业工程师团队不断探讨和改进，从而产生新的产品和解决方案。例如，2011年半岛医疗与空军总医院皮肤科进行合作，当时一位有30余年临床工作经验的知名教授发现：如果将白癜风患者的病灶皮肤加热到某个特定温度，再使用308 nm波长的紫外线照射，对白癜风的治疗效果要远远优于单纯紫外线照射或其他传统方法。该教授将自己的发现与半岛医疗研发工程师团队充分沟通，研发团队将这一想法通过温度控制、治疗起点/终点提示等技术进行整合，并申请了专利。研制出原型机后，经过多次升级改进和临床测试，治疗效果得到确认，该设备于2015年取得NMPA医疗器械认证。[10]

　　在具体实践中，雷晓兵将半岛医疗的"医工结合"总结为"自上而下"和"自下而上"两个相互促进的路径，从而"让世界技术嫁接中国消费者的个性化需求"。

　　"自上而下"即半岛医疗专门成立了包含生物学、工程技术、临床医学、财务、法律等综合背景的团队，通过查阅全球文献、参加国际会议、研究相关公司财报和知识产权等方式，掌握世界前沿的医学技术发展、市场应用和潜在方向。以射频技术为例，团队跟踪了全球45家公司，这些公司把射频技术用在不限于皮肤科的不同领域，比如强生用于心脏消融等。团队不仅需要了解这些应用的原理、方法、效果，还要了解相应的市场表现、研发投入等，对技术进行综合评测并加以理解和消化。基于这些研究，团队会去思考这些全球前沿的技术如何转化成受市场欢迎的创新产品。

　　"自下而上"即团队会在每个细分皮肤科领域密切联系中国十家最有代表性的医院医生，与每位专家讨论目前国内的相关治疗存在哪些问题、是否能够改进、还有哪些未被满足的临床需求等，并把国际前沿的临床进展和半岛的技术解决思路与医生交流，或者再进一步去搜索全球的技术方案，看看能否帮助医生解决这些问题。

　　通过双方的不断交流产生大致解决方向后，公司会迅速做出产品模型，再去与医生探讨，根据医生反馈快速做出原型机，并不断优化。在与专家沟通的过程中，他们会产生浓厚的兴趣，加入产品后续的基础研究和临床试验，加速产品获批上市以及上市后的临床使用。医生一方面能提升自己的学术造诣，同时也提升了临床疗效。

　　"自上而下"带来的创新是根据已有的国外成功经验在本土落地应用，确定性更强；而"自下而上"则是医生先提出临床需求，再去找全球的解决方案，其难度更高，因为一种病症的解决可能与药、器械、材料等都相关，需要更加海量的信息搜索，成功率更低。雷晓兵介绍，"自下而上"的一个典型例子是血管瘤治疗，公司已经做了很多年，尝试了全球各种方法，但还是失败了。"自上而下"也未必能快速成功，例如公司研发的一款腋臭治疗仪，基于原理和逻辑推理得出的最佳解决方案在实践中却一直存在缺陷，即治疗效果不够稳定。团队走了七年弯路才发现，原本希望用几十根微针一次性扎入，从而提升效率，缩短治疗时间，在实践中则会由于个人体质不同、医生操作不同而导致结果差异，反而用四根微针重复快速操作，不仅能达到理想效果，效率也更高。可见从技术到产品，还需要长时间耐心的临床验证。

　　在雷晓兵看来，半岛医疗作为一家后发企业，在技术研发上的策略关键就是牢牢抓住自己有较多积累和知识产权的声光电等技术进行延伸，"在医学基础理论支撑下，针对某个问题抽取出可用的元素，并与其他技术元素进行组合，从而形成新的、具备不同性能的技术，将其应用于新的场景，我们把这一思路叫作'积木式创新'"。[11] 一个典型的例子是半岛"独角兽痤疮治疗仪"的研发。痤疮的病因有多种，一般传统的治疗方法可能会针对其中一种，而半岛则博采众长，从全球现有不同产品中借鉴领先的技术，再结合半岛擅长的射频技术和中医传统的"火针"，可以同时作用于多种病因，从而达到更全面的治疗效果。"积木式创新"的前提是对临床问题的深度理解和对不同技术的灵活组合，这需要企业具备相关人才和大量的技术积累。[12]

截至2024年年初，半岛医疗已获得FDA、CE、NMPA等70余项认证，申请国内外专利500余项，其中已授权专利300余项。雷晓兵认为，公司多年的实践证明，中国医疗技术上游企业与临床医生一起合作创新是可行的。通过"医工结合"，半岛医疗可以成为一个窗口，将医生过去被忽视的知识和经验转化成价值。通过充分尊重医生的知识产权和署名权，建立知识产权的授权使用和产品收益分红机制，吸引更多医生持续参与到公司的研发中。[13]

差异化竞争

作为小公司，半岛医疗一直选择差异化竞争。创业之初，雷晓兵选择了从国内发展还处于早期、不被看好的皮肤科入手，他大致分析了皮肤科行业需要解决的高端需求及其中的机会，"我们会选择性地竞争，做应该有机会但别人还没做的，聚焦在一些点上去突破。如果别人都认可，那说明已经是红海了……只有对行业充分理解，才能做出非共识但正确的选择"。公司在十多年前就选定了光疗、激光、射频、超声等细分领域，并逐一突破，而"凡是选择放弃的，最后都证明是对的选择"。

在产品层面，半岛医疗不断推出差异化的产品。例如，2021年6月一上市就迅速成为"网红"抗衰项目的"半岛超声炮"。超声类医美设备市场一直被美国的超声刀垄断，其原理是利用超声加热，使皮肤筋膜层收缩紧致，该产品在美国已进入8,000家医院，有很高的市场占有率。其对皮肤紧致效果显著，但缺点是痛感强，同时价格昂贵，一次治疗费用约3万元。雷晓兵思考，消费者愿意长期接受这样的疼痛吗？显然不会，那么就有差异化改进的空间。超声刀是把组织加热到高温，从而产生疗效，同时也导致疼痛。要想不痛，就需要降温，而要有效，则又要达到一定温度。团队基于这样的思考开始做两条线的试验：从高温到低温，多少度才不痛；从低温到高温，多少度才有效，最终找到一个平衡的温度范围，研发出了半岛超声炮。虽然其单点温度没有超声刀那么高，但是通过治疗发数的累积达到了显著的临床效果。更重要的是消费者不太痛，就愿意持续做，从而达到长期的抗衰效果。相应地，超声炮单次费用在1万元左右，让消费者更愿意尝试和复购。

雷晓兵指出，消费者在选择医美项目时会考虑三个关键因素，即安全、效果和舒适，其中安全是前提，接着就是在效果和舒适上进行权衡。每个产品都有长处和短处，超声炮更温和、舒适度更好。半岛超声炮获得NMPA批准并在国内上市后，市场反应热烈，已计划在美国申报上市，其美国的目标客户就是超声刀进入的8,000家医院。他说道："我们无意取代超声刀，这些医院完全可以再买一台我们的设备，让消费者自己做选择。"

成本控制

半岛医疗希望"普及尖端科技"，因此，在寻找解决方案时，公司选择的技术不仅要求是最领先的临床首选，还要求成本最低。定价时，要考虑中国是否有5,000家医院能买得起，如半岛第一代超声炮的医院终端价格只需

40多万元。公司早期也曾想过快速盈利，因此研发过一款治疗皮肤斑痕的设备，成本和售价都很高，每台净利润可达50万元，但当时由于产品太创新而无法注册。国家创新医疗器械审批制度改革后，该产品已具备注册条件，但雷晓兵却认为，中国不会有5,000家医院能够买得起该产品，因此主动放弃。

在运营方面，公司采取了直销结合代理商分销模式，并通过参加行业展会，以及建立样板医院等，高效获取订单。在服务模式上，公司自创立之初就坚持维修不收费，并基于此逻辑创新售后服务模式。雷晓兵认为，国内外人工成本都会越来越高，用传统上门维修的售后服务模式一定无法持续。因此，半岛医疗选择用快递的方式解决人力问题：如果设备出现故障，内置芯片会立刻向系统报错，反馈故障原因；同时，公司在全国各区域都设有仓库，会直接用快递给医院送备用机，一般一天就可送达，医院可以自行安装。在产品设计时也考虑到这一点，护士就能够搬运和安装。快递人员送备用机的同时就取走坏的机器，提高了物流效率。轻微故障的设备会返厂统一维修，如果故障严重，则直接报废，后台系统会注销使其无法使用。而如果安排人员上门维修，不仅成本更高，时效可能还更低。快递换机的模式在美国等人力成本高的地方会更适用。一般成熟的产品质量比较稳定，不太容易故障，但雷晓兵也指出，新产品会不可避免地容易出现故障，产品质量需要经过一定周期才能趋于稳定。但即便不够稳定，也需要推广销售，从而大批量测试，才能在使用中找到故障，进而加以改善。半岛医疗的售后模式能尽可能保证医疗机构的业务不受影响。

兼顾 B 端和 C 端需求

雷晓兵介绍，公司的核心客户是医疗美容机构，因此要考虑他们的需求痛点，即患者不足。公司定义的好产品是不仅要对患者有效，也要能给公司和医疗机构带来经济效益。半岛医疗主要从产品和营销两个方面解决医疗机构患者不足的问题。

在产品设计上，要考虑消费者是否愿意持续购买，如超声刀可能因为疼痛和价格而使消费者望而却步，而半岛超声炮则解决了这些问题，因此销量和用户快速增长，上市后第一年销量就达到2,000多台，终端销售额接近10亿元，且每次使用还会产生耗材收入，目前每年每台设备耗材收入约10万元，未来随着市场渗透率的提高还会进一步增长。再比如，公司与湘雅医院合作开发的光疗舒敏治疗仪，医院终端售价约30万元，累计销量已超过5,000台。有些敏感肌患者会一次性购买20次治疗，每周做一次，每次治疗只需20分钟，容易坚持，且能显著缓解皮肤敏感。医院也很愿意提供这样操作难度低、安全性高、患者黏度高的项目。早期，公司也开发过不太成功的产品，比如一款利用激光刺激毛囊再生的生发设备，虽然有效且成本比国外同类设备低得多，但需要患者隔天做一次治疗，一个疗程30—45次，大部分患者无法坚持连续2—3个月隔天去医院，因此没有普及，至今累计也只卖出400台。雷晓兵反思道："这并不是一个好的医院端产品。"

在营销方面，传统医疗设备厂商主要面向专业的医生和医疗机构，但随着消费者获取信息的渠道越来越多，只做医生端的教育远远不够，产品厂商也要做消费者端的教育。雷晓兵指出，不缺客源的顶尖医疗机构只有几家，全国大部分机构都面临获客问题，因此产品厂商要给它们送顾客。就像很多消费者在购买电脑时会考虑是否内置Intel处理器，但Intel的直接客户并不是这些消费者，而是电脑厂商。同样，半岛医疗做好消费者教育，他们就会主动去有半岛设备的医疗机构，医疗机构也就更有动力购买半岛设备。例如，半岛超声炮就成功在小红书等社交媒体上对消费者营销，再加上其效果明显，迅速成为"网红"抗衰项目。2022年公司推出第二代超声炮，即便价格较第一代高出10万元，医美机构依然愿意购买。截至2024年初，超声炮产品在国内已装机4,000多台，计划2024年实现装机6,000台。雷晓兵指出，"如果不对C端营销，可能现在只卖出500台"。

为更好地满足消费者需求，半岛医疗还基于同样的技术路线，把一些原本只在医疗机构使用的设备家用化，公司于2015年成立了家用产品销售团队。例如，在医院不太成功的生发设备，半岛意识到原因是患者很难坚持去医院，于是基于同样的技术原理，仅用一个月时间就开发出全球第一款家用生发帽。该产品一开始只在国外销售，终端售价3,000美元，2014年年销量突破3,500台。疫情后开始在国内销售，于2020年登陆小米有品众筹平台，15天销售2万台，众筹金额超3,000万元。半岛还于2016年推出全球第一台大功率家用"308光疗仪"，用于白癜风、银屑病等皮肤病的家用治疗，获得国内外认证，该产品还同时与"半岛守恒308准分子光疗仪"一起，陆续被包括上海华山医院、解放军总医院、西京医院在内的1,000多家医院使用。[14]

雷晓兵指出，在做家用产品时，技术是已有的，只需要改进和优化，但要考虑家用场景的具体需求，包括使用频次、要达到的疗效，还要考虑如何既满足家用需求又不影响医疗机构业务，比如家用设备的能量大小与医疗机构设备的比例。"家用市场可能比医疗机构市场大20倍，但设计产品时要两者兼顾，有些项目还是要到医院才能完成。这其实是两个不同的市场，满足不同的消费者需求，不是相互替代，而是互补。"

未 来 发 展

经过16年的发展，雷晓兵和团队已理清了经营逻辑，验证了"普及尖端科技"的理念，公司发展越来越顺利。近几年公司销售额和净利润增长率都在50%以上，公司计划未来5年能达到200亿元的销售额，并实现IPO。

回顾过去，雷晓兵感慨："公司发展过程并非一帆风顺，不仅要解决技术问题，还面临中国老百姓认知的挑战。如果半岛是国外品牌，销量会更好。在这个行业，国产品牌要与美国、以色列、韩国、意大利等进口品牌竞争非常艰难，代理进口品牌比自主创新更容易赚钱，因此许多企业没有做世界级产品的雄心，这是行业问题而不单是企业问题。目前国内医美设备市场的国产占比也仅有20%—25%，相比韩国15年就完成了进口替代，还有很大差距。"

雷晓兵的期望是，"公司创立的第一个十年做成了中国第一，第二个十年要放眼全球，在国际上做出成绩"。他介绍，公司在聚焦的细分领域已具备全球竞争力。具体而言：医美设备主要分为"声""光""电"三大领域，其中"声"即超声，半岛超声炮在全球处于第一梯队，但韩国也有两家技术领先且国际化能力强的公司；"光"即激光，目前国内产品都处于第二梯队，美国和韩国并驾齐驱；"电"包括射频技术等，如热玛吉、黄金微针，热玛吉由于疼痛明显，在美国普及率不高，而半岛最新的第五代黄金微针在舒适度、效果上都更有优势。因此，在进入美国市场时，公司首先将其第五代黄金微针申报上市，其次才是超声炮。在雷晓兵看来，黄金微针是嫩肤领域的"王者"，但由于以往韩国、以色列以及半岛前代的同类产品太痛，而没有使其成为医生和患者的共识。半岛第五代黄金微针大大降低了痛感，同时给医生更多功能选择。该产品在哈佛大学医学院附属麻省总医院进行临床试验，预计2024年7月在美国获批上市，目标销售6,000台，单价为7万—8万美元，远低于热玛吉。

出海并非一蹴而就，半岛医疗也在不断摸索。例如，雷晓兵介绍，公司一开始打算在美国也用半岛的品牌，但美国医生专家建议用本地化品牌更好。为此，公司主动推迟产品申报上市流程，还曾参与收购美国第二的医美设备品牌，综合考虑风险、成本和收益后放弃，但团队在此过程中进行了演练和思考，可以为上市后资金充裕时再并购提供经验。最终，半岛医疗在美国新成立海外品牌。此外，雷晓兵认为，以往中国企业都是"copy to China"（复制到中国），现在要考虑"copy from China"（从中国输出），比如去印度、东南亚等市场，不应只输出一个产品，而是输出整个思维和体系。还可以利用这些国家和地区的成本优势，进一步促进产品在全球普及。

随着半岛医疗产品的成功，市场上必然出现更多竞争者。雷晓兵介绍，仅半岛超声炮就有十几家模仿者。对此，公司一方面在审批认证上与竞争对手形成差距，但同时也抱着开放的心态，让价格敏感的消费者也能有选择。更重要的是，公司会加大研发投入，持续推出"爆款"产品，不断扩大领先差距。目前公司研发人员已超过300人，计划明年达到500人。雷晓兵介绍，全球医美设备厂商中研发人员超过100人的只有5家，规模都不及半岛。但同时他也指出，随着公司规模的扩大，需要控制纯原创研发的比例和投入的经费，可能没有初创时那么开放，想到什么新的想法就马上去尝试，而是要确保研发效率和成功的概率，让公司更加稳健。但即便如此，医美行业仍有很大的创新空间。比如，在推出半岛超声炮之前，没有人能想到会有这样的产品，就像苹果发明智能手机之前人们的认知都还局限于"诺基亚"，这是由新技术驱动的变革。

对于经济下行对医美行业的影响以及行业未来的发展，雷晓兵认为："医美消费需求不是治病，是非刚需、锦上添花的需求，可以被创造出来，最大的驱动力就是技术进步和产品创新。人们对美的追求是无止境的，中国目前医美渗透率相比于美国、韩国、日本等还有巨大的增长空间。你能做出与众不同的领先产品，就能创造巨大的价值。"

附 录

附录1　全球医美市场规模（按服务收入计，十亿美元）

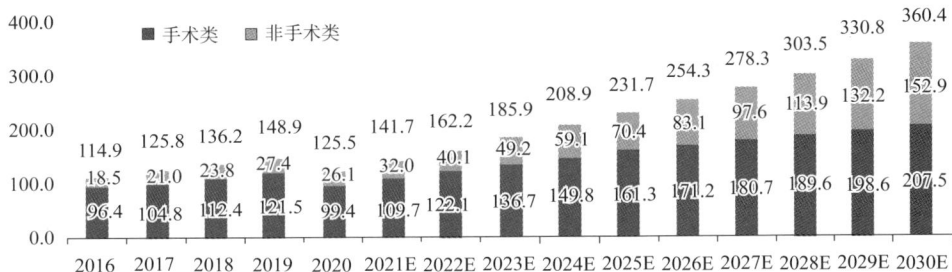

资料来源：长城国瑞证券研究所.弗若斯特沙利文[EB/OL].(2022-04-21)[2023-02-17]. https://data.eastmoney.com/report/zw_industry.jshtml?encodeUrl=52/no8dUCOWLtPMk8Vnf4QOTWfvxu+ZzSmMn3B0Gob4=.

附录2　中国医美市场规模（按服务收入计，十亿元）

资料来源：长城国瑞证券研究所.弗若斯特沙利文[EB/OL].(2022-04-21)[2023-02-17]. https://data.eastmoney.com/report/zw_industry.jshtml?encodeUrl=52/no8dUCOWLtPMk8Vnf4QOTWfvxu+ZzSmMn3B0Gob4=.

附录3　中国医美行业产业链图谱

资料来源：艾瑞咨询. 2022年中国医疗美容行业研究报告 [EB/OL]. (2022-11-26)[2023-02-19]. https://www.163.com/dy/article/HN38O6OV05118VBB.html.

附录4　光电类医美分类

	光子类	激光类	射频类	超声波类
原理	特定光谱的强脉冲光作用于皮肤后，被组织中的黑色素和血管内的血红蛋白优先选择性吸收，在不破坏正常组织的前提下，使扩张的血管、黑素颗粒、黑素细胞破坏、分解，从而达到治疗毛细	通过产生高能量、聚焦精确、具有一定穿透力的单色光，作用于人体组织而在局部产生高热量从而达到去除或破坏目标组织的目的。	通过高频电流频率转换，将电能转化成生物体热能作用于目标部位，同时对皮肤表面采取冷却措施，促使皮下胶原收缩拉紧，刺激皮层中的纤维母细胞分泌更多新生胶原蛋白以填补萎缩和流失	利用高强度聚焦式超声波，作用于皮下，聚集热能，温度可达到65℃—70℃，在不伤害皮肤表面的同时作用于表浅肌肉筋膜系统（SMAS），让SMAS层（皮下4.5 mm）遇热收缩，进而产生

续　表

	光子类	激光类	射频类	超声波类
原理	血管扩张、色素斑的效果。		的胶原蛋白空隙，从而达到皮肤即时紧致的效果。	提拉的效果，并刺激皮肤产生胶原蛋白，达到紧致提升的作用。
功效	收缩毛孔、祛除色斑、祛除红血丝	祛痣、祛斑、祛痘印、去瘢痕	祛皱、提拉紧致	提拉紧致、塑形
代表产品或项目	光子嫩肤、IPL项目、OPL项目、AOPT项目、DPL项目	点阵激光、调Q激光、皮秒激光、超皮秒激光	热玛吉、热提拉	超声刀

资料来源：长城国瑞证券研究所．弗若斯特沙利文[EB/OL]. (2022-04-21)[2023-02-17]. https://data.eastmoney.com/report/zw_industry.jshtml?encodeUrl=52/no8dUCOWLtPMk8Vnf4QOTWfvxu+ZzSmMn3B0Gob4=.

尾　注

1　胡晨曦．医美行业：从行业双属性特征角度 挖掘医美产业链上游药械投资机会[EB/OL].(2022-04-21)[2023-02-17]. https://data.eastmoney.com/report/zw_industry.jshtml?encodeUrl=52/no8dUCOWLtPMk8Vnf4QOTWfvxu+ZzSmMn3B0Gob4=.

2　胡晨曦．医美行业：从行业双属性特征角度 挖掘医美产业链上游药械投资机会[EB/OL].(2022-04-21)[2023-02-17]. https://data.eastmoney.com/report/zw_industry.jshtml?encodeUrl=52/no8dUCOWLtPMk8Vnf4QOTWfvxu+ZzSmMn3B0Gob4=.

3　腾讯营销洞察．发现健康新消费—腾讯2024年度轻医美消费趋势白皮书[EB/OL]. (2024-05-07). https://e.qq.com/insights/detail/?pid=10339.

4　腾讯营销洞察．发现健康新消费—腾讯2024年度轻医美消费趋势白皮书[EB/OL]. (2024-05-07). https://e.qq.com/insights/detail/?pid=10339.

5　中商情报网.2024年中国医疗美容行业市场前景预测研究报告[EB/OL].(2023-11-03)[2024-

03–16]. https://baijiahao.baidu.com/s?id=1781495143956884881&wfr=spider&for=pc.

6　胡晨曦. 医美行业：从行业双属性特征角度 挖掘医美产业链上游药械投资机会 [EB/OL]. (2022–04–21)[2023–02–17]. https://data.eastmoney.com/report/zw_industry.jshtml? encodeUrl=52/no8dUCOWLtPMk8Vnf4QOTWfvxu+ZzSmMn3B0Gob4=.

7　艾瑞咨询.2022年中国医疗美容行业研究报告 [EB/OL].(2022–11–26)[2023–02–19]. https:// www.163.com/dy/article/HN38O6OV05118VBB.html.

8　艾瑞咨询.2022年中国医疗美容行业研究报告 [EB/OL].(2022–11–26)[2023–02–19]. https:// www.163.com/dy/article/HN38O6OV05118VBB.html.

9　艾瑞咨询.2022年中国医疗美容行业研究报告 [EB/OL].(2022–11–26)[2023–02–19]. https:// www.163.com/dy/article/HN38O6OV05118VBB.html.

10　搜狐. 打造"医工结合"创新体系，半岛医疗：让医生临床需求快速商品化 [EB/OL]. (2019–08–21) [2023–02–19]. https://www.sohu.com/a/335233784_474144.

11　搜狐. 打造"医工结合"创新体系，半岛医疗：让医生临床需求快速商品化 [EB/OL]. (2019–08–21) [2023–02–19]. https://www.sohu.com/a/335233784_474144.

12　搜狐. 打造"医工结合"创新体系，半岛医疗：让医生临床需求快速商品化 [EB/OL]. (2019–08–21) [2023–02–19]. https://www.sohu.com/a/335233784_474144.

13　搜狐. 打造"医工结合"创新体系，半岛医疗：让医生临床需求快速商品化 [EB/OL]. (2019–08–21) [2023–02–19]. https://www.sohu.com/a/335233784_474144.

14　39健康网. 医疗器械"家用化"趋势下，半岛医疗致力打造"国货之光" [EB/OL]. (2021–10–27) [2022–02–18]. http://news.39.net/a/211027/9611456.html.

半岛医疗案例点评一

王朝举*

引言

半岛医疗成立于2008年，爆火于2021年，爆火的背后主要源于半岛超声炮的成功上市。

我个人认为，不仅对于半岛医疗而言，甚至在中国医美行业发展史上，半岛超声炮都是一个现象级的爆款医疗设备。因为确实从来没有任何一个企业曾经做到过这样的成绩，也从来没有过如此多的消费者这么热忱去追捧一个设备，以至于设备成为项目的代名词，以至于在中国医美行业，半岛医疗几乎等同于超声炮。

所以，本文重点从政策、市场等方面来回顾半岛超声炮获得成功的同时行业在发生的一些事。

一、半岛超声炮成功的天时——政策环境

2021年，半岛超声炮正式上市。彼时，距离中国引入海外第一款玻尿

* 王朝举，智慧医美圈创始人兼董事长。

酸——瑞蓝2号已经过去了13年，距离2013年中国第一款国产玻尿酸润百颜上市过去了8年时间。

然而中国医美行业的药械市场依然可以称之为乱得一塌糊涂。除了声称国外在用背包走私抑或实际国内黑工厂生产的假药，就连全球热销的热玛吉，国内医美圈也流传市面上90%以上为假货，超声刀更是无一正规批文……2021年还有一件事，国家八部委联合严查医美合规，成为中国医美行业有史以来最严厉的一次行业监管。行业的混乱、国家的严管，使得拥有合法身份的超声炮从一出生就自带光环。

从我访谈行业人士（半岛医疗的销售人员/医美连锁老板等）也可见一斑。

问：超声炮在2021年上市时，有哪些竞品？在提升面部抗衰适应症方面，超声炮和他们在临床上有哪些优势区别？

答：从正规设备的角度讲，有热玛吉四代和欧洲之星4D。临床的差别首先是治疗的层次不同，比如热玛吉是射频原理，作用于真皮层。其次是价格差异很大，最贵的欧洲之星4D售价在80万元左右，超声炮一代上市时售价才30多万元。最重要的是客户体验感，超声炮是无痛的，所以在患者舒适度方面要远远优于竞品。

问：你认为半岛超声炮的成功和2021年的医美严监管有关系吗？

答：肯定有。国家严监管，行业又缺少相应的解决方案。当时热玛吉已经到第五代了，但五代热玛吉一直没拿到证。五代水货在市面流通假货泛滥，消费者甚至从业者都难辨真假，所以虽然热但其实挺让行业诟病的。而超声炮是唯一一个拥有合法身份、可以用于面部抗衰的设备，且与热玛吉、欧洲之星4D相比，具有超高性价比。

问：你认为超声炮的成功和超声刀有关系吗？

答：当然有。超声刀毕竟在行业流行了很多年，而且在临床效果方面受到了很多消费者的认可，市场宣传方面也很有热度。但是超声刀无论国产进口一直没有拿到合法的批文，所以正规大型机构就不会做，或至少不会拿到台面上宣传。

结合2021年医美行业严监管，超声炮实现对超声刀效果升级（效果好还无痛），消费者也更好接受，超声炮又有合法的批文，所以市场就很容易接受。

二、半岛超声炮在医美市场上市的最优时机

2021年，距离"新氧""更美"等互联网平台成立过去八年，距离美团医美成立四年，阿里医美成立五年。距离中国医美互联网第一股新氧上市，也已过去两年。那一年，新氧宣布成为中国最大的医美互联网平台。

我一直认为，中国互联网过去10年用电商零售的逻辑做医美平台，原本以医疗服务为核心的医美行业出现了一个奇葩的现象，那就是医疗产品/设备等于医疗项目。从网络平台到医美从业者，再到消费者，在谈的都是：润百颜玻尿酸多少钱一支，做一次热玛吉多少钱。医美从业者和消费者跟风跟得莫名其妙，他们严重忽略甚至根本没有考虑，看似简单打针的玻尿酸注射，需要一名专业的美容医师完成，而医师的医疗技术、个人审美可能严重影响治疗结果甚至会造成严重后果。但医美互联网平台和厂家都乐见其成，因为这明显对他们更有利。

在这个火热的背后，是促进了中国医美行业非手术类项目的爆炸性增长，尤其是玻尿酸、美容设备等，也同时成就了千亿市值的华熙生物、爱美客等被称为"女人茅台"的玻尿酸公司。最惊人的是，2021年中国医美正规

市场规模预测不足2,000亿元人民币，而爱美客一家公司的市值竟高达1,800亿元人民币。然而如前面所述，截止到2021年，8年过去，中国医美行业几乎无任何新技术/新材料出现革命性的突破，医美作为一个以营销为主导的行业，如久旱一般，直到华东医药引入"少女针"、半岛医疗上市超声炮。少女针上市半年实现3.42亿元销售收入，同步带来华东医药的连续涨停，而半岛超声炮上市当年实现2,000台装机量，成为现象级的行业爆款设备。

半岛超声炮的成功除了天时，还有一个非常好的市场定位，就是行业指导价。

半岛超声炮的治疗使用需要专属耗材，采购协议会约定相关指导价。尤其在前期，行业共识是，应按指导价进行销售，否则厂家会停止供应耗材。

鉴于医美行业对电商平台低价营销的后知后觉，在2021年时已然非常排斥类似于玻尿酸等于医疗服务项目这种给厂家打工卖货的模式，所以如果厂家能控价、同时为自己带来更高毛利收入，大多数医美机构乐于配合执行，使得无论医美从业者或消费者，对于超声炮都有了较为良好的口碑。

三、半岛超声炮成功的营销定位

半岛医疗公司成立于2008年，半岛超声炮推出时已是2021年，而且还是在疫情防控期间。

我熟识的几位半岛医疗员工，基本认识于2015—2017年间。不温不火、按部就班是他们工作的日常状态，甚至可以说，在半岛超声炮之前很多人对半岛医疗的认知都是，碰瓷，让人觉得是个国外公司，大杂烩，啥都卖，抛开皮肤科不谈，半岛主推的医美设备黄金微针一年估计也卖不了几台。当时半岛医疗全国的销售人员，大概在六七十人的样子。

2021年，对于半岛超声炮火了这件事，连公司员工很多都是莫名其妙的。首先是火在广东，听说小红书上超声炮声量比较大，然后很多医美机构开始打电话联系主动要订购设备，不用公关甚至不用沟通，打电话就是要订设备（包括我们其实也是这种情况）。用销售代表的话说，做销售做得太轻松了，几乎都是被动销售。

从销售量爆发情况来看，是从一个城市单点突破，然后快速蔓延到全国市场。但这也是半岛医疗的厚积薄发，因为半岛医疗在13年的发展过程中，在全国有完整的直营销售网络，能快速承接全国的客户需求（目前全国销售人员已发展到300多人），为全国医美机构提供良好的销售和产品售后服务。

然而半岛超声炮怎么突然就火了？我们从营销角度来做一个简单的分析。

2021年是新冠疫情第二年，大多数人一致认为，疫情快过去了，得好好抓生产搞业绩。那一年，企业大多还是愿意花钱、敢花钱，而且反弹性地报复性消费，业务增速是比较明显的。包括我们自己的门诊，也是在业务反弹明显下订购的超声炮，对销售而言完全是被动销售。我所知最夸张的机构，一次性采购了18台半岛超声炮。

很多人都说，半岛超声炮的营销成功主要得益于小红书，也全面开启了作为上游厂商面向消费者做营销的大爆发。但作为一个行业人，我甚至猜想，半岛医疗当时的营销定位除了主动选择，甚至是有一些不得已。

2021年，行业各学会学术会议全面取消线下形式，以学术带动品牌提高销售的传统营销模式，半岛在超声炮上市的这一年，是难以持续的。同年，小红书获得阿里、腾讯领投的5亿美元投资，估值高达200亿美元，连续传出上市传闻，风头正盛。而热玛吉、超声刀、轻医美这些关键词在小红书拥有海量的"笔记"。一边是传统的营销套路难以为继，一边是小红书有高度匹配的消费者群体。从消费者教育着手，以总部所在广东地区为突破，现在看来这应该就是半岛超声炮最初的营销核心逻辑。

事实已经证明其成功，首年装机2,000台，放眼整个医疗设备圈，半岛超声炮也绝对是一个现象级的爆品。

四、半岛超声炮和半岛医疗能走多远？

好像说了很多半岛超声炮成功的偶然性，但太多偶然的背后就是必然的实力。

在医疗行业沉淀发展16年的一家公司，可以想象前期的艰难。半岛医疗的同事原话说"老雷甚至没有一间像样的办公室"，但在半岛超声炮如此成功甚至可以完全躺平的情况下，半岛医疗依然在不断扩充研发团队。从皮肤科设备、医美设备再到家用设备，从皮肤治疗、医美抗衰再到生发护发。

在写这篇评论的同时，我重新浏览了一遍小红书2024年1—4月份的医美行业报告。超声炮依然拥有现象级的排名和词汇搜索量，甚至超声炮原本应该是一个设备通用名却实际成为项目名，与此同时"半岛超声炮＝超声炮"。

我与半岛医疗的同事开玩笑说，按目前4,000台的装机量、台均10万元/年的耗材消耗来看，半岛公司短期内躺平也是没问题的了，为什么还要这么拼呢？他们说这是公司的文化，半岛医疗一直定位为创业公司，谨小慎微地发展。当然，他们也很有信心，虽然超声炮这样的现象级产品不常有，但有了超声炮，现在黄金微针、光子等设备，在医美机构中的投放量也在快速提升。他们相信公司，也相信医美行业的未来可期。

最后，作为一名医美行业从业人，祝福半岛医疗的成功。同时期待有更多具有研发实力的公司能进入到中国医美行业，共同推动中国医美行业的规范发展。

半岛医疗案例点评二

李　凡*

认识半岛医疗的雷总还是在他的"超声炮"火出圈之前，雷总参加"复星星未来"的活动，而我当时作为投资人，希望有机会和半岛医疗深入接触下。我和雷总聊过几次，能感觉到临床医生出身的他对行业的痛点认知很准确，对半岛医疗发展的战略想得也非常清楚。这次通过阅读关于半岛医疗的案例，我得以更深入了解半岛快速发展的原因，也更加深刻体会到创新、市场洞察、技术研发、差异化竞争和全球化战略对于企业成功的重要性。半岛医疗的发展历程，尤其是其在医美设备领域的突破和创新，也为作为投资人的我提供了丰富的学习材料和思考角度。

阅读案例，可以简单小结几点。半岛医疗得以在竞争激烈的医美市场取得一席之地，主要得益于以下几个方面的因素。

首先是"医工结合"的研发模式，将医生的临床需求与工程师的技术创新相结合，成功开发出符合市场需求的新产品。这种模式不仅加速了产品的研发周期，也提高了产品的市场适应性和创新性。我们总说创新要"解决未被满足的临床需求"。而真正的需求来自准确的市场洞察，临床医生是最了解

* 李凡，复星全球合作人、复健资本 CEO。

需求的人。这种研发模式其实也是大部分医疗器械创新项目可以借鉴的模式。

其次是差异化的竞争。公司对医美行业有深刻的理解和洞察，特别是对非手术类医美项目增长潜力的准确判断，使其能够抓住市场机遇，快速增长。在非手术医美项目中，公司选择了尚未被充分开发的市场细分领域，通过差异化产品如"半岛超声炮"等，满足了市场上未被满足的需求。"超声炮"准确的市场定位，正好满足爱美用户怕疼、又要抗衰的需求，通过降低温度，累计治疗发数达到治疗效果。这样让消费者更愿意尝试和复购。

另外，清晰的营销战略。公司在追求技术创新的同时，注重成本控制，确保产品价格适中，使更多的医疗机构能够负担得起，从而扩大了市场覆盖面。在销售方面，不仅关注产品对医疗机构的吸引力，也重视消费者端的教育和营销，通过社交媒体等渠道直接与消费者沟通，提高品牌知名度。让"半岛超声炮"在2023年度成为现象级的医美产品。售后服务方面，公司创新了售后服务模式，如快递换机服务，提高了客户满意度，并建立了长期的客户关系。半岛医疗不仅在国内市场取得了成功，还积极布局全球市场，通过本地化品牌战略和输出整个思维体系，提高了国际竞争力。

半岛医疗的案例为一级市场投资人提供了一个关于如何在竞争激烈的市场中通过创新和战略规划取得成功的生动例证。投资人在考虑投资时，也应重视企业是否具备持续创新的能力、清晰的市场定位、有效的成本控制、全球化的视野、企业对消费者需求的深刻理解和对市场变化的快速响应。

当然还有一个非常重要的因素就是管理团队，在案例中介绍得不多。创始人的视野和格局，经常就是一家公司发展的天花板。这决定了企业能否不断地吸引优秀的人才加入，并且留住核心人才。整个管理团队能够不断学习、不断进化也是企业能否走得更远的关键要素。复盘我们的一级市场投资就会发现，只要人对了，很多企业面对外部环境的变化时，可以积极地调整战略，快速出击，最终实现成功；人若错了，即使战略设计得再好，最终在执行中也会变形。

尽管整体医美市场的增长潜力巨大，但竞争非常激烈，技术更新迭代速度快，消费者的关注热点也更新频繁，很难有长期的忠诚用户。一旦"新产品"火了，模仿者就会一拥而上，导致同质化的竞争。半岛医疗"普及尖端科技"的理念在过去十年已经被成功验证。面对未来，半岛医疗如何在中国市场保持住领先地位，并且可以真正走出去，"copy from China"不仅从中国输出产品，还能输出管理和运营的体系，输出战略思维，和竞争对手拉开竞争的身位，引领行业的发展和进步是雷总面临的最大挑战。

作为国产医美设备龙头、行业的引领者，雷总注定是"孤独"的。没有太多可以借鉴的经验和路径，只能不断探索，砥砺前行。人对美的追求无止境，企业家奋斗的脚步也不会停歇。

极橙
齿科

案例　极橙齿科：
帮孩子快乐看牙*

2022年8月，上海的线下商业逐渐恢复，上海极橙医疗科技股份有限公司（以下简称"极橙"）的七家上海门店也回到正轨，开始运营。塔尔盖、高昭军、负晓非三位创始人开始为极橙在其他城市的布局做准备。

极橙创立于2015年，在天津开设了第一家齿科门诊，当时主要面向成人，定位为"中产阶层可信的诊所"，但在激烈的竞争中并未脱颖而出。随后，3位创始人经过深入的市场调研，决定聚焦儿童齿科。凭借"帮孩子快乐看牙""打造儿童齿科的'迪士尼'"的理念，极橙迅速得到广大家长和孩子的认可。去诊疗化的环境和游戏化的看牙体验成为极橙的差异化特色，并被同行效仿。截至2022年8月，极橙已在上海、天津、南京开设12家门店。CEO塔尔盖介绍，极橙已有3万多名优质会员，主要来自有1—14岁孩子的

---

* 本案例撰写于2022年，最后更新于2022年10月。

高知高薪家庭，其中最核心的客群为有3—6岁孩子的家庭，客单价每年约2,000元。

经过七年的发展，极橙基本找到了其定位和业务模式。塔尔盖希望极橙未来能够实现进一步增长，以帮助更多孩子"快乐看牙"。对此，公司近期计划重点在江浙等地的二、三线城市拓展门店，以及随着早期的儿童客户成长为青少年，加强相应的业务。长期来看，塔尔盖认为，成为少数家庭才能消费的"迪士尼"是不够的，极橙也许应该成为更大众化的儿童齿科"麦当劳"，品质可靠、标准化，但价格不高，可以服务更多人群。或许参考美国的经验，也可以考虑借助齿科保险覆盖更多中国儿童。极橙未来到底该如何发展？

中国口腔医疗服务市场

行业概况

口腔健康与全身健康息息相关，不仅影响食物摄入，也影响人的心理和对外社交。随着人口老龄化、消费升级和消费者口腔健康意识提高，口腔医疗服务需求不断增长，政府也出台了许多政策支持口腔行业发展。[1] 2021年，中国口腔医疗服务市场规模达到1,461亿元，同比增长16.2%（见附录1）。由于市场发展还处于早期，中国人均口腔消费支出较低，2020年仅为138元，与韩国（2,697元）、美国（2,123元）、日本（1,562元）等发达国家相比有很大差距；但中国口腔医疗服务市场增速较快，2020年为13%，远高于这些发达国家（1%—2%）。[2] 口腔细分科室主要包括牙种植、正畸、儿科、综合，在整个市场中占比分别约为25%、32%、18%、25%。[3]

口腔医疗服务机构包括公立和民营综合医院、口腔专科医院，以及连锁和单体口腔诊所等，其中口腔诊所约占机构数量的80%。民营资本较为活跃，80%的口腔专科医院为民营，90%的诊所为民营。[4]

口腔医疗服务对医生的依赖度高，医生的技术和经验十分重要，难以标准化。中国口腔医务人才不足，每百万人中牙医人数仅为175人，远低于美国（608人）和欧洲发达或中等发达国家（810人）。[5]有资历的牙医有较强的独立执业意愿，原因在于，齿科消费属性较强，患者对中小型诊所接受度较高，更看重信任的医生；开设口腔诊所门槛较低，投入200万元到300万元即可；独立执业能给医生带来更多收入。而连锁机构给医生带来的附加价值较少，因此难以有效聚集和整合医生资源，这使得口腔医疗机构连锁率较低。国内有9万多家口腔诊所，连锁率仅约4%，绝大部分为仅有1—2名医生的个体诊所。在美国，仅有1名牙医的诊所数量达到诊所总数的68.7%。[6]口腔医疗机构中人员支出占营收比重高达50%，高于眼科（约30%）和妇产科（约40%）等其他消费属性较强的专科。[7]同时，由于同质化竞争，传统民营口腔医疗机构获客成本较高，营销成本一般占营收的20%—30%，再加上原材料成本和租金，国内大多连锁口腔医疗机构都处于亏损状态。[8]

代表性企业

国内代表性的民营口腔医疗连锁品牌包括瑞尔齿科、泰康拜博口腔、通策医疗等。

瑞尔创立于1999年，定位于中高端。作为港股"中国口腔第一股"，截至2022年一季度，瑞尔旗下共有112家口腔医疗机构，包括瑞尔和瑞泰两个品牌，覆盖全国15个城市。公司2021年4月1日至2022年3月31日实现营收16.24亿元，同比增长7.16%，归母净利润亏损7.01亿元，同比扩大16.95%。营收中普通牙科、正畸、种植和其他分别占比53.7%、22.6%、21.7%和2%。[9]

拜博创立于1993年，在全国50个城市拥有近200家口腔医疗机构。2014年，拜博获联想集团战略投资，但随后三年亏损达20亿元，2018年被泰康保险接手，成为其大健康产业的重要组成部分，并逐步建立"保险＋医疗""支付＋服务"的闭环。[10] 截至2021年年底，泰康累计推出25款口腔保险产品，服务客户超18.9万人。[11] 泰康保险渠道也成为拜博的重要客户来源之一，2022年上半年达到20%，[12] 包括个人保险客户和企业团险客户。[13]

通策医疗旗下杭州口腔医院创立于1952年。公司为A股主板上市企业，其业务主要包括口腔医疗和健康生殖，在全国共有60家口腔医疗机构，主要集中在浙江。2021年，公司营收为27.8亿元，同比增长33.19%，归属上市公司股东净利润为7.03亿元，同比增长42.67%，种植、正畸、儿科、修复和综合在营收中的占比分别为17%、21%、20%、16%和26%。借助杭州口腔医院（原为公立医院）的品牌，通策深耕区域市场，浙江的收入占其总收入约90%，本地患者对其有天然的信任，因此获客成本较低，销售费用仅占约1%。[14]

儿童齿科市场

我国0—14岁儿童约2.47亿人，儿童口腔问题一直普遍常见。数据显示，近60%的儿童没有形成良好的刷牙习惯，近90%从来没有检查过口腔。第四次国家口腔流行病学调查结果显示，5岁、12岁儿童的龋齿率分别达到71.9%、38.5%（见附录2），对应的治疗率仅分别为4.1%、16.5%。政府已开始重视这一问题，《"健康中国2030"规划纲要》和《中国防治慢性病中长期规划（2017—2025年）》明确提出"12岁儿童患龋率控制在30%以内"的目标。随着"80后""90后"逐渐成为社会中坚力量，消费习惯在发生改变，新生代家长更愿意带孩子去专业的齿科机构治疗，同时也意识到牙齿健康需要从小抓起，儿童基础口腔护理产品的渗透率从2017的30.7%提高至2021年的37.2%，预计2022年将达到38.7%。[15]

但医疗供给方面，我国专业的儿童牙医稀缺，中华口腔医学会儿童口腔专委会登记的儿童牙医仅2,200多名，专业儿童科室或专业儿牙机构也较少，原因在于：儿童不能有效配合治疗，服务难度大；且由于儿牙没有种植、正畸等上万元大项目，客单价较低，每次可能只收一两百元。[16]医生考虑到个人收入和上升通道，不太愿意专门做儿牙医生，医疗机构单靠儿童齿科业务很难盈利。因此，齿科医疗机构一般只用儿牙引流，靠家长的成人业务赚钱。

近年来，一、二线城市开始出现专门的儿牙诊所，但数量和规模都较小，代表性企业如极橙、三叶儿童口腔、青苗儿童口腔、牙博士少儿齿科、正方形口腔等。[17]

极橙儿童齿科

"500强"高管的创业试错

极橙齿科的三位联合创始人塔尔盖、高昭军、贠晓非，分别担任公司CEO（首席执行官）、COO（首席运营官）和CCO（首席知识官）。三人都是名校出身，曾在全球齿科巨头德国卡瓦（KaVo）集团担任高管职位（见附录3）。

2014年，塔尔盖任卡瓦集团旗下正畸品牌Ormco的中国事业部总经理，在帮助公司开拓中国市场时，他深度了解了中国齿科市场的现状和发展潜力，并积累了丰富的行业经验和资源。2014年正值国内创新创业之风的鼎盛时期，塔尔盖很看好国内齿科医疗市场，在家人的支持下，他决定辞职创业，吸引了高昭军、负晓非等三位同事的加入，[18] 并顺利用"一顿饭"的交流就拿到真格基金500万元的天使投资。[19]

当时，塔尔盖分析，国内齿科行业的上游基本被国外品牌垄断，可能需要花十年以上才有可能做出成绩；而下游齿科医疗服务市场则没有实力太强的企业，市场碎片化，但规模是上游的好几倍。作为来自"世界500强"的创业团队进军此领域，对这些中小民营齿科医疗机构来说，可谓"降维打击"。

但现实却给了他们沉重的一击。2015年，极橙在天津开设了第一家诊所（由于获取许可证相对便利），定位为"中产阶层可信的诊所"，主要面向成人，业务范围与传统齿科诊所并无二致。而彼时国内已有六七万家齿科诊所，极橙的优势并不明显。经营一年多，诊所持续亏损，且看不到任何好转的迹象。

塔尔盖认为："创业公司CEO的任务就是'找人、找钱、找方向'。"而当时，人方面，包括一位合伙人和一名主力医生在内的关键人才连续流失；钱方面，他见了70多位投资人，被拒绝了70多次，团队士气严重受挫。最重要的是，找不到努力的方向。

经过反思，塔尔盖意识到，齿科医疗服务严重同质化，特别是对于创业公司，品牌、产品都没有优势，要想生存，最重要的是能高效获客。而获客对于卡瓦这样的齿科巨头并不是问题，500强高管的思维模式反而成为他们创业时的障碍。"归根结底，我们并没有给客户一个选择极橙的理由。创业最基本的问题我们都没有回答，那就是：客户是谁？客户在哪儿？客户有什么痛点？我们如何帮助客户？"

聚焦儿童齿科

2016年年中，极橙开始调整方向。从以往的接诊中，塔尔盖观察到，成人和儿童顾客有很大差别，成人一般非常挑剔，而儿童的家长则会仅仅因为诊所接诊就表示感谢。塔尔盖分析了其中的原因：成人齿科有种植、正畸和修复三大盈利项目，而儿童齿科没有疑难杂症，客单价较低，且由于儿童不配合，诊疗过程费时费力。因此，大部分机构都只用儿牙给成人业务导流，甚至不愿意接待儿童客户，更不要说聚焦这一细分市场。而中国有上亿儿童患有龋齿，服务需求与供给严重不匹配。他进一步思考，儿童齿科也有优势：种植、正畸、修复的特点都是医疗复杂度较高，医生非常关键，一家连锁齿科诊所对于好医生的附加价值有限，经营者和医生之间难以形成长久的合作关系。而儿童齿科的医疗复杂度相对较低，除了对医疗质量的需求，还有对服务体验的需求。解决儿童看牙不配合就需要更好的服务，而相比于医疗，服务更容易标准化，同时又能与竞争对手形成差异化。于是，团队有了押注儿童齿科的初步想法，但具体怎么做还没有答案。

2016年9月，极橙得到共享资本千万级人民币投资。投资方认为，相比于其他齿科创业团队，极橙的发展方向虽然还不够清晰，但至少有一定思考。

有了初步想法后，三人把亚马逊上关于儿童齿科排名前五的书都买来，研读后备受启发。他们联系到其中一本书的作者Dr. Pike，于2017年年初去美国取经。在拜访的过程中，Dr. Pike用他40多年的从业经验，毫无保留地传授了该如何正确地经营儿童齿科诊所，特别是"no fear no tear""儿童齿科的关注点不应该是'牙'，而应该是'儿童'"等强调儿童心理健康呵护的理念，令他们获益匪浅。接着，他们又参观了费城一家名为"Cavity

Buster"的儿童齿科连锁诊所。该诊所有30多年历史，共有七家门店，旗舰店是由一个大仓库改造，装修如游乐场一般，有大量游戏机、壁画和彩灯，几乎让人忘记这是一家诊所。这七家门店每年共接诊10万人次，参考其定价，塔尔盖看到了儿牙诊所在财务模型上的可行性。此外，他们还发现，美国有很多儿童专科诊所，会大量运用辅助团队，2/3的人有齿科保险（有税收优惠，雇主会为员工购买，齿科保险市场规模超过千亿美元），而这些在国内都很少见，[20] 说明国内市场还有很大发展和改进的空间。

美国之行让团队找到了解决方案，也看到了经济上的可行性，于是坚定了聚焦儿童齿科的决心。塔尔盖思考，儿童看牙最大的痛点是不配合，有时需要医生、护士、家长齐上阵，甚至用上束缚治疗（用束缚板把孩子捆起来），或在全麻下治疗，不仅成本高、效果差，还可能给孩子留下心理阴影。但孩子天性爱玩，如果把两者结合起来，用游戏化的方式帮助孩子降低焦虑，也许就能提高配合度。按照这样的思路，极橙的使命愿景逐渐清晰，即"帮孩子快乐看牙"，以及"成为儿童齿科的'迪士尼'"。

打造儿童齿科的"迪士尼"

明确了定位后，极橙之后一切的关键决策都围绕于此，包括装修设施、招聘培训、服务流程、宣传话术等，都致力于让孩子不再害怕看牙，甚至能快乐看牙。

2017年7月，极橙在上海番禺路上开了转型后的第一家门店，面积不大，只有五张牙椅，但设计别具一格。团队跟设计师交流时说要做一个"小朋友进来就不想走，大人进来就掏手机想发朋友圈"的设计。牙科的设备和太空的科技感很匹配，太空又容易让孩子感兴趣，于是选定了"遨游太空"

主题，分为"地球基地""月球诊所""太空舱"等几部分，让孩子在"遨游太空"的过程中完成治疗（见附录4）。由于门店面积有限，在设计时有人提出父母的休息区不够舒适。团队认为，极橙的使命是帮孩子快乐看牙，而不是为了让父母舒适等候。对于父母来说，只要孩子开心，他们可以接受不舒适；但如果孩子不开心，父母再舒服也没用。"事后证明，我们在类似的问题上做的取舍都支撑了公司的战略发展。"

针对孩子看牙时的恐惧，塔尔盖指出，恐惧来自未知，家长们有时会"哄骗"孩子说看牙不痛、不可怕，这其实会适得其反。极橙的做法主要有三个基本思路：一是熟悉，二是循序渐进，三是无痛。比如，极橙原创了绘本，讲解牙科诊所里看牙的过程，绘本里的场景和人物与诊所相似，孩子有了认知后就不那么害怕了。对于一些特别紧张的孩子，他们会提前准备，孩子到店后慢慢引导，先做游戏、讲故事，把诊所里的设施设备也加入游戏中，让孩子自然地接受，比如"用牙椅上的喷水工具喂恐龙玩具喝水"等，在游戏的过程中慢慢与孩子建立信任：孩子们放下警惕，从愿意拉手到愿意张嘴，主动配合治疗。如果孩子高度紧张，就和家长协商，当天只和孩子玩耍，下次再尝试治疗。此外，极橙还用适合孩子的麻醉方式减少疼痛，比如涂抹式表面麻醉、精准无感推进麻药的计算机辅助麻醉设备、微量"笑气"等。"儿童行为管理是一门科学，也是一门艺术，要求员工有爱心、耐心，同时，也需要家长的配合。"

番禺路店开业之初，极橙在一个亲子相关的公众号上发了一篇推文，介绍诊所的新理念，并推出1分钱的检查团购。推文发出后的三个小时内，共收到4,000多个订单，从8月预约到12月，受限于供应能力，只得停售。这让团队备受鼓舞，不仅证明了需求确实存在，也获取了4,000个初始客户。

对于聚焦儿童齿科的战略选择，塔尔盖深有感悟："在极橙之前，没有机构把看牙和快乐联系在一起，它们都强调专业。而极橙就站在了对角线的位置，不强调专业，而强调对手忽视的快乐……创业公司的定位一定要鲜明，你无法满足所有人的需求。当你不能做取舍时，就不知道怎么设计产品。但如果细分市场找对了，客户一看就是自己要的产品，即使贵也愿意买。现在'快乐看牙'已经是儿童齿科的标配，但之前没有人这样看问题，那个时候的选择需要一些勇气和赌的精神。"

业务模式

在目标客户方面，极橙的核心客户群是有3—6岁儿童的家长（3—6岁儿童牙齿问题高发且最害怕看牙）。近年来国内饮食结构变化，但整体口腔护理习惯却没有跟上，中国儿童的蛀牙率远高于欧美国家。塔尔盖介绍："在美国如果一个小孩嘴巴里有十颗蛀牙，牙医必须上报政府，因为父母涉嫌虐童，这是犯法的。"虽然与国外还有很大差距，但国内一些年轻父母已经有了口腔健康意识。极橙的目标客户就是"80后""90后"年轻父母，相对高知高薪，认可牙齿健康的理念，注重体验，而不像传统观点认为"牙疼不是病"，以及认为公立医院才是最好的选择。塔尔盖介绍说："有客户明确说过，虽然你们价格很贵，但我去过公立医院，我不能接受我的孩子在那样的环境和体验中看牙。"有了明确的目标人群，极橙的品牌故事、传递的理念、客户体验、门店运营等方面如何与竞争对手差异化等问题就都迎刃而解。

在开设门店方面，受限于许可证审批要求，极橙只能在划定的范围内择优，在位置和面积上需要妥协。所幸齿科医疗是目的性消费，有需求的顾客会主动前来，步行流量不太重要。但考虑到就诊便利性，一般门店周边三公里应有大量目标人群。每家诊所都被打造成孩子的"主题游乐场"，现已有太空、海洋、森林、梦幻四大主题。一家门店的投入在400万元左右。[21]

在获客方面，极橙的新客主要有四个来源：一是由老客户转介绍；二是"大众点评"渠道，这相当于陌生人的"老带新"；三是市场活动，如线上自媒体营销、异业合作；四是自然流量。疫情之前，极橙尝试过许多线下活动，如与教培机构开展异业合作，但疫情冲击加上教培市场惨淡，线下活动受阻；而线上流量投放价格越来越贵，流量投放费甚至无法带来同等的营收。因此，极橙主要靠口碑获客，即老客户转介绍和大众点评，总计占极橙新客户来源的70%—80%，营销费用总体较少。

在服务项目和定价方面，极橙主要提供三类项目，即预防、治疗和正畸。预防服务包括洁牙（清除牙菌斑）、涂氟（让牙釉质再矿化）、窝沟封闭（把臼齿的缝用高分子材料填平，便于清洁）等；治疗项目主要有两类：一类是与龋齿相关的补牙、根管治疗等；另一类是外科项目，比如孩子换牙时会出现双排牙，这时要把没掉的乳牙拔掉。

民营机构一般会以当地的公立医院为定价标杆，由于公立医院有医保报销，国家严格限价，因此定价很低，例如补一颗牙一般只要一百多元。而对于种植、正畸等自费项目，医院可以自主定价，比如上海三甲医院的正畸收费约3万元。如果锚定公立医院，略有提高，补一颗牙只收200元，民营机构会严重亏损，3.5万元的正畸项目才能盈利，因此低价治疗项目一般被用来导流。而极橙补牙的单价为600多元，可以说是行业里最高的。塔尔盖认为："只有通过服务产生溢价，把补牙的价格定到600元时，财务上才行得通。"

极橙希望与客户建立长期关系，因此把所有预防打包成会员服务。客户买了会员后，可以免费得到预防服务，同时在需要治疗时可以得到很大的折扣。会员年卡的价格为2,000多元，五年卡的价格为5,000元到6,000元。塔尔盖解释说："极橙的定价模式是在模仿保险，一个典型的牙科保险是洗牙等预防免费，治疗收费很高但由保险支付，目的是给客户长期的口腔健康，同时降低保险支付成本。"

由于国内口腔预防意识较弱，极橙服务的儿童一般最初都有治疗需求，很少有纯粹为了预防而来，但通过极橙的长期预防管理后，就不再需要持续治疗。"我们的理念是，最好的治疗就是不用治疗，家长的需求不是给孩子做个根管，而是让孩子的牙齿不生病。行业传统逻辑是通过治病赚钱，医疗机构与患者利益不一致，这会导致过度医疗，医患信任无法建立。通过预防赚钱则能让双方利益一致。但许多竞争对手都不太愿意开展利润较低的预防服务，或者把预防作为导流产品，价格是极橙的1/10—1/5，甚至免费，对我们的定价造成很大压力。"

在医疗和服务质量保障方面，极橙建立了一套规范体系。一方面，搭建自有知识平台，对内用来规范医生临床行为，对外用于对患者和家长的科普教育。[22] 另一方面，极橙打造了有序且可持续的人才培养体系，包括建立带教体系和学习型组织氛围。[23] 医生分为0—4级、0—1级和3—4级，配对带教，带教的各个阶段都有相应的学习任务。老医生也同样需要持续学习，进一步提升诊疗水平。[24] 极橙门店一般有十几名员工，分为医生、护士、客服三类，一般1名医生配1.5名护士，0.5名客服。在保留人才和激励人才这个问题上，塔尔盖认为："除了要保证经济利益，还需要鲜明的文化。哪怕对手从我们团队挖人，也带不走文化氛围。我们内部常说，你无法强迫一个人发自内心地微笑。对于人才，招聘大于培训，培训大于管理，管理是最低效的。招聘时我们就会告诉对方，我们是什么样的机构。我们非常注重体验，很忙、很累，每天和小孩打交道。我们是创业公司，可能几年后就倒闭了。你还愿意来吗？吓不走的才是我们要找的人。"由于有鲜明的文化，极橙的医生流失率很低，每年在10%以内；护士流失率约30%，为行业平均水平；客服流失率较高。

极橙快速成长

极橙第一家上海门店开业后，迅速成为"网红"店。当时国内资本市场火热，极橙2018年5月到2019年6月迅速完成三轮融资（见附录5），[25] 并开始快速跑马圈地，2018年共开了7家店，2019又开了4家店。

但盲目扩张带来的是管理粗放。上海第一家店的员工都由塔尔盖亲自面试和培训，他甚至带着这些员工去迪士尼体验。而后来由于扩张太快，完全没有"传帮带"的过程。问题很快接踵而来：组织机构冗余、内斗严重，新店虽然营收尚可，但铺张浪费、人力成本高，运营管理不够精细、客户体验下降，各店之间甚至相互竞争客源。2019年，公司全年亏损4,000万元，同时，资本市场开始冷却，很难获得新的投资。三位创始人意识到问题后立刻对公司管理进行了全面梳理，并采取了一系列降本增效的举措。

2019年年底，新冠疫情来袭，给全球经济带来巨大冲击，特别是线下服务业受挫严重。所幸极橙此前及时进行了人员精减和精细化运营，才得以幸免。居家办公期间，极橙组织了大量线上培训，提升员工的专业知识和服务水平。

截至2022年8月，极橙在全国共有12家门店，其中上海七家、天津四家、南京一家，会员数量超过三万，客单价每年约2,000元。经历过挫折后，塔尔盖表示："现在犯低级错误的概率比较低了，经历过疫情，再遇到突发情况也没有那么慌了，公司业务在逐渐恢复，目前账上的资金也相对充裕。"

未 来 发 展

市场变化

随着极橙的成功，儿童齿科市场也涌入了许多竞争者，但考虑到投资收益，其中很少有大机构，它们做儿童齿科主要是为了给其他业务导流。而一些小玩家则更多是模仿极橙，甚至Logo都与之相似。塔尔盖对此并不担心，他认为："跟风只能学到表面，关键在于创始团队自己是否有信念。我们做儿牙不是为了给成人业务导流，而是发自内心地要给儿童快乐的看牙体验，这会导致体验上的差异，客户能够分辨。"

由于齿科的消费属性较强，以往我国医保报销的项目只有医保定点机构的补牙、拔牙、牙周病、牙龈炎等治疗费用，种植、正畸等不在医保报销范围内，这给了大量民营机构生存和发展的空间。但2022年全国"两会"期间，网上展开了一场关于齿科是否"暴利"的大讨论，不少网友表示，种植牙动辄上万元一颗，希望国家通过集采来整顿。8月18日，国家医保局发布《关于开展口腔种植医疗服务收费和耗材价格专项治理的通知（征求意见稿）》，面向社会公开征求意见，被业内视为"最难"集采的种植牙集采落地在即。[26] 从一些地区开展种植牙集采试点的情况来看，集采后种植牙耗材成本降幅高达80%以上，总成本（耗材+治疗费）降幅可达60%。[27] 虽然民营齿科医疗机构的收入大多来自患者自费，不直接受集采影响，但公立医院种植价格大幅下降，也将对民营机构造成冲击。

对此，一些实力较强的民营齿科医疗机构开始调整业务模式，如减少"种植业务"比重，加强对儿科、正畸业务的重视；通过与公立医院合作，降低运营成本；与商业保险公司合作，降低获客成本等。例如，泰康拜博推出了儿童牙齿及颜面部发育管理业务，并与儿童健康险相结合，希望从儿童开始服务客户的全生命周期[28]。泰康的大健康产业生态能为客户提供综合的健康服务，因此不必单纯考虑儿童齿科业务的盈亏。2022年8月，泰康发布了高端齿科品牌"泰康口腔"，希望为目标客户家庭提供"医险结合"的全生命周期口腔健康管理。[29]这些变化可能会影响儿童齿科市场竞争结构。

发展方向探讨

塔尔盖希望极橙未来能够帮助更多孩子"快乐看牙"，公司业务需要进一步增长。

短期来看，未来三年，极橙计划把上海门店数量增加到13家左右，并重点在江浙等地的二、三线城市布局，团队已开始在江浙寻找合适的新店位置。塔尔盖分析，江浙的开店成本和人力成本都比上海要低得多，例如上海500平方米店铺的租金可能要15万元/月，而苏州可能只需上海的1/4，但苏州的消费能力则可以达到上海的七八成。如果一家门店去掉租金之前的年利润为一两百万元，那么租金的减少就能大大改善盈利情况。极橙在天津的发展已验证其在二、三线城市发展的可能性。全国连锁齿科在天津都遇到了很多挑战，极橙则发展得较为顺利。塔尔盖认为，这得益于极橙清晰的市场定位，天津的租金和人力成本不高，有良好的财务结构，以及有一位得力的区域总经理，能够获取许多当地资源。这些经验可以复制到其他类似的城市。但二、三线城市居民的口腔健康意识不如一线城市，特别是预防意识，且口腔医疗的本地属性较强，极橙能否成功拓展二三线市场仍然未知。

　　同时，极橙早期3—6岁的儿童客户已渐渐长大，公司在考虑是否要加强相关业务。比如青少年正畸，甚至未来是否要做成人齿科业务。塔尔盖认为，即便是做成人业务，极橙也一定是侧重预防而不是治疗，从而与现有竞争对手区隔。但他明白，现阶段谈成人齿科预防市场还为时尚早，极橙的客户及其家长可能比较重视预防，但总体而言国内重视预防大于治疗的人还非常少。极橙现阶段仍会聚焦儿童齿科，参考美国市场，中国市场至少还有十倍的增长空间。

　　对于公司的长期发展，塔尔盖指出，极橙一开始聚焦较为高端的细分人群，但中国儿童龋齿治疗率仅4.1%，这一方面说明消费者还不够重视，同时也意味着还有96%的市场增长空间。"在我看来，这是个接近无穷大的市场。"因此，极橙也许要从"迪士尼"转变为"麦当劳"，成为品质可靠、标准化的服务，也能给孩子快乐的体验，价格不算高，但可以覆盖更多城市和人群。

　　塔尔盖深知其中的挑战："儿牙没有高价项目，本身就很难赚钱，要成为'麦当劳'，极橙还有许多挑战。"不仅要建立良好的品牌声誉和知名度，调整价格和成本结构，更重要的是要建立标准化的运营体系以及人才体系，保证不同门店的服务质量和一致体验。同时，要探索合适的快速开店的方式，口腔医疗本地化属性较强，因此要将标准化与本地化结合起来。极橙在品牌、精细化管理、人才体系等方面已经有一定基础，但还需要进一步提高。

　　此外，参考美国的经验，塔尔盖也考虑过借助儿童齿科保险来覆盖更多人群，但他发现目前这一想法落地还为时尚早，因为国内大部分消费者没有预防意识，出险率太高，"目前的齿科保险可能只相当于团购。有的孩子甚至有十几颗蛀牙，在这样的情况下，保险价格会高达几万元，根本没有市场。

除非保险公司获客后先由医疗机构完成检查和治疗，之后再投保，并且由医疗机构持续提供预防服务"。

　　创业七年，团队对于儿童齿科事业仍充满热情，塔尔盖自豪地说："牙齿影响的不仅是咀嚼和营养摄入，还有心理。有的小孩牙齿难看，怕被幼儿园的同学嘲笑，因此不爱笑，牙齿治好后就爱笑了。有的孩子以前不爱吃肉，牙齿治好后就爱吃肉了，身体也壮了，之前是因为咬不动……我们是在帮助这些孩子，极橙治疗过的孩子的牙齿，以及未来他们孩子的牙齿，一定会非常好。"

附 录

附录1　2016—2021年中国口腔医疗服务市场规模统计

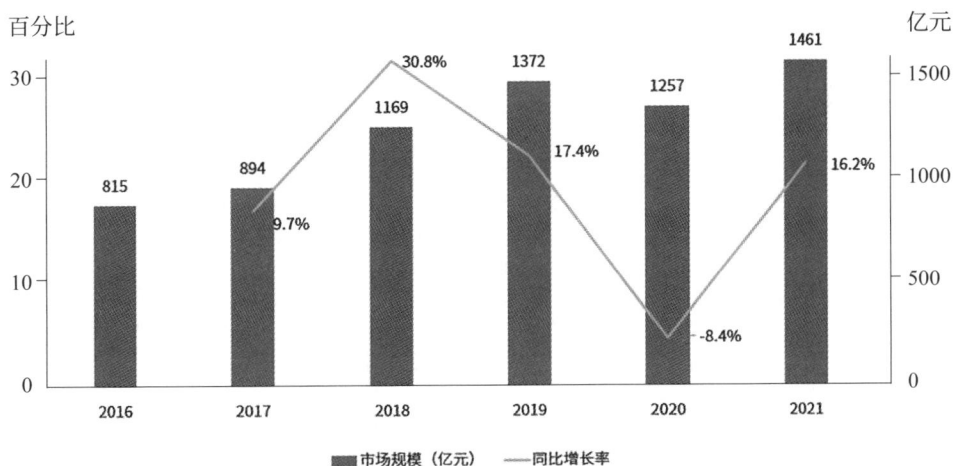

资料来源：艾媒咨询.2022—2023中国口腔医院产业链及消费者需求调查分析报告[EB/OL].（2022-08-01）[2022-08-12]. https://mp.weixin.qq.com/s/QmIZfITJnqsNG6YPHPJUvA.

附录2   中国龋齿患病率情况

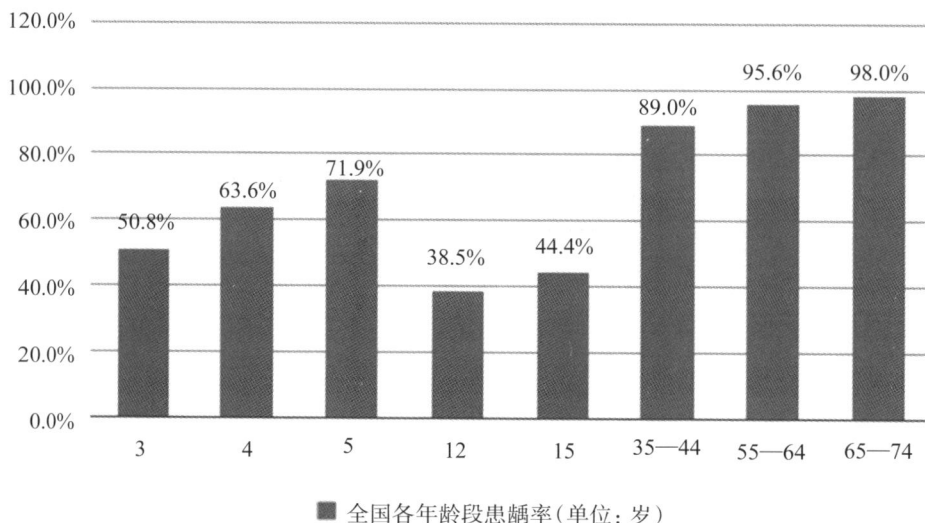

全国各年龄段患龋率（单位：岁）

资料来源：网易.关爱儿童口腔健康，第四次全国口腔健康流行病学调查[EB/OL]. (2022-05-16) [2022-08-12].https://m.163.com/dy/article/H7GBS0LT0538KUJW.html.

附录3   极橙齿科创始人简历

极橙齿科创始人简历	
塔尔盖	极橙齿科联合创始人兼CEO，斯坦福MBA、美国Gannon Univ. 电气工程硕士、清华大学电机工程学士，曾任全球最大牙科医疗器械公司KaVo、Ormco中国事业部总监。
高昭军	极橙联合创始人兼COO，中欧MBA、哈工大机械工程学士，曾任Ormco中国市场部经理。
贠晓非	极橙联合创始人兼CCO，川大华西口腔博士，曾任KaVo香港市场经理和3M中国研发中心齿科资深技术工程师。

资料来源：齐啦.极橙齿科：儿牙垂直领域领军品牌[EB/OL].(2022-07-18)[2022-09-10]. https://mp.weixin.qq.com/s/KbJvWGYkymk_dP9nUXcnIw.

附录4　极橙门店照片

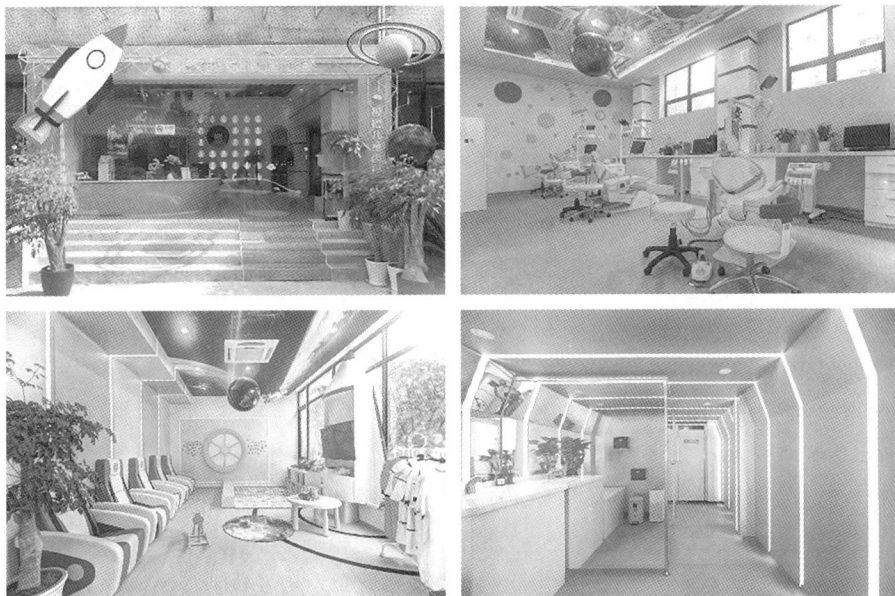

资料来源：极橙齿科。

附录5　极橙历次融资情况

融资轮次	融资时间	融资金额	投后估值	参与机构
天使轮	2015.3	500万元	未披露	真格资金
Pre-A轮	2016.9	数千万元	未披露	深圳分享成长
A轮	2018.5	未披露	未披露	和谐爱奇、点亮基金、道彤淳辉、道彤投资
A+轮	2018.7	未披露	未披露	清新资本、IDG资本、道彤投资
B轮	2019.6	数千万元	未披露	迈通资本、清新资本、道彤投资
B+轮	2021.2	未披露	未披露	金浦投资

资料来源：齐啦. 极橙齿科：儿牙垂直领域领军品牌[EB/OL].(2022-07-18) [2022-09-10]. https://mp.weixin.qq.com/s/KbJvWGYkymk_dP9nUXcnIw.

尾　注

1　中商产业研究院.2021年中国口腔医疗行业市场前景及投资研究报告（简版）[EB/OL].
　　(2021-10-25)[2022-08-12].https://mp.weixin.qq.com/s/QoWqx9eYeiJCJAwoAUD5zg.

2　艾媒咨询.2022—2023中国口腔医院产业链及消费者需求调查分析报告[EB/OL]. (2022-08-01)
　　[2022-08-12].https://mp.weixin.qq.com/s/QmIZfITJnqsNG6YPHPJUvA.

3　健康界.趋势：阿里×太平洋证券：3大方向，撑起4000亿元口腔市场规模[EB/OL]. (2020-11-03)
　　[2022-08-12]. https://www.cn-healthcare.com/articlewm/20201031/content-1158589.html.

4　艾媒咨询.2022—2023中国口腔医院产业链及消费者需求调查分析报告[EB/OL]. (2022-08-01)
　　[2022-08-12].https://mp.weixin.qq.com/s/QmIZfITJnqsNG6YPHPJUvA.

5　和讯股票.太平洋证券. 国内连锁口腔诊所为何越扩张越亏损？[EB/OL].(2021-12-10)
　　[2022-08-13]. http://stock.hexun.com/2021-12-10/204910920.html.

6　和讯股票.太平洋证券. 国内连锁口腔诊所为何越扩张越亏损？[EB/OL].(2021-12-10)
　　[2022-08-13]. http://stock.hexun.com/2021-12-10/204910920.html.

7　和讯股票.太平洋证券. 国内连锁口腔诊所为何越扩张越亏损？[EB/OL].(2021-12-10)
　　[2022-08-13]. http://stock.hexun.com/2021-12-10/204910920.html.

8　八成民营连锁机构入不敷出，口腔医疗规模越大亏损越多？[N/OL].齐鲁壹点，2022-
　　07-18[2024-01-25]. https://baijiahao.baidu.com/s?id=1738647631763792242&wfr=spider&for=pc.

9　瑞尔集团财报.https://arrailgroup.vislan.com/report/index.html.

10　齐啦.拜博口腔的前世今生 [EB/OL].(2022-06-27)[2022-08-15]. https://mp.weixin.qq.com/
　　s/00N4IjNGNCjz-oUIBayKEwh.17425736620&wfr=spider&for=pc.

11　每日财报网.泰康战略投资泰康拜博四周年 逆势而上焕发新生 [EB/OL].(2022-06-16)
　　[2022-08-15]. https://baijiahao.baidu.com/s?id=1735776817425736620&wfr=spider&for=pc.

12　陈雪松. 支付端占比跃升至近20%，解码泰康口腔新品牌的诞生逻辑[EB/OL]. (2022-08-31)
　　[2022-09-10]. https://mp.weixin.qq.com/s?__biz=MjM5NzUzODczMg==&mid=2649902217&i
　　dx=4&sn=54648e507188a13ef7a83bbdf67f6464&chksm=bede924a89a91b5cfc53cbba29bbf2
　　b67fd76b2856e58b40613bc5b641a0aad3a0dcd10e33c6&scene=27.

13　杨朝英. 留住员工，从牙开始 —— 泰康泰爱牙团体医疗险游向产业"蓝海"[EB/OL].
　　(2019-10-30)[2022-08-15]. http://www.rmzxb.com.cn/c/2019-10-30/2454479.shtml.

14　通策医疗公司财报.http://www.tcmedical.com.cn/upfiles/files/202205/30/3016538752072995.pdf.

15 IDSO. 儿童口腔医疗市场或将成为下一个风口[EB/OL].(2022-08-04)[2022-08-14]. https://mp.weixin.qq.com/s/0Zv9JP7q2QtWzB9dZtTtEg.

16 艾媒咨询.2022—2023中国口腔医院产业链及消费者需求调查分析报告[EB/OL]. (2022-08-01)[2022-08-12].https://mp.weixin.qq.com/s/QmIZfITJnqsNG6YPHPJUvA.

17 林兰枫. 民营儿童齿科连锁如何跑出自己的一片天？[EB/OL].(2019-09-19)[2022-08-16]. https://mp.weixin.qq.com/s/-spTbcIHHRAsZCPuRbQ3vw.

18 齐啦.极橙齿科：儿牙垂直领域领军品牌[EB/OL].(2022-07-18)[2022-09-10]. https://mp.weixin.qq.com/s/KbJvWGYkymk_dP9nUXcnIw.

19 方爱之. 一顿饭敲定投资，我为何如此"轻易"地看好极橙儿童齿科｜真格投资人手记[EB/OL].(2018-05-16)[2022-09-01]. https://mp.weixin.qq.com/s/5_I3jl7--Xwml65JF-Tr2w.

20 高道龙. 美国取经回来后，极橙齿科的三位大叔利用游戏化的方式，打造儿童牙科中的"迪士尼"[EB/OL]. (2017-06-28)[2022-08-14]. https://mp.weixin.qq.com/s/WjeTaJCXrdjVu5X1GYJ_9g.

21 高道龙. 美国取经回来后，极橙齿科的三位大叔利用游戏化的方式，打造儿童牙科中的"迪士尼"[EB/OL]. (2017-06-28)[2022-08-14]. https://mp.weixin.qq.com/s/WjeTaJCXrdjVu5X1GYJ_9g.

22 齐啦.极橙齿科：儿牙垂直领域领军品牌[EB/OL].(2022-06-27)[2022-08-15]. https://mp.weixin.qq.com/s/00N4IjNGNCjz-oUIBayKEwh.17425736620&wfr=spider&for=pc.

23 高道龙.儿牙标杆极橙儿童齿科再获数千万融资，清新资本、迈通资本领投[EB/OL]. (2019-06-24)[2022-08-15]. https://mp.weixin.qq.com/s/BVZ-fsHaMw3d6j83CnI5fg.

24 贠晓非.极橙要做的，不仅仅是看牙——极橙齿科的医疗蓝图和体系[EB/OL].(2020-05-19)[2022-08-16]. https://mp.weixin.qq.com/s/uv5b4WU1RWtRgkkhS4pTVQ.

25 齐啦. 极橙齿科：儿牙垂直领域领军品牌[EB/OL]. (2022-06-27)[2022-08-15]. https://mp.weixin.qq.com/s/00N4IjNGNCjz-oUIBayKEwh.17425736620&wfr=spider&for=pc.

26 刘旭."最难"集采将至，对口腔种植市场影响几何？ [N/OL].新京报，2022-08-19[2022-09-02]. https://baijiahao.baidu.com/s?id=1741597569291232739&wfr=spider&for=pc.

27 王舒蕾,机构集体出逃！400亿"牙茅"逼近跌停，种植牙集采影响有多大？ [EB/OL].(2022-08-15)[2022-0-03].https://www.cls.cn/detail/1100690.

28 申佳."让孩子长得更好看"是新蓝海，泰康拜博深耕儿童齿科大市场[EB/OL]. (2022-06-07)[2022-09-03]. https://mp.weixin.qq.com/s/A6zwgQHpPgFipbgM2S5aYw.

29 凤凰网财经. 高端齿科品牌"泰康口腔"健博会首次亮相，泰康医险协同又添新载体[EB/OL].(2022-08-10)[2022-09-03]. https://finance.ifeng.com/c/8ILSgX9fl2.

极橙齿科案例进展

2023年起，极橙的业务稳步增长。截至2023年10月，会员数量提升至四万多，已实现每个月持续盈利。塔尔盖认为，这主要得益于公司三年来管理能力的提升、运营效率的提高和会员制的优势。例如，近两年人效提升了70%—80%，老客户中有95%会再次到店。随着儿童的长大，正畸业务比重增加，正畸客单价较高，促进了业绩增长，极橙在正畸人才吸引和流程管理上做了针对性的提升。极橙门店数已达到19家，新开设的七家分别在苏州（三家）、上海、天津、嘉兴和金华。

对于二、三线城市的门店，极橙进行了本地化调整，例如苏州门店都选在苏州经济最发达的工业园区核心地段，风格不变但面积较小，约300平方米，租金约为上海的1/4，装修和设备采购成本也进行了控制。按照苏州的购买力，苏州店的定价为上海的70%。

极橙为加强快速增长能力做了许多尝试。首先，搭建IT团队，由一位20年经验的主任医生负责，开发医疗和运营管理系统，可以通过AI自动识别，对四万会员的100多万颗牙齿数据进行收集和管理，从而实现标准化管理，赋能业务。例如根据儿童牙齿变化情况，自动提醒相关工作人员给客户打电话复诊，且数据能在各个门店共享，方便客户就诊。客户到店后，员工需要做哪些标准流程也会由系统一一提醒操作。其次，极橙开展了大量儿牙医生培训，这是社会公益事业，同时也提升了极橙的品牌。更进一步，公司还让其他机构的医生到极橙门店进修，以及为其他机构的儿童业务提供咨询。在塔尔盖看来，模仿者必然存在，但模仿不到精髓，极橙不如对外开放，提升品牌并吸引潜在合作者。此外，极橙还与高校研究团队合作，尝试开发创新的口腔相关产品，如便于检查内部牙齿状况的儿童智能内窥镜检查系统，可以让家长直观地看到孩子牙齿情况，从而有助于医患沟通，未来还可以自动识别牙齿状况并录入系统，以及调取类似病例的治疗效果给家长参考。

基于以上举措，极橙开始尝试加盟模式，在嘉兴和金华的两家店就是如此，加盟商都参加过极橙的培训并表现出极大的合作兴趣。齿科服务有一定本地化属性，很难完全标准化，加盟商可以提供本地资源，如政府关系、客户资源、门店选址等，而极橙则做自己最擅长的部分，从一开始就给加盟商提供从风格设计、品牌到运营管理的全方位赋能，从而优势互补。

而对于和保险的合作，塔尔盖和多家保险公司进行过探讨，但现阶段唯一可行的合作是将极橙的服务作为高端保险客户的赠品，提升保险的客户服务体验，同时为极橙引流，而无法提供真正的儿童齿科保险。也许等到市场培育完成，极橙门店遍布全国，家长和儿童都注重口腔健康并有国家政策支持购买保险，儿童齿科保险才会可行。

极橙齿科案例点评一
从中欧创业课学习内容角度看极橙儿童齿科发展过程的思考

叶朝红 *

接到周教授的命题作文，踌躇了很久，担心评价这份关于极橙齿科发展探索的案例会不会写跑题。塔尔盖先生是我非常尊重的创业者，很有缘，我和他的早期创业投资人是同一个基金，因此在消费医疗投资管理赛道上有了交集。他带领团队走过的探索道路，案例描述是非常真实客观的。我二次创业做眼科细分赛道品牌，极橙与贝瞳少儿眼科的成长之路简直是异曲同工、殊途同归。评论案例就怕散而杂，怕跑题不知所云。

这次，我尝试用中欧创业课学习的知识，把我所感知的一些创业思考写下来，看看能不能为读者提供一些借鉴。

一、赛道选择，市场定位非常关键

中欧创业课有一个明确的说法，如果你从你熟悉的赛道出发，寻找细分

---

* 叶朝红，贝瞳少儿眼科创始人。

领域进行创业，成功率会高很多。

塔尔盖先生创业前是卡瓦集团旗下正畸品牌ORMCO的中国事业部总经理。有着丰富的中国齿科市场行业经验，非常看好国内齿科医疗服务市场。即便如此，极橙儿童齿科并不是一次性就到位的清晰定位，也是从全科口腔诊所开始。结果第一家诊所没有能够做起来，遇到了挫折。

塔总具有理工男的优良风格，凡事都是仔细琢磨，用调研数据说话，强调系统建设决策的重要性。他和团队通过认真的市场调研和国内外齿科发展现状的分析了解，准确地找到了未来的发展方向——聚焦儿童齿科，也就是齿科领域里的细分赛道，这一点对于企业发展极其重要，方向对了，接下来的服务对象特点分析、服务产品设计、价格定位、获客渠道模式、现场消费动线的设计等等，都是围绕着这个品牌定位方向为聚焦，才会有后面的一系列故事。

我当初做贝瞳少儿眼科项目时，面临的是同样的问题。如果起步之初做全眼科服务项目，就很难与同行进行差异化竞争。消费者很难选择一个名不见经传的眼科品牌。而且在规模设备人才等方面都是很难与同行竞争的情况下，如何快速崛起？只能如同极橙儿童齿科一样，从细分领域入手。果然，老百姓是完全可以接受这样的细分品牌与细分服务。

二、做好从0到1，才能有从1到N

创业之路从来不是一蹴而就的，每个项目的第一批门店的精心打磨都非常关键。

极橙儿童齿科的第一家诊所，从内部环境的设计思路，到绘本原创引导儿童模式，到开业之初初始客户的顺利获取，倾注了塔总带领的创业团队的精心与全情付出。第一家店的成功，顺利带来了后面11家门店的开拓。

2019年，我和天使投资人交流时，他就非常鲜明地给我讲述了极橙塔总的发展过程，认为非常值得参考借鉴。贝瞳少儿眼科从一开始就定位服务15岁以下，从聚焦少年儿童近视防控细分领域开始，也踏上了一条类似极橙儿童齿科的发展历程。

三、同城一体化还是全国连锁化选择？

其实，这是个很有意思的研究问题。尤其是对于创业者而言，把握住发展节奏非常重要。

中欧创业课老师在分析企业发展扩张的过程中曾谈及此类问题。这一点，我也是有过深度思考的。为什么口腔行业往往难以出现全国性的连锁巨头，大多存在的是区域性品牌连锁？这是由口腔科特点决定的。比较眼科，口腔科相对而言复制壁垒低，运营管理难度更高。

全国连锁拓展意味着管理半径的迅速拓宽，对团队的整合提升能力、运营风险控制能力等方面，会提出更高的要求。

如果我从创业的角度看极橙儿童齿科，会不会很快就离开上海拓展到天津和南京？答案是，不会。从性质上看，齿科与眼科，都是属于消费医疗。如果是诊所或者门诊部连锁，我会坚持同城一体化发展战略，务必在早期阶段把一个城市打透做实。

有时候与投资人交流，我认为消费医疗投资管理领域中，医院和诊所是两个完全不同的管理思路。如果有雄厚资本，开设单体大医院，是可以考虑全国性的连锁发展，因为它是一个医院一套管理运营班子，从医疗技术到市场获客运营及后台管理，配备比较完整，对于总部团队管理能力要求相对来说早期不会太高。

但是如果是单纯做诊所连锁，属于一个管理运营本部对应 N 个同城诊所，诊所只是专门提供医疗服务，其他的获客渠道及后台管理都是依赖运营管理本部。这种情况下，一定要注意聚焦一个地域，争取做熟做透，打磨成型，才能考虑接下来去另外的地域进行拓展。前面可能 3—6 年都比较慢，但是非常扎实稳健，也可以为下一步的异地复制打下基础。这是个前慢后快的过程。

与其他连锁行业一样，管理本部的成熟和能力提升是一个迭代升级的过程，团队需要磨合锻炼，市场方法需要实践总结，同城客户的网络化效应也是需要一个量级的蝶变。

这些年很多细分领域消费医疗品牌，在发展过程中，在资本推动下，过早地离开早期根据地，快速去异地进行扩张发展，大部分的结果都不会很好，我觉得其核心原因可能就是这个。

四、服务差异化是细分赛道的生存之道

中欧创业课老师讲到波特竞争理论时，我其实还没有多大感觉，但是实践证明，差异化竞争的确是初创企业一定要绝对重视的。无论是极橙儿童齿科，还是贝瞳少儿眼科，抛开其他要素，现在可以在残酷的市场竞争中存活下来的核心原因，就是服务差异化。

现在大环境下，医疗行业也是越来越卷，同质化竞争越来越严重，我与团队反复分析：一个医疗机构，技术、设备、价格、服务，四个维度，前面三个都是完全可以同质化的，唯有最后一个服务，可以进行差异化竞争，这是当前和未来医疗行业的核心竞争力。

极橙齿科的技术人员、设备、价格等并不一定比其他机构强或者是弱，但是，他们的服务差异化是做得非常棒的。让孩子快乐地看牙，这个服务定位一下子就抓住了消费者痛点。从内部环境的布置到绘本纾解恐惧，到很多消费动线的设计，以及他们非常强大的会员客服体系建设等等，都让极橙齿科在短期内脱颖而出。

爸爸妈妈就是这样，你让他们的小孩快乐喜欢，他们就会用更高的品牌忠诚度来回报你。2022年上半年期间，极橙齿科仅仅是因为一篇微信公众号文章，就让会员客户短时间内刷卡注资900多万元购买服务，极大缓解了企业运营燃眉之急。这就是差异化竞争的力量。我当时听到这个故事也是非常吃惊。但这是个真实存在的案例，对于我们贝瞳少儿眼科也是具有非常大的启发作用。

创业路上，一直都是在探索与挣扎。极橙齿科的发展历程，对于我和团队而言无疑是一面闪光的镜子，非常值得学习和借鉴。感谢周教授给予这个宝贵的机会让我从中获取经验，也期待着我们国家的消费医疗服务领域涌现出更多创业成功的优秀案例。

极橙齿科案例点评二

金维维[*]

极橙齿科是一个很有启发性的案例，它是一个对消费者需求深度洞察后的产物，在齿科这样一个非常传统的行业里创造性地切出了儿童齿科这样一个细分领域。齿科需求是个混杂着全龄段的需求。客户混合后，不同类型的客户的需求和痛点就被忽略了，只剩下针对各种症状的解决方案，供应端提供的就是通用的服务，这样效率也是最高的。那些被忽略的客户需求是否有进一步挖掘的价值呢？极橙给出了一个不错的方向。

极橙把目标客户定位到有1—14岁孩子的高知高薪家庭，儿童群体牙齿出现状况的频次高使得消费频率高，而且他们身心和成年人都有差异，使得客户需求、痛点、消费场景也很有差异。极橙的"帮孩子快乐看牙""打造儿童齿科的迪士尼"的理念我很喜欢，它把消除"看牙的恐惧"作为了服务中主要考虑的内容之一，在让"小"客户消除恐惧、放松心情、获得愉悦感等体验方面做了大量的工作，各种卡通动画场景、看牙中的安抚玩具、更专业更懂孩子的儿童齿科医生等等。有效解决客户痛点，这将提升产品溢价、增加客户黏度和复购，原本高频次低客单价的业务的溢价得到了提升。还很可

* 金维维，海亮教育集团副总裁。

能使得在这里消费的家长不再倾向于选择综合性牙科作为孩子就诊的首选。

家长群体中的传播也是一个容易形成有效客户来源的途径。齿科意味着有医院口腔科、牙防所、各类牙科诊所、品牌连锁齿科（瑞尔齿科等）等多种选择，市场很分散，除了少数连锁，可能客户基本没有多少品牌忠诚度，就医方便、认准医生可能是消费者的首要考虑。极橙齿科通过服务场景的差异化，就有可能变成家长群体心目中的儿童齿科的代名词，占领消费者心智、产生消费黏性，就比如戴森吹风机、"黄天鹅"鸡蛋等。

极橙已经开始从一线城市拓展到江浙等地的二、三线城市。下沉市场的租金和人力成本的下降带来的盈利空间可能是极橙考虑的因素，但我并不太确定这个模式到二、三线城市后的可复制性如何，因为消费群体的集中度也会较一线城市有所下降，客户的消费观念及支付溢价的意愿也会有变化。此外，齿科的经营对地区经营管理者和医生的依赖度应该会比较高，尤其极橙需要的专业且能提供情绪价值的儿童齿科医生相比普通齿科医生招聘的要求应该是更高的，多地区发展是否会让极橙很快遇到人才瓶颈，是否会带来服务质量的差异和经营的压力？

如果极橙的业务发展较好，必然也会不断有新势力涌入，原有的综合齿科连锁品牌也可能会提供极橙所提供的差异化服务，这会使得原本差异化的场景逐渐同质化，形成新的竞争格局——价格战、儿童齿科人才争抢，市场就会陷入内卷。另外，人口结构变化的趋势对业务发展也有一定的影响。进入老龄化社会，出生人口下降，我们可以观察到最近两年幼儿园关园的情况日渐增多，未来可能会形成关园潮，从幼儿园逐步蔓延到小学、初中，这意味着客户群体的总量在不断减少。儿童齿科和幼儿园到小学阶段的客户群像有一个相似点，就是大部分人选择就医的地理半径不会很大，比如通常不会跑到十公里半径外的地方去读幼儿园和小学，也不会选择比较远的地方去看日常的牙科问题，这就使得每个门店所覆盖的半径是有限的。这些都将给极橙的规模化发展带来挑战。

齿科是个千亿级的市场，但消费还是比较分散的，以自营连锁门店的方式发展，这样的业务就单个企业来说天花板似乎就在眼前。极橙是否应该做延伸产品，以延长客户服务周期？

每一个有效流量的获得是很宝贵的，而长期重度消费者更是珍贵。极橙服务到小孩14岁之后就失去了这些客户，我感觉是有些可惜的，是否可以尝试开设"极橙PLUS齿科"，布点可以从儿童极橙齿科客户积累量大的城市开始，根据客户的可转化情况逐步开设少量成人齿科或者叫作家庭齿科，用于衔接未来超龄后的客户，同时也服务于家长客户。虽然极橙在聚焦儿童齿科前有过成人齿科失败的案例，但我认为儿科齿科获得成功后，可以为成人齿科带来有效的引流。

我很喜欢极橙这个案例，它给我打开了对于传统行业重新思考的一些思路，对服务业、消费品，甚至制造业都有借鉴意义，如果沿着客户混合的消费场景里那些占比高且未被完全满足的需求这个方向去思索，或许能模拟一些新的可能，进而打开一扇新的商业天窗。

第五章

保险：支付端与医疗
供给端协同发展

慕再健康
关爱平台

案例 HAP:
慕尼黑再保险的差异化战略[*]

2020年年初，慕尼黑再保险（以下简称"慕再"）旗下健康关爱平台（Healthcare Assistance Platform, HAP）用户数量已达到300多万，远远超出10年前张路群先生（慕再人寿和健康险大中华区CEO）提出这个平台创意时的预期，这让他开始对HAP寄予更高的期望。

近年来，随着国内商业健康险市场快速发展，服务于保险的第三方管理公司（Third Party Administrator, TPA）雨后春笋般涌现。但TPA大多是中小企业，在服务质量、经营持续性等方面存在一些问题，这与保险时间跨度长、风险管理要求高等特征不匹配。保险公司在对接诸多TPA时，还有许多系统、体制、专业性上的障碍。针对这些痛点，2010年，时任慕再寿险中国区总经理的张路群先生和负责保险创新的运营部总经理赵利强先生牵头

* 本案例撰写于2020年，最后更新于2021年6月。

搭建了HAP，希望通过整合各类优质TPA服务商，给直保公司客户提供一揽子解决方案。经过10年的积累，目前平台已上线30多种服务，并形成了一套服务商筛选和评估标准，保证了平台服务质量，得到许多直保公司客户的认可。

随着健康险市场同质化竞争加剧以及客户服务和数据积累等越来越重要，许多直保公司开始自建服务体系，其他再保险公司或TPA也开始尝试搭建类似的服务平台。HAP一直作为慕再内部一项辅助业务，并没有太大的增长压力。但随着其运营的成熟以及竞争越来越激烈，张路群设想，HAP能否在3—5年内实现用户规模从300万到1,000万的增长，甚至未来发展为慕再的一个利润中心？具体该如何实现？他还需要进一步思考。

再保险市场

再保险也叫分保，是指原保险公司将其承担的保险业务，以分保方式部分转移给其他保险公司，这样可以分散原保险公司的风险，有利于其控制损失、稳定经营。作为"保险的保险"，再保险是一项to B（面向企业）业务，一般不与C端（面向终端用户和消费者）客户直接接触。相对于原保险，其对资本实力、专业能力等要求更高。[1]

中国再保险行业发展较晚，2001年加入WTO之前，中国一直实行"法定分保"，境内再保险主体只有中国再保险集团，2006年这一限制取消，市场逐渐开放，外资再保险企业纷纷进入。[2] 在政策支持下，近年来中国再保险市场发展较快，2020年市场规模预计将达到3,300亿元。[3] 2020年初中国再保险市场上主要有12家专业机构，包括中再寿险、中再产险、前海再保险、太平再保险、人保再保险五家中资公司，以及慕再北分（北京分公司，下同）、瑞再北分、汉再上分（上海分公司，下同）、法再北分、通用再上分、美再上分、大韩再上分七家外资公司，此外还有200多家离岸再保险公司，以及诸多排队申请再保险牌照的公司，竞争日趋激烈。[4]

再保险业务本身同质化，近年来费率长期处于低位。慕再曾是巴菲特最大的海外投资。但2015年他进行了大笔减持，原因是认为再保险行业回报率相对来说不再那么有吸引力。[5] 在同质化竞争压力下，再保险市场竞争的决定因素已不仅是资本和承保能力，[6] 而是包括资本、商业模式、技术、品牌等多元要素，并需要根据客户需求进行产品和服务创新。[7]

慕尼黑再保险

慕尼黑再保险公司创立于1880年，是全球最大的再保险、保险及保险相关风险解决方案提供商之一，在全球150多个国家共有60多家分支机构、近4万名员工。其核心业务为再保险，包括人身再保险和财产与责任再保险；原保险业务由子公司ERGO负责；资产管理业务主要由子公司MEAG进行管理。[8]

慕再与中国保险业的合作可追溯到中国人民保险公司建立之初，从1956年就有再保险业务联系。1997年慕再在北京和上海分别成立了代表处，并于2003年10月成立了北京分公司，成为第一家获中国保监会核发全国性综合业务执照的国际再保险公司。通过总公司和遍布亚洲的分公司网络，慕再为中国的直保公司提供财险、寿险及健康险再保险业务，其健康险部现已成为中国市场上最具实力、最为专业的外资健康再保险提供商之一，与国内大部分健康险公司都建立了合作。[9] 2019年，慕再在中国市场的再保费收入超过人民币100亿元，其中健康险再保费收入约为40亿元。

对于行业费率处于低位的现状，慕再将数字化变革作为其全球战略方向，通过科技手段降本增效。[10] 其在中国也采取了相应的战略，如与科技加速器和投资机构合作，为新兴保险科技公司提供资源、合作伙伴和试点项目等。[11]

慕再HAP

中国健康险和TPA市场的不足

中国商业健康险市场的发展始于21世纪初，2002—2005年，在政策鼓励下曾快速增长。2006年《健康保险管理办法》出台，从公司经营、产品设计、营销、精算等多方面加强规范健康险。同时，政府于2009年正式启动新一轮医改，主张"把基本的医疗服务作为公共产品向全民提供"，2012年基本实现了全民医保覆盖。因此2006—2012年，中国商业健康险发展基本停滞。但随着医保费用水涨船高，近年来政策转向"医保保基本，商保作补充"的定位，健康险利好政策不断推出，如2014年国务院印发《关于加快发展商业健康保险的若干意见》，2015年试点"税优健康险"，2019年修订通过新《健康保险管理办法》等，健康险保费收入在2013—2019年间增长近8倍（见附录1）。[12]

然而，高速增长的背后是粗放式的管理。传统健康险运营中存在信息不对称、专业化程度低、产品同质化、渠道成本高、数据和系统落后、盈利能力不足等问题。例如，2017年后，险企竞相推出百万医疗险等同质化产品，价格战打得激烈。由于我国健康险占社会医疗卫生总支出的比重较小，难以掌控医疗资源、建立优质的医疗网络以及有效控制医疗费用，因此大部分健康险都处于亏损状态。[13] 许多保险公司也不愿花费大量成本自建医疗网络或处理核保核赔等琐碎业务。因此，TPA应运而生，保险公司除了保留核心的风险赔付责任，开始将部分或全部非核心服务管理工作委托给TPA。

传统TPA业务主要包括处理理赔、医疗费结算、报销经办等保险公司不愿做的"脏活、累活"，门槛较低，技术含量很少。随着竞争加剧和大数据等技术的应用，TPA新兴业务包括大数据风控、创新产品开发、精准营销、智能核保、搭建医疗服务网络和健康管理等。[14] 2019年，新的《健康保险管理办法》要求商业健康险加强与医疗机构、健康管理机构、康复服务机构的合作，并将保险公司健康管理服务分摊成本的限制从不超过净保险费的10%提高到20%。[15] 据估计，随着未来几年国内商业健康险市场达到万亿规模，TPA市场规模也将达到千亿元。[16]

但国内TPA市场仍在发展初期，在解决健康险痛点的同时，自身也存在很多问题。例如，传统TPA门槛较低、同质化竞争、服务质量不稳定、存续性较差；而所谓的科技和资源型TPA鱼龙混杂，技术水平、创新能力和有效性都有待验证。这与保险时间跨度长、风控要求高等特征不符。保险公司作为支付方，希望实现合理控费、提高客户黏性、积累健康数据等综合诉求，但市场上很少有TPA能够提供全套解决方案。[17]

HAP的建立

2010年，慕再开始为其重疾险（慕再将其归为寿险，但一些公司也将其归为健康险）业务搭建健康服务体系。彼时，重疾险是市场上热卖的产品，销量大但服务体系跟不上。重疾患者在拿到一笔一次性赔付的保险金后，却找不到合适的治疗途径，比如该去哪个医院、找哪个医生、如何快速就医等。直保公司虽然希望帮客户解决问题，但其内部缺乏相应的医疗服务体系，只能依靠TPA。而国内TPA数量大、种类多、质量参差不齐，让直保公司难以判断其优劣。各保险产品需匹配的服务也不同，直保公司自己挨个签约不同的TPA没有规模效应，再加上许多直保公司内部审批流程繁琐，跨部门合作困难，因此很难快速建立完善的服务体系。

针对这些痛点，慕再开始为合作的直保公司引荐服务商。最早引入的服务是海外二次诊断，即由全球顶尖专家对癌症患者的诊断和治疗方案进行二次评估。为提高服务质量和降低价格，慕再会同时找2—3家服务商供直保公司选择。早期，慕再只是引荐，直保公司和服务商对接后就不再需要慕再，慕再的价值非常有限。因此，慕再开始搭建"重疾关爱平台"，作为直保公司和服务商之间的"连接器"，并根据市场需求不断增加平台上的服务种类，以提升自身的价值。比如，海外二诊的使用频率很低且受众面小，于是慕再引入了国内顶级医院的二诊、绿色通道等，接着又延伸出专业陪诊、医疗费用垫付等。

寿险是一个低频服务，客户购买后，发生理赔可能要到几十年以后，服务使用率很低，因此，即使每次服务成本很高（例如一次海外二诊需花费2万元到10万元），慕再付出的总体成本也不高，使其能以较低的成本增加差异化，从而在同质化的再保险竞争中占据一定优势。但问题是，由于服务过于低频，终端客户平时根本想不到还有直保公司赠送的服务，也感知不到价值，直保公司也就觉得健康服务可有可无，只是作为销售辅助。那么，该如何增加客户对HAP的使用频率呢？

张路群负责的业务范围扩大到健康险后，顺应国内健康险市场的快速发展，团队从2016年开始将原"重疾关爱平台"扩展为"健康关爱平台"——HAP，服务对象也扩展到健康险客户。健康险终端客户每年可能有几次看病需求，比寿险的需求更高频。围绕健康险客户需求，平台上又逐渐增加了轻问诊、电话和视频医生、健康咨询、专家挂号等相对日常的服务，进一步提高使用频率。到2020年年初，HAP上已有20多家TPA提供的30多种服务（一家TPA可能提供多种服务，见附录2）。

　　直保公司一般每年与慕再签署HAP服务委托协议，其终端客户在使用HAP时，可以登陆网页版或微信版，通过身份识别，系统会自动提供不同的交互。客户提出的服务需求经系统自动审核或慕再人工审核后，会自动推送至服务商。直保公司可通过后台管理系统实时查看本公司的新增和存量客户、服务使用数据、服务进度查询等信息。2020年上半年，HAP平台共为20余家直保公司的300多万客户提供服务（见附录3）。

平台服务商管理

　　慕再HAP负责人汪洋博士介绍：HAP相当于一个"天猫商城"，商品是第三方提供的，HAP有监督和管理职责，在后台需对服务商进行筛选、管理、评估和淘汰，在前台则提供了一个在线平台，直保客户都可以上来选购商品。

　　对于平台服务商可能不稳定的问题，慕再建立了一套服务商管理体系。首先，在服务种类选择上，慕再只选择相对成熟的项目，处于探索阶段、质量不稳定或难以评估、没有实际效用的服务，慕再都不会考虑。其次，对每一项服务，慕再都规定必须由两家或两家以上服务商提供，让它们之间有一定竞争，促使它们在服务质量和响应速度上做得更好。一旦一家出问题，后台可一键切换到另一家，直保公司及其客户是没有感知的，保证服务的稳定和延续性。根据服务商以往的服务质量、响应速度以及与慕再的合作关系，系统在分配服务需求时会有一定的偏重。从成本考虑，慕再一般把一家作为主供应商，其余一两家作为备份。大部分直保公司一般只在意服务本身，而不在意服务商是谁，但也有些直保公司会指定与自己有前期合作或利益捆绑的服务商。慕再在框架之内会尽量满足，将这些服务商纳入平台，前提是它们必须通过慕再的考核。

借鉴慕再全资子公司MedNet在服务商管理方面的经验，HAP的服务商管理体系逐渐完善，从进入前的筛选与备份，到保险客户对实际服务的在线评价、质量投诉、时效监控，以及服务商根据保险公司建议调整服务的响应速度等，都在HAP的常态化监控体系中。相较于直保公司单纯的招标采购，HAP的服务商考核体系更基于实际服务效果和客观服务质量，比如，准入考核体系就要收集包括供应商的持续性、声誉、专业知识和能力、灵活性、服务网络管理、IT系统、医疗管理、理赔和支付管理9大类161项信息，还要进行7大类32项风险评估，日常服务监测包括5大类33项内容，这比大部分直保公司对TPA的考核都要严格。

截至2020年年初，慕再考察过的服务商已接近100家，最终只有20多家进入HAP。这些服务商一般业务模式成熟、营收来源比较稳定，在领域内排名靠前。这样的服务商一般不是与慕再独家合作，而是同时也给市场上其他客户提供服务，慕再的订单可能并不是其主要业务来源。与慕再合作的主要好处在于品牌背书以及潜在的业务增量，慕再在保险和医疗方面的专业性也得到许多服务商的认可。因此，服务商都比较看重与慕再的合作，愿意给出最有诚意的价格，安排专人对接，并根据反馈不断改进。即便慕再会找两三家服务商提供同一服务，他们也表示认同，因为这样才能给客户提供更稳定、持续的服务。

慕再会定期给服务商建议，帮助它们提升。比如某大型保险公司的医疗险销售范围要下沉到乡镇，对某项服务提出了更高的地域覆盖要求，对应的服务商就主动把其服务的城市快速从150个扩大到190个。对接了诸多直保公司的需求后，慕再也更能协同服务商的优势资源。比如，某些服务商仅有局部地区的优质医疗资源，一般很难被大型直保公司采购，而慕再通过精准分配服务订单，可以充分利用该服务商的优势地域资源，再通过多家服务商的协作，以最低成本达到最优的资源配置。

汪洋介绍："就像一个品牌要上天猫或京东商城，除了在意销量提升，还会看中更长远的意义。慕再作为全球顶级再保险公司，是代表行业采购的，能带来的业务潜力巨大。服务商与慕再合作，也免去了挨个参加直保公司招标的麻烦，可以借由慕再进入很多原本难以企及的大型保险公司的服务网络。"

根据市场需求提升服务体系

整合TPA一般是直保公司来做的，由再保公司搭建服务平台并没有先例，慕再没有可借鉴的对象，只能根据市场需求边做边改。比如，HAP曾在2017年把系统的底层逻辑推翻重做，在不影响客户使用的情况下进行了迭代。迭代之前，平台只给直保公司提供了三四档服务，每一档服务包含的内容是固定的，对应直保公司不同层级的客户，比如金卡、白金卡、钻石卡，直保公司不能要求更细的定制化；而迭代之后，平台服务可以完全实现定制化，具体到每个保单的不同保额，都可以设置客户能使用的不同服务种类和限制使用次数。系统可以做到即插即用，即便直保公司明天就要推出一款新的保险产品，今天突然想增加健康服务作为卖点，慕再都可以支持。如果某项服务平台上暂时没有，也可以在两周内就完成上线。

HAP在细节设计上也充分考虑了直保客户需求，比如在识别身份时，直保公司需对客户信息保密并保证数据安全，因此 HAP 仅需直保公司提供基于保单号的少数字段，不需要客户姓名、电话、地址、证件号等敏感的隐私信息。考虑到直保公司品牌展示的需求，客户登录后都会看到其保单所属公司的 Logo 和热线电话，从而明确服务归属。而慕再在中国没有"to C"业务，不会与保险公司"争抢"客户，不需要展示自身形象。

基于服务商资源和对服务的整合能力，慕再 HAP 会根据政策和市场趋势的变化提供创新的服务，比如大湾区的概念及相关政策出台后，保险公司有强烈的意愿开发大湾区专属保险产品。为此，慕再整合了北京和香港分公司的资源，上线了完整的大湾区产品解决方案，提供覆盖整个大湾区的医院绿通、费用垫付、香港和澳门地区的二次诊断、转诊和直付等服务。相应的保险产品由慕再和直保公司共同开发，在开发时就将服务嵌入，得到了多家直保公司的欢迎。

HAP 的价值

搭建 HAP 主要是人力、脑力的投入，资金成本不高，给慕再带来的价值也难以用金额来计算。再保险公司一般都实力雄厚，主业上没有太大差异，慕再的再保险价格相对市场平均来说略高。而再保险订单涉及金额一般较大，直保客户要有充分的理由才会愿意支付更高的价格。早期在中国市场的竞争中，慕再主要依靠本地团队规模较大、服务好、专业度高等优势。近年来，这些传统优势的作用越来越小，需要更多创新来实现差异化竞争。HAP 就是慕再总部比较认可的在中国市场上的创新。

在将 HAP 提供给直保公司时，慕再不是按服务项目收费，而是将平台整体打包作为增值服务，其费用包含在再保险合同中，直保公司不需要为

HAP额外付费。在再保费同等或略高时，HAP一定程度上提高了直保公司选择慕再的意愿，为慕再争取到更多订单，慕再现有直保客户中一半都或多或少使用过HAP。由于服务平台的切换有一定难度，HAP也一定程度上增加了直保公司与慕再的黏性。随着保险市场竞争日趋激烈，直保公司都有产品创新需求，慕再基于HAP的资源，可以与直保公司共同开发新产品并分担创新的风险，解决了直保公司的后顾之忧。慕再希望未来与直保公司合作时，保险产品的设计都与服务相结合，这样可以提高其他直保或再保公司模仿的门槛。慕再一开始搭建HAP是为了服务中小型直保公司，帮它们提升竞争力，但随着平台服务范围越来越广、质量越来越好，大型直保公司也有许多选择HAP，比如中国人寿、中国人保、新华保险等，甚至有非慕再分保保险产品客户的直保公司也单独购买了HAP服务，比如国华人寿、安联保险。

相对于只提供费用报销的传统保险模式，直保公司有了HAP，就可以提供"保险支付＋医疗服务"的整合，提升了其服务的差异化，进而促进了其保险销售。比如医学专家线上直播、线下讲座等，可以提高保险营销活动的吸引力；有亮点的服务能够提高客户对保险的感知价值和购买意愿。不仅如此，HAP的健康管理服务，尤其是高频使用的服务，能够与用户更好地互动，提高用户忠诚度和保险续保率。而便捷的医疗服务，如小病在线咨询可以减少去医疗机构就诊次数，长期为客户提供健康管理服务有助于改善其慢病状况、提升治疗效果、降低死亡率等，这对保险公司降低短期和长期赔付成本都能起到一定作用。

竞争优势

搭建HAP这样的TPA整合平台看起来没有太高壁垒，但慕再有其独特的竞争优势。比如，相对于TPA，可能一些掌握稀缺资源的TPA可以与直保公司直接合作，不需要通过HAP，甚至有些TPA对直保公司选择哪家再保险也有一定话语权，因为其掌握的医疗资源可能比再保险更稀缺，再保险也只是直保公司的服务商之一。但张路群认为，HAP的优势在于整合一揽子服务（见附录4），这是单一的TPA轻易做不了的。一些原本做单一服务的TPA想延伸业务或做服务集成，会遇到多元化程度过高导致的不专业的问题，且服务商之间存在竞争，不一定想"被集成"。同时，服务商希望能卖出更多的服务，而直保公司希望控费，两者的利益并不完全一致，而慕再作为再保险与直保公司利益绑定。此外，慕再比TPA更懂保险，更知道直保公司的痛点，可以在与直保公司一起设计产品时就把服务也考虑进去，这是慕再的先天优势。

相对于直保公司，现阶段国内健康险市场还在发展初期，许多直保公司的精力主要在销售端跑马圈地，但从长远来看，会有越来越多的直保公司倾向于搭建自己的后端服务体系，以提升用户忠诚度，以及积累用户数据这一未来的关键资产。但直保公司建立服务体系时，考察并选出几十家合格的TPA并非易事，对中小型直保公司而言性价比不高，它们自身能力也不足；而大型直保公司的服务招采流程较为繁琐，采购一项服务可能就要耗时几个月，难以快速响应市场需求。另外，直保公司自己搭建的服务网络一般只能供自己使用，其他直保公司出于竞争原因很难共用。虽然像"平安好医生"这样相对独立的平台开始与其他小型保险公司合作，但毕竟是少数，大型保险公司不会采用竞争对手的服务。而慕再有专业团队对TPA服务进行集中管理，能够快速响应市场需求，且可以同时服务几十家直保公司，从而进行集采，这比一家直保公司采购或自建服务更具规模经济。单就服务价格而言，中小型甚至大型保险公司的采购价格都要高于慕再。

相对于其他再保险公司以及保险销售平台，它们也可能复制HAP的模式，特别是直保公司在线上主要依赖大平台来触达终端用户，比如蚂蚁保险、腾讯微保等。阿里、腾讯等互联网巨头本身就在医疗服务领域有大量布局，在流量上也更有优势，可以将保险销售与健康服务相结合。张路群认为，慕再有先发优势。HAP涉及服务内容选择、服务商管理、平台系统开发、保险公司和保险客户接入等诸多环节，摸索出其中深层次的细节需要很多时间和精力以及专业知识，而慕再已有10年积累。同时，慕再HAP已服务不少直保公司，频繁切换服务平台对直保公司而言需要付出转换成本，也会影响客户体验。慕再敢和直保公司承诺，一旦出现客户投诉，由慕再负责处理，且产生的额外费用由慕再承担，这是直保公司非常在意的，也是其他平台不敢轻易承诺的。慕再的底气在于公司将HAP放在比较重要的战略高度，同时慕再在内部风控能力、平台管理能力等方面已成体系，能更好处理风险和纠纷。对于互联网平台，慕再更多的是考虑与它们合作，比如提供自身在风控上的专业能力。

未 来 发 展

尽管慕再HAP已有成熟的管理体系并得到许多客户的认可，但张路群坦言，挑战依然存在。例如，国内政策变化会带来系统性风险，比如卫生系统政策如果发生重大改革，由目前的个人挂号改为全面分级转诊，就会影响很多就医服务，这不是服务商备份或替换其他等值服务等措施可以解决的问题。从竞争的角度，HAP虽具有先发优势，但如何保持优势是持续存在的挑战。长期来看，直保公司、大型TPA、其他再保险、保险销售平台等都有可能成为HAP的竞争者。

　　张路群认为，创新服务内容是维持HAP竞争优势的重要手段之一。例如，在HAP近期发展规划中，健康管理整合服务将是一个重点。随着监管政策的逐步规范，健康管理与健康险的深度融合是直保公司的普遍需求。为此，慕再HAP正尝试整合市场上"碎片化"的服务，以发病率和死亡率较高的常见病种（如癌症、心脑血管疾病、糖尿病、慢性呼吸系统疾病等）为核心，提供打通预防、治疗、康复全流程的慢病管理服务。同时，把平台现有的围绕疾病诊疗的服务，向前延伸至面向健康人群的健康测评、咨询、体重管理、眼科和齿科保健等，向后延伸至院后护理和康复等。以癌症为例，HAP计划在半年内在现有的绿通、二次诊断、海外医疗、全球找药等医疗服务之外，增加癌症科普、在线讲座、线下沙龙、防癌测评、家庭自检设备、报告解读、防癌咨询等癌前管理服务，以及康复指导、护士上门、在线药房等院后服务，完善服务链条。而提供这些新的服务需要整合十余家甚至数十家服务商，这是提供单一服务的TPA难以做到的。

　　张路群希望在3—5年内把HAP的用户规模从现在的300万发展到1,000万，这样平台才能有更大的价值，未来甚至可能成为慕再的一个利润中心，但如何才能实现？

　　目前HAP主要服务直保公司及其终端客户，平台上主流的绿通服务等有较高的使用门槛，因此终端客户真正使用的次数比较有限，这会导致直保公司也低估健康服务的价值，从而减少投入。同时，慕再HAP不是直接对接直保公司销售团队，信息传导路径是"慕再HAP团队-直保公司精算部/再保部-市场部/营销部/客户服务部-营销团队-保险终端客户"，较长的信息传导链条可能影响终端客户使用服务。对此，张路群和团队在考虑能否把平台上的医疗服务打包成一个独立产品，提供给更多的B端或C端客户。比如，一些大型公司可以为员工集体购买，让员工能便捷、优惠地获取医疗服务。保险代理人也可以购买"健康服务卡"，作为获客工具赠送或低价销售给潜在客户，而不是像现在"购买保险赠送增值服务"。再激进一些，也可以让消费者个人通过一些保险销售平台或其他渠道直接购买"健康服务卡"。

但张路群担心，如果C端用户过多、服务使用频率过高，会不会导致服务成本过高？服务种类以及平台活跃用户快速增加，对HAP的系统承载能力和服务质量管理也会带来更大压力，现有的系统和服务商能否应对？直保公司对客户投诉有严格的管理和考核，一旦出问题，不仅会导致直保公司降低HAP的使用，还会损害慕再百年老店的声誉。特别是健康服务涉及很多线下场景，如何进行追踪和管理是很大的挑战。HAP即将上线服务商线上管理平台，提供服务流程在线记录、服务时效自动监控、超时或争议案件特殊提醒、满意度追踪等各项功能，将线下流程尽可能进行数字化记录，从而对服务商的时效和质量持续追踪，但实际效果如何还有待验证。此外，再保险原本是to B的，如果慕再过多与直保公司销售团队或C端用户直接交互，会不会引起直保公司、特别是直保公司精算和再保部的不满？

目前HAP由汪洋带领的项目组负责日常管理，独家合作的第三方IT公司参与系统开发和运维，团队总体规模不大，运营HAP的目标也只是辅助再保险主业，并没有营收和扩展业务的压力。但HAP要进一步发展，就可能采取与目前完全不同的业务模式，对团队的管理能力也有更高的要求，比如，推广HAP也可能要纳入团队的绩效考核中。张路群还有许多问题需要思考。

附 录

附录1 2011—2019年中国健康险收入及增速

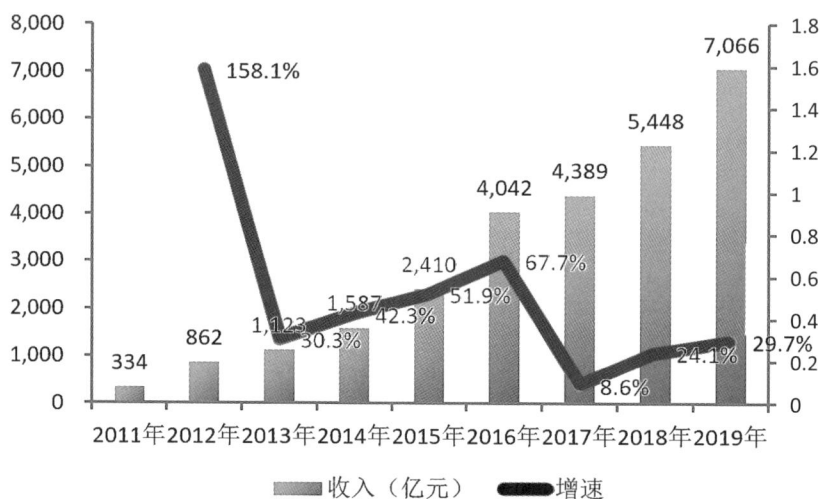

资料来源：蔡姝凝等.上市战争倒计时：连续九年增速40%，商业健康险碰上转折期[EB/OL].
(2020-06-09)[2020-07-15]. https://mp.weixin.qq.com/s/74OUVC61OQunha-9pEXBzQ.

附录2 慕再HAP服务内容

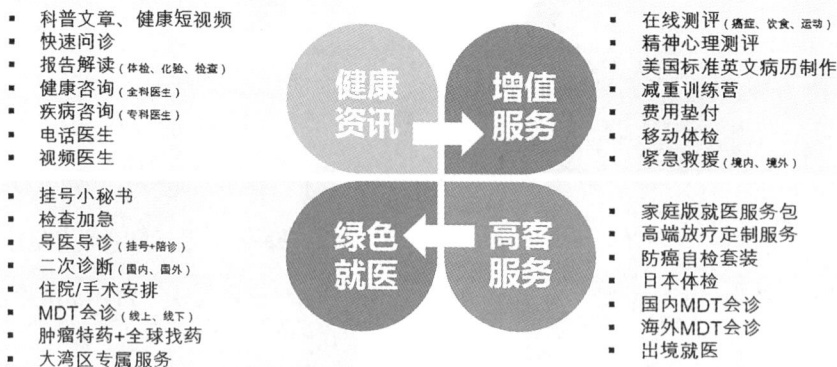

- 科普文章、健康短视频
- 快速问诊
- 报告解读（体检、化验、检查）
- 健康咨询（全科医生）
- 疾病咨询（专科医生）
- 电话医生
- 视频医生

- 挂号小秘书
- 检查加急
- 导医导诊（挂号+陪诊）
- 二次诊断（国内、国外）
- 住院/手术安排
- MDT会诊（线上、线下）
- 肿瘤特药+全球找药
- 大湾区专属服务

健康资讯 → 增值服务
绿色就医 ← 高客服务

- 在线测评（癌症、饮食、运动）
- 精神心理测评
- 美国标准英文病历制作
- 减重训练营
- 费用垫付
- 移动体检
- 紧急救援（境内、境外）

- 家庭版就医服务包
- 高端放疗定制服务
- 防癌自检套装
- 日本体检
- 国内MDT会诊
- 海外MDT会诊
- 出境就医

资料来源：慕再。

附录3　使用HAP的C端用户数量

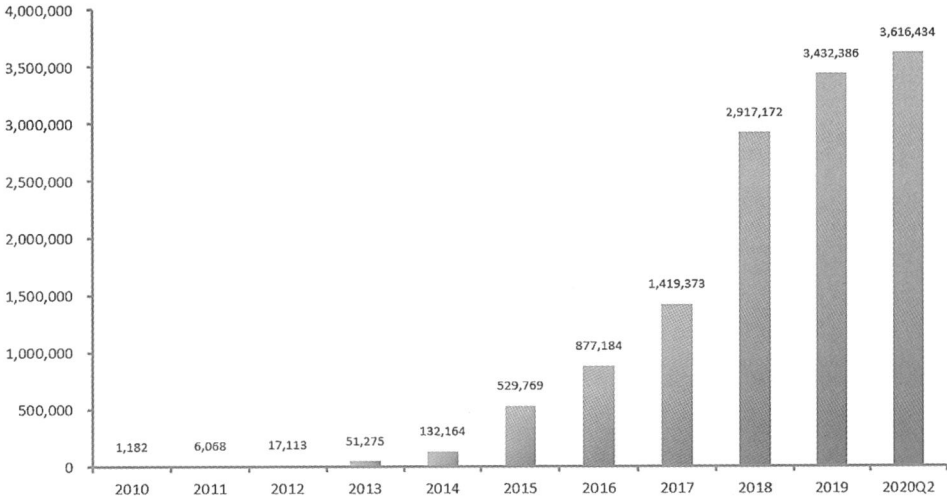

资料来源：慕再。

附录4　HAP与传统保险TPA服务的差异

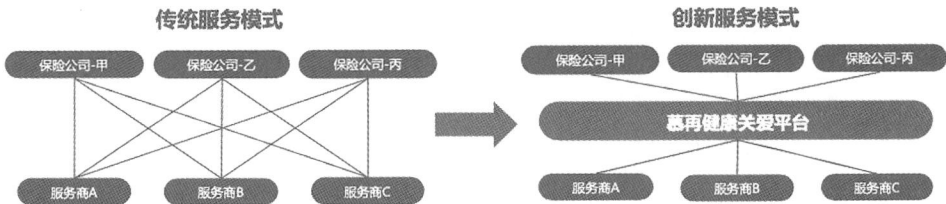

资料来源：慕再提供

尾　注

1　尹永光.资本蜂拥千亿"再保险市场"风险再现[N/OL].长江商报，2015-08-24[2020-06-15].
　　http://money.sohu.com/20150824/n419570199.shtml.

2　专访慕尼黑再保险董事会成员赫曼：解密百年再保险巨头的"中国战略"[N/OL].第一财经，
　　2018-02-12[2020-07-18]. https://baijiahao.baidu.com/s?id=1592200001403967664&wfr=sp

ider&for=pc.

3 郝演苏.中国再保险市场步入快车道[N/OL].金融时报，2016–11–16[2020–07–19].https://www.financialnews.com.cn/bx/bxsd/201611/t20161116_107873.html.

4 东方财富网.外资再保险进军加速度！12家再保险机构就有7家外资[EB/OL].(2020–05–30)[2020–08–05]. https://baijiahao.baidu.com/s?id=1668071580746185933&wfr=spider&for=pc.

5 专访慕尼黑再保险董事会成员赫曼：解密百年再保险巨头的"中国战略"[N/OL].第一财经，2018–02–12[2020–07–18]. https://baijiahao.baidu.com/s?id=1592200001403967664&wfr=spider&for=pc.

6 和讯名家.面对严监管、市场疲软、竞争激烈的中国再保险市场，听于巍东讲突围之道[EB/OL].(2019–01–03)[2020–08–05].https://insurance.hexun.com/2019–01–03/195759939.html.

7 郝演苏.中国再保险市场步入快车道[N/OL].金融时报，2016–11–16[2020–07–19].https://www.financialnews.com.cn/bx/bxsd/201611/t20161116_107873.html.

8 道口保险观察.慕尼黑再保险：激发数据价值 创新商业模式[EB/OL]. (2018–10–23)[2020–08–05].https://xw.qq.com/cmsid/20181023A0C0O9/20181023A0C0O900.

9 专访慕尼黑再保险董事会成员赫曼：解密百年再保险巨头的"中国战略"[N/OL].第一财经，2018–02–12[2020–07–18]. https://baijiahao.baidu.com/s?id=1592200001403967664&wfr=spider&for=pc.

10 慕再官网[EB/OL].[2020–08–05].https://www.munichre.com/en/company/about-munich-re/strategy.html.

11 Plug and Play.慕尼黑再保险与Plug and Play中国保险科技计划合作[EB/OL].(2018–10–19)[2020–08–10].https://baijiahao.baidu.com/s?id=1614719545062375736&wfr=spider&for=pc.

12 罗葛妹.专业健康险公司陷尴尬：2018年"两盈四亏"，专业能力受质疑[N/OL].国际金融报，2019 –05 –10[2020 –08 –11].http://finance.sina.com.cn/roll/2019 –05 –10/doc-ihvhiews0993563.shtml.

13 罗葛妹.专业健康险公司陷尴尬：2018年"两盈四亏"，专业能力受质疑[N/OL].国际金融报，2019 –05 –10[2020 –08 –11].http://finance.sina.com.cn/roll/2019 –05 –10/doc-ihvhiews0993563.shtml.

14 动脉网.从"脏活、累活"到明星VC扎堆投资！千亿蓝海的健康险闷声起飞[EB/OL].(2019–10–21)[2020–08–12].https://t.cj.sina.com.cn/articles/view/5334569296/13df7115000100mjkc?from=tech.

15 罗葛妹.专业健康险公司陷尴尬：2018年"两盈四亏"，专业能力受质疑[N/OL].国际金融报，

2019 –05 –10[2020 –08 –11].http://finance.sina.com.cn/roll/2019 –05 –10/doc-ihvhiews0993563.shtml.

16 动脉网.从"脏活、累活"到明星VC扎堆投资！千亿蓝海的健康险闷声起飞[EB/OL].(2019–10–21)[2020–08–12].https://t.cj.sina.com.cn/articles/view/5334569296/13df711500 0100mjkc?from=tech.

17 太保安联健康险，北京–安永.中国商业健康险白皮书[EB/OL].(2018–07–19)[2020–08–03].https://max.book118.com/html/2019/0422/8051066030002020.shtm.

慕再案例进展

慕再于2023年10月成立了独立的子公司慕再科技，由慕再100%控股，目前张路群兼任其总经理并在招募团队。该公司整合了原有的HAP、保险风控大数据和AI解决方案iRisk以及MSO*（Managed Service Organization, 管理式医疗服务组织）三块业务，为大中华区客户提供覆盖寿险和健康险销售支持、核保、理赔及健康服务等全流程的数字化解决方案。

近年来，由于政策变化、经济下行和新冠疫情等影响，市场竞争不断加剧，包括TPA、直保公司、互联网医疗平台、其他再保险等都开始整合医疗健康服务，HAP的用户数量增长速度低于预期，目前直保客户40—50家，终端用户约五六百万人。慕再选择在有竞争优势的地方发力，做价值更高的创新服务，提高使用频率和件均价格，如疫情防控期间的视频医生和O2O买药、全球找药、大湾区服务包等。疫情后大量大陆客户去香港买保险，慕再又利用大中华区的资源整合优势，与香港的保险公司合作，客户可以在大陆先做风险评估后到香港投保，以及后续在大陆享受医疗健康服务。

在张路群看来，单靠服务去竞争已是红海，慕再的核心优势在于与再保

---

* 保险支付方和医疗服务方紧密合作的模式，在收取固定费用后为参保人员提供全面的医疗服务，要求参保人员选择医疗服务网络内特定的医生和医院完成医疗服务，否则可能支付高昂的费用，以避免不必要或不适当的医疗服务，从而控制医疗成本和提高医疗质量。

险的深度结合，HAP、iRisk和MSO之间也可以相互协同，给直保公司提供一站式解决方案。例如许多互联网医疗平台的主要收入来源是卖药，平台卖药越多就越与直保公司利益相悖，而再保险需要分担直保公司的理赔成本，双方利益一致，都有控制风险、降低成本和提高效率的诉求。因此，慕再科技虽然独立出来，但主要仍是服务于慕再的再保险主业，收入也主要来自此。公司团队精简，聚焦开发和推广销售专业的解决方案，其他财务、行政、法务、IT等职能以及解决方案中服务的落地执行全部外包，轻资产运营，没有太大的盈利压力。慕再本身有强大的精算团队，在海外有经验丰富的健康管理公司和健康险科技公司，都可以为慕再科技开发出符合终端顾客需求的一站式解决方案提供支持和借鉴。在张路群看来，慕再科技更像是一个顾问公司，科技只是工具，帮助其整合出最优的解决方案。这些解决方案降低的理赔成本要远高过提供解决方案本身的成本，使其能够自负盈亏。

对于之前的发展设想，比如公司曾尝试销售了几百张HAP健康服务卡，每张售价50元，但保险代理人购买后都当成礼品送给需要的客户，服务卡100%使用，服务成本太高，只能很快叫停。面向其他企业提供员工福利的设想也尚未走通，原因在于没有和再保险的深度结合，相比于市场上其他提供员工福利的竞争者没有太大优势。

张路群希望，慕再科技能够用五年的时间实现自负盈亏并站稳脚跟，来自非再保险的收入占比能达到20%，从而证明其解决方案的竞争力，但仍将是作为再保险主业的差异化服务。

慕再案例点评一

郭 璋[*]

引言

慕尼黑再保险（简称"慕再"）通过其健康关爱平台（简称"HAP"）在中国健康险市场中采取了差异化战略，旨在通过整合第三方管理公司（TPA）资源，提供一站式解决方案，增强其在竞争激烈的市场中的竞争力。下面从亮点、面临风险、改进举措以及行业未来发展趋势等，对 HAP 战略及慕再科技的进展进行案例点评。

一、HAP 战略和慕再科技的亮点突出

（一）HAP 战略的核心优势明显。通过整合优质服务资源，将"重疾关爱平台"扩展为"健康关爱平台"，提供包括海外二次诊断、专业陪诊、医疗费用垫付、轻问诊、健康咨询等在内的多种服务。这一战略的核心优势在于其能够为直保公司客户提供一揽子服务，增加客户黏性，并有助于慕再建

---

* 郭璋，美年健康集团副总裁、华南大区总经理。

立品牌优势。

（二）慕再科技的成立，标志着资源整合迈出重要一步。慕再科技整合了HAP、保险风控大数据和AI解决方案iRisk以及管理式医疗服务组织（MSO）等业务，为大中华区客户提供全流程的数字化解决方案。这一举措不仅提升了慕再的服务能力，也为其在健康险市场中的差异化竞争提供了新的动能。

（三）市场创新和需求响应能力突出。慕再科技选择在有竞争优势的领域发力，通过提供高价值的创新服务来提高使用频率和件均价格。例如，疫情防控期间推出的视频医生服务、O2O买药、全球找药等服务，都是对市场需求快速响应的体现。此外，慕再利用大中华区的资源优势，与香港保险公司合作，为客户提供了更加便捷的投保和医疗服务体验。

（四）再保险与健康管理进行深度结合。慕再科技的核心优势在于其与再保险业务的深度结合。通过HAP、iRisk和MSO之间的相互协同，慕再能够为直保公司提供一站式的解决方案，这在控制风险、降低成本和提高效率方面与直保公司的利益高度一致。

（五）轻资产运营与外包策略。轻资产运营模式将非核心职能如财务、行政、法务、IT等外包，专注于开发和推广销售服务的解决方案。有助于降低成本、提高效率，并能够快速响应市场变化。

二、面临挑战与未来展望

慕再科技主要服务再保险业务的这种战略，使得公司具备"扩张性小、运营成本低"等特点，在资源整合和市场响应方面都表现出色，但仍面临一些挑战，简单列举如下。

（一）慕再科技的战术动作容易被模仿。目前互联网医疗的快速迭代发展，以及几家头部公司在大健康的资金投入，我们在原有明显竞争优势的领域也面临多方压力，例如头部直保公司在疫情防控期间也大力自建在线视频医生团队，给团体保险订单提供增值服务，视频医生场景中更在不断融合药品、绿通、健管等多元化产品。大健康生态的入口非常多，从每个入口进入后又相互侵蚀对方的资源，使得我们既定的战术动作容易被模仿。

（二）切片管理对供应链管理的要求较高。切片管理普遍存在对下游资源掌控不紧密的状况，其中整合的切片越多，可能管理的风险越高。特别是大型、超大型客户对服务质量的要求也比较高，慕再科技需要花费大量精力来协调上游资源和下游客户的服务方案标准化。

（三）存在由于客户体验不佳导致下游用户不满的风险。新开发的健康管理产品容易出现叫好不叫座，特别是出现在用户体验的问题上。即使产品设计的理念优良，但是用户群小、用户体验繁琐、用户获取结果途径复杂等，都会让用户放弃再次使用产品的冲动。需要在产品的舒适度、易用性以及用户交互的设计上给予关注。曾经也出现了一些体验不佳的案例，例如重疾的二次诊断，存在诊断结果含糊其词不够清晰；紧急救援服务电话无法拨通或者无法提供救援服务，导致重大投诉；推出的在线问诊仅能解决感冒发热；重疾绿通同比外面黄牛价格更高等。

（四）对慕再科技的产品开发能力挑战较高。健康管理服务往往需要具备专业知识和技术支持，熟悉多种类的医疗场景，掌握生物传感器、数据分析算法、AI等综合知识，这就需要慕再科技的产品充分理解健康保险和健康管理领域的特殊需求，确保提供解决方案的有效性和可靠性。

（五）后续支持与服务的风险。健康保险的整个服务流程是一个持续的过程，需要长期的跟踪和支持。公司需要有效的客户服务系统，比如基础信息查询、保障情况、健康数据分析解读、产品升级维护等后续服务。如果无法联结上下游，最终用户可能会感到被忽视，从而认为其服务不到位，甚至部分产品使用场景低频，用户完全忘记拥有这项服务。

（六）缺乏个性化和定制化的产品。每个人的健康保障和后续健康状况和需求不同，健康管理服务的成功很大程度上依赖于个性化方案的制定。目前我们提供标准化的产品，是否需要根据个体差异进行有效调整，来保证其服务价值不会打折扣，也是值得考量的风险点。

三、几点改进建议

（一）加强市场调研：深入了解客户需求，提供更加个性化和差异化的服务。

（二）提升服务质量：确保服务的稳定性和可靠性，增强客户信任。

（三）加强技术创新：利用大数据、AI 等技术提升服务效率和精准度。

（四）灵活应对政策变化：密切关注政策动向，及时调整战略，降低政策风险。

（五）加大品牌推广：提高品牌知名度和影响力，吸引更多客户。

（六）加大和直保公司的合作，并且该模式完全可以推进到一般企业类客户（尤其是那些尚未建立员工综合医疗保障体系的 B 端客户），其需求跟直保公司是类似的。

四、行业发展趋势

（一）健康险的后续服务，不管是理赔还是健康管理服务，都离不开"服务+科技"的应用场景，需要积极拥抱数字化时代、推动科技赋能。2017年，一些健康险公司就推出在医院就诊完后的在线直赔服务，客户在合作医院普通门急诊或住院就诊后，只要在手机端确认就诊信息，即可点击发起理赔申请，保险公司在接收到电子化医疗数据后快速审核并结案。国家也在号召各地政府开展智能化、定制化的医疗健康数据科技应用方案，赋能当地医保的精细化管理和商保的智能化升级。

（二）通过提供一站式解决方案，增强与直保公司的合作关系。举例一是加大在团体保险被保险人差异化服务方面的产品开发，形成资源整合优势。基于团体保险职域场景下的人身险产品升级和发展，慕再也积极分析了中国保险业健康增值服务的变革，提出从辅助就医转向主动健康干预的新理念。举例二是利用新型健康监测等，携手直保公司共同开拓职域模式。目前新型健康监测技术如眼底照相、心电监测、微循环测量等，将与保险产品紧密结合，鼓励被保险人群健康生活，创造更多价值，有助于带来多赢局面。

（三）重视"产品＋服务"的方针，重点关注医疗网络的铺设，给中小型保司提供更好的医疗资源，双方资源互补，形成合力。目前多家企业开启对接全国三甲公立医院，实现了与国内一流医疗资源的无缝衔接，直付医疗网络已经覆盖全球几十万家的医疗机构，包括提供垫付、院后服务及就医协助，提供体检及齿科服务，以及签约了数量庞大的主任医师。

（四）围绕特定人群设计产品方案，探索"健康保险＋康养服务"的商业模式。行业也推出"关爱脑健康"阿尔茨海默专病的配套服务产品等，在研发老年健康险、非标体健康险的基础上，提供专项的中医、理疗、推拿等配套服务，践行健康中国战略，探索"健康保险＋康养服务"的商业模式创新，以产品研发驱动健康养老资源整合和大健康生态体系建设。

结语

　　慕再的HAP战略和慕再科技的发展，为健康险市场提供了新的视角和思路。通过不断的创新和服务升级，慕再有望在竞争激烈的市场中占据一席之地。同时，其经验也为其他保险公司提供了宝贵的借鉴。随着市场的不断发展和变化，慕再科技的未来表现值得期待。

慕再案例点评二

王 刚[*]

　　慕再作为全球第一大再保和第一家进入中国市场的外资再保险公司，一直保持着强大的创新和行业整合能力，值得敬佩和学习。我因为工作关系，与慕再有业务合作，与包括HAP的汪洋博士都有过很深入的接触。读了慕再HAP的案例后，我深有感触和启发。

一、行业的挑战和机会

　　（一）再保险是一个重度垂直的 to B 行业，面临的挑战有如下三点。

　　1. 价值范围急需拓展边际。在为什么样的客户提供什么样的价值的核心点上，中国的直保公司数量有限，尤其头部屈指可数的大型直保公司占据了巨大的市场份额，符合"28原则"（帕累托法则），有价值的客户数量是个位数的。而在为客户提供的价值上，各家再保公司没有太大差异，产品同质化严重。

　　2. 业务形态严重依赖前端业务，单人产出巨大，最终导致再保险公司在

* 王刚，厚朴方舟董事长兼总经理。

前端变成拼价格和拼关系，一个核心人员的出走就可以严重影响一家再保的业绩，同样几个核心业务骨干就能支起一家再保险公司。在这样的现状下，急需建立属于公司的差异化竞争能力和核心壁垒。

3. 经济下行情况下，商业保险作为补充医疗的支付解决方案会趋于低定价和高成本服务，对再保险的定价和利润产生威胁。

（二）面临的机会

1. 再保险属于牌照业务，进入门槛高，玩家数量很少，虽然国家政策允许符合一定条件的海外再保险公司进入中国拓展业务，但实际操作难度很大，份额有限。真正在中国市场上有业务能力和规模的再保险公司不超过10家，蛋糕大，竞争者少。

2. 药品集采等形成劣币驱逐良币局面，医疗从业者的高劳动强度、低表面报酬驱动商保解决方案向前发展。

二、慕再HAP的闪光点

（一）慕再作为再保险行业的头部企业，不在闪闪发光的业绩成绩单上"躺平"，能早在2010年就开始建设服务体系，并随着市场、政策和科技的不断发展而不断创新和变化，值得敬佩和学习。

（二）面对再保险公司产品和服务同质化严重的市场情况下，慕再从搭建服务体系入手，并将服务体系数字化，与直保公司的后台打通，从而形成路径依赖，建立起先发优势。

（三）TPA公司规模小，在长期存续能力存疑的情况下，直保公司的保险产品尤其长期险产品很难直接持续采购TPA公司的服务，在此情况下，由慕再搭建平台，进行准入把关和信用兜底，能根本性解决长期险的长期需求。

（四）在利益风险取向上，客户报案后，承担服务的纯 TPA 服务商实际利益与直保再保险公司利益背离，被保险人使用服务频率越高，治疗费用越高，治疗周期越长，TPA 服务商利益越大，而直保再保利益受损。而慕再整合服务商，搭建服务平台，一边与直保公司分担承保风险，一边提供一揽子服务并代表服务方与直保公司进行结算，解决了服务商与直保再保利益风险取向不一致问题。

三、慕再 HAP 有可能面临的问题

（一）直保公司一样面临产品同质化严重的问题，销售压力巨大而持续，老客留存和市场声誉更多需要服务能力的保障。可以说，服务能力成为直保公司的生死线。在此局面下，头部直保公司大部分在搭建自己的服务体系，对慕再的 HAP 有可能造成冲击。

（二）互联网医疗平台推出的服务与慕再 HAP 有重合，也会对慕再 HAP 造成挤压。

（三）中国医疗现状决定，服务两极化，一极是全国头部的十几家医院服务能力严重超负荷，一极是二、三线城市和县级乡村大量医院医生患者数量严重不足，导致有能力的没办法提供服务，可以提供服务的医疗水平低下，患者不接受，整合这样的医疗资源，困难重重。

（四）大型直保公司服务质量要求高，提供服务的必须是头部医院的头部医生，同时对效率成本又控制非常严格，导致 to B 服务根本没有利润可言。

（五）想获取头部医院头部专家的高效率服务，需要给医生动力，严重依赖向医生个人的实际分利，很难避免触及红线，存在合规风险。

（六）头部医院头部医生提供绿通服务、快速获取病床等核心服务，必然挤占公共医疗资源，存在政策风险。

以上是对慕再HAP案例的思考，我们也会对慕再的创新保持持续的高度关注，希望我们的业务伙伴能够带领我们越做越好。

厚朴

方舟

案例 B 厚朴方舟：
包干到保险的延伸[*]

　　自2017年初提出包干价的设想后，尽管遭到其他高管的反对，但王刚仍然坚持己见，先从小范围试点，2017年5月开始正式全面推行包干价。随后，厚朴方舟不断提升后端服务效率，寻求海外医疗"好、快、省"的最优解。

　　"一价全包"解决了患者赴海外就医时对费用不确定性的担忧，大大提升了厚朴方舟的销售转化率和客单价，但王刚仍不满足于此，他希望好的医疗能够惠及更多的人。包干可以让海外医疗的客户从高净值人群扩大到中高净值，但能支付得起几十万海外就医费用的仍然是少数。如何进一步扩大覆盖人群？王刚想到引入商业保险作为支付方。在他看来，包干与保险有着天然的联系。2018年以来，凭借其前期积累，厚朴方舟与保险的合作模式逐步升级，从一开始单纯提供海外医疗服务到承担服务费风险，再到与保险公司

---

* 本案例撰写于 2019 年，最后更新于 2024 年 4 月。

共同承担医疗费风险，这与当初从"按量付费"到"小包干"、"大包干"的发展完全一致。

随着与保险合作的不断深化，王刚希望厚朴方舟未来能形成"医疗+服务+保险"的闭环，这意味着更多的竞争和挑战，比如如何与其他TPA竞争？如何更好地控制医疗服务质量和效率？如何更好地发挥自身在海外的优势？

包 干 试 点

在王刚看来，厚朴方舟已经具备了包干的基本条件。随着海外医疗服务市场竞争日趋激烈，包干价能够作为厚朴方舟差异化竞争的一大卖点。但海外医疗市场还在探索期，市场监管机制、企业经营模式等都尚未成熟。[1] 厚朴方舟现在刚实现盈利，专业能力和业务流程都还在完善，因此其他高层认为没有做出重大变革的必要。况且整个海外医疗服务行业都普遍采用按量计费的定价模式，若厚朴方舟贸然背离行业规则，需要承担较大风险。

面对团队内部的质疑，王刚只得做出让步，提出先在小范围进行包干价试点，若试点成功再全面推行。经过多方考量，公司选定赴日质子治疗（放射线治疗）作为试点对象。质子治疗是肿瘤放射治疗的一种方式，通俗地说，就是质子在到达肿瘤病灶区域时进行"立体定向爆破"，集中释放能量，从而杀灭实体肿瘤病灶，具有精准、无创伤、不损害肿瘤周边正常组织的优势。中国质子重离子治疗*起步相对较晚，每年收治病患数量有限，供不应求。[2]

---

* 质子是氢原子失去一个电子后的粒子，重离子是碳、氖、硅等原子量较大的原子失去一个或几个电子后的粒子（目前最常用的是碳离子）。重离子比质子具有更高的能量，但治疗范围小于质子。

选择赴日质子治疗作为试点项目的原因在于：第一，质子治疗周期相对固定，较容易控制出国的时间和服务成本；第二，日本在质子重离子治疗领域起步较早，是世界上拥有最先进、最多质子重离子治疗专用设施的国家之一（目前，日本质子重离子治疗患者案例累计超过3万例，日本的医生具有丰富的临床经验）；第三，在治疗费用上，当时上海质子重离子医院的质子治疗价格为27.8万元/疗程，再加上住院、检查等各项费用，约32万元，且全额自费，而日本质子治疗费用一般在18万—25万元，[3] 与厚朴方舟合作的日本国立癌研究中心质子治疗中心的价格仅为20万元左右。考虑了这些因素，厚朴方舟设计了第一个赴日质子治疗大包干产品，价格初定为36万元，包含所有医疗费用和服务费用。

该产品一经推出，顾客反响强烈，当月销售额就达到200多万元，第二个月的销售数据也节节攀升。然而，到了第三个月，却出现了意想不到的局面。由于质子治疗适用范围较窄，经日本国立癌研究中心质子治疗中心的评估，所有购买厚朴方舟质子治疗大包干产品的患者全都不符合质子治疗的接收条件，唯一符合接收条件的肺癌患者，经过日本专家的诊断，认为其接受手术治疗的五年生存率会比接受质子治疗高出20%。试点到此，全部投入付诸东流，团队中反对的声音更加强烈。但王刚却有不同的看法："我认为试点结果不理想不是产品不好，而是专业能力以及销售和服务流程有问题，不能只看结果不看原因。包干产品的热销就已经验证了我们需要验证的：对于一种产品或服务，当企业的利益取向和风险取向与顾客一致时，就会得到顾客的认可。"

经历了失败的教训，厚朴方舟也发现了自身的不足，即专业能力和业务流程上的缺陷。厚朴方舟随即签约了两名质子重离子治疗方面的日本专家，以提高预诊的准确性，尽可能减少患者签约后再被拒收的情况发生。

全面推行包干价

2017年5月，尽管包干试点的结果很不理想，但王刚仍果断拍板，将原先按服务量计费的产品大幅调整为包干价。王刚认为，患者在海外就医时最关心的只有四件事：诊断（到底是什么病，正确的治疗方案是什么）、治疗（正确的治疗方案如何得到最好的实施）、医疗费用和服务费用。因此他计划最终将所有产品调整为四类，分别针对诊断和治疗的服务费用和医疗费用进行兜底，即诊断、治疗的小包干和大包干。

厚朴方舟的重资产经营模式使其具备了一些提供海外就医包干的条件。服务费包干是基于对治疗周期、服务效率和运营成本的充分把控；医疗费包干是建立在掌握医疗资源和数据，能够大致预测医疗费用的基础之上。厚朴方舟现有的专家团队、顶级医院合作以及自营后端服务，使其在获取医疗数据和控制服务成本上具有显著优势。

但推行治疗大包干仍有一些困难。医疗本身有极高的不确定性，疑难病患在完成治疗之前有时甚至连其真正的病因都无法确定，很可能随着治疗的进行，发现真实病因与预判的完全不同，从而前期制定的治疗方案也要彻底推翻，使得医疗费用发生很大变化。特别是在国内诊断精确度不高的情况下，尽管厚朴方舟已拥有大量医疗数据，能够预估某种疾病的治疗周期和费用，但由于无法在一开始签约时就确定患者病情到底会如何发展，推行治疗大包干存在着较大风险。对此，王刚认为："我们将来要培养的第二个核心能力，就是大数据能力。"厚朴方舟的策略是先以小包干为主，对于特定的治疗项目（如质子治疗）或患者的具体需求提供大包干服务。对于日本和美国这两个主要的海外医疗目的地，厚朴方舟也采取了不同的策略。日本医疗费用相对低廉，且厚朴方舟有很好的资源积累，因此以日本为海外医疗目的地的服务费全部实行包干价，一些费用可控、周期固定的治疗（如质子治疗）采取大包干，客户无需担心海外就医的时间长短和具体花费。而美国医疗费和生活费高昂，厚朴方舟在美国市场上也不具备显著优势，因此以美国为海外医疗目的地的服务以时间为单位进行包干（如美国小包干第一周价格为3.6万元），医疗费则由客户自己与医院结算。

包干价的实施给厚朴方舟带来最明显的变化就是客户留存和复购率的提高。在按量计费的情况下，由于海外生活成本较高、诊断或治疗的等待时间较长、不确定因素很多，许多患者在多次检查或治疗间隙会选择回国。而一旦回国，就容易出现客户流失的情况。这些客户可能会选择在国内进行后续治疗，也可能转到其他同行机构。在包干价的情况下，客户在海外就医的过程中可无成本等待，免除了对费用不确定性的顾虑，从而可以安心在海外就医，客户体验大大提升，从诊断小包干到治疗大包干的转化率也大幅提升。

提升服务效率

实行包干价后，厚朴方舟就需要承担全部的成本压力，如何提升服务效率、缩短就医周期，成为包干价能否获利的关键。对此，厚朴方舟一方面利用医疗资源优势，使客户能够优先得到诊治。另一方面，在团队管理上采取了能力和服务场景匹配的模式，以精简的团队规模为客户提供高质量的服务。厚朴方舟的服务团队按病种划分为五人小组，小组成员按能力分成ABCD四类。其中，A类和B类为厚朴方舟的全职员工，具备医学背景，同时在海外就医目的地生活多年，对当地的语言和环境非常熟悉。而C类和D类为兼职员工，无需医学背景，但C类需经过厚朴方舟的培训和考核，D类则主要从事简单的劳动，就可以立刻上岗。相应的，海外就医过程中的服务场景也按难度分成ABCD四类，不同服务场景配备相应能力的人员。王刚介绍："比如首诊当天为A，手术当天为A，术后转ICU为B，术后有创检查为B，术后无创检查为C，普通病房陪护为C，日常陪同为D。我们把场景分成ABCD，人的能力再分成ABCD，按人的能力去对接服务场景。"

专业化的分工大大提升了厚朴方舟团队的服务效率。为避免人员间的信息不对称，在工作对接上出现疏漏，团队日常会像医院晨会、例会一样沟通，同时，公司开发CRM系统，尽量把服务流程信息化、自动化和标准化。

海外医疗市场竞争

"一价全包"让厚朴方舟在竞争中脱颖而出，成为国内领先的海外医疗服务机构，同时也面临着愈加激烈的竞争。一方面，一些同行也开始借鉴厚朴方舟的服务模式。例如盛诺一家在美国建立了"盛诺之家"公寓，[4] 并与美国联合健康保险公司(UHC)合作，于2017年第四季度推出了"海外医疗控费计划"，帮助患者节省海外医疗费用。[5] 另一方面，随着国内政策对国外医疗资本及医疗机构的开放，一些海外知名医疗机构也进一步深入中国市场。例如，哈佛大学医学院附属麻省总医院与上海嘉会国际医院达成长期战略合作，建立国际多学科诊疗平台，为患者提供国际化的医疗服务。[6] 哈佛大学医学院附属布莱根和妇女医院与恒大健康集团合作，在海南博鳌乐城国际医疗旅游先行区[*]建立以布莱根医院体系为标准的博鳌恒大国际医院。[7] 这些国外知名医疗机构在中国建立的附属医院为想要赴海外就医的患者提供了更多选择。对此，厚朴方舟如何进一步提升竞争优势？

---

[*] 该先行区享有国外医疗器械和药品进口特殊审批、放宽境外医生执业时间等九项国家支持政策。

"好、快、省"的矛盾

要在竞争中取胜，公司需要提供更加"好、快、省"的服务。公司一直将资源集中在后端建设上，再加上对运营效率的优化，客户满意度和推荐度都很高，口碑效应日渐凸显。甚至有两位老客户成为厚朴方舟的投资人，投资额超过千万元，这充分说明了客户对厚朴方舟的信任。厚朴方舟还开展了会员管理，对客户复购给予优惠，对推荐新客户进行奖励，让口碑发挥更大的价值。

但与此同时，为实现"好"和"快"，"重"后端的模式也给厚朴方舟带来一定负担。随着厚朴方舟客户量的增大，原先自营的车队和公寓开始供不应求，车无法随叫随到、外购的公寓质量难以保证，客户投诉慢慢增多。在王刚看来，海外就医最重要的是治疗效果，就医体验远没有疗效重要。是否还要不计成本的投入后端服务？比如车队和公寓是否有必要自营？

同时，厚朴方舟在日本独家合作的专家团队不断壮大，这成为其核心资源。厚朴方舟与日本专家的排他性合同期限一般为两年，到期后再续约。但日本商业规则中的终身雇佣制度根深蒂固，这一方面保证了厚朴方舟专家团队的稳定，但另一方面也带来一些隐患。例如，最早与厚朴方舟签约的一位专家因年事已高，退居二线后接诊人数大幅下降，且该专家所在领域的出国就医患者本身就很少。在合同到期时，厚朴方舟希望与这位专家终止合作，这一在中国合情合理的举动却遭到其他日本专家的谴责。在了解日本的商业规则后，厚朴方舟决定与这位专家继续合作，但薪资上酌情减少，直至该专家正式退休或不再行医。厚朴方舟在美国还没有排他合作的医生，意向医生也要求厚朴方舟承诺每年带来的患者数量达到一定规模，即使没有达到承诺的数量，仍然要支付同样的费用，这对于厚朴方舟来说是不小的压力。

王刚定义的"好"是"好专家、好医院、好治疗方案、好治疗效果、好就医体验","好"和"省"必然存在一定矛盾,"好医生"和"好就医体验"已经给厚朴方舟带来许多压力,而要保证其他的"好",还要付出更多的代价。在这种情况下,如何才能兼顾"省"?

厚朴方舟曾希望利用海外专家远程视频诊断让一些没有必要出国就医的患者避免浪费大笔资金。但视频沟通诊断准确度不够高,同时,远程视频诊断是在海外专家工作时间以外进行的,得不到医院的支持,因此效果并不理想。在与国外医院合作方面,王刚认为,好医疗资源一定是集中在"点"上,因此合作的医院都是领域内最顶尖的,在日本只有十几家。但由于病种分布不均,有的医院每年接收患者数量十分有限。如果能够将医院聚焦到少数几家,不仅可以提高运营效率,同时还能利用规模效应让医院给予厚朴方舟的客户更多费用优惠和优先诊治权利。但这样"好"就有一定损失,仅少量医院不可能涵盖所有最好的医学科系。

"好、快、省"该如何权衡?王刚认为,厚朴方舟的发力点还是要落到"省"上。在他看来,"'省'这个字的提出,是为了让好的医疗惠及更多的人,但并不能一味靠降价。包干价能够让患者及其家属免于担心医疗费用的'无底洞',但这依然会是一笔不小的费用,对于中产阶级来说可能也会产生不少压力。"如何真正做到"省"?王刚将目光投向了保险。

保险合作探索

从事海外医疗之初,王刚就有与保险公司合作的想法,但到底该如何与保险公司合作?王刚一直没有答案。而保险公司对此也很困惑,"保险公司不了解C端客户的海外就医需求具体是什么,也不知道怎么把海外就医服务打包成保险产品，更头疼的是，如何在海外进行成本和风险控制？"厚朴方舟早期曾与华泰保险合作，作为其海外医疗保险的TPA服务商，按量收取服务费。但这款一年期的海外医疗保险价格区间为两千元到上万元，主要面向高端人群，因此销量不高。

而实施包干价后，王刚对于如何与保险公司合作的问题豁然开朗，"当我们包干产品的思路清晰之后，黑箱就被打开了。包干是给客户的医疗和服务费兜底，其实就是一个剔除了发病率的保险，单个客户可能会导致亏损，但有几百个客户就能分摊风险，在总体上实现盈利，这与保险的逻辑一致"。想清楚包干和保险的联系后，王刚开始用新的思路与保险合作，不再只作为海外医疗服务的供应商，而是与保险公司共同开发产品，并共担风险、共享收益。

2017年底，众安保险的高管在中欧课堂上得知厚朴方舟"一价全包"的海外医疗服务模式后，产生了浓厚的兴趣，并主动与王刚取得联系。众安是国内互联网保险的代表，在业内首先推出了百万医疗险。随后，各家保险公司纷纷跟进，使得百万医疗险几乎成为保险公司的"标配"。竞争压力下，众安希望对百万医疗险进行升级，使其产品能够差异化。增加赴日恶性肿瘤附加险是其中一个思路。但市场上现有的海外医疗险都属于高端产品，价格平均在四五千元，而众安的百万医疗险主险定价平均也不过500元，附加险的价格不可能太高。

经过多次沟通后，双方明确了合作意向，希望推出一款赴日恶性肿瘤附加险（包括质子重离子、PD-1等治疗，但不含手术）。厚朴方舟作为海外医疗服务商，能得到一定比例的保费收入分成，同时承担患者赴日就医过程中的基础服务成本，相当于"小包干"。但问题在于，众安的定价太低了，最低只要50元。众安认为，其作为互联网保险，需要用低价打造"爆款"，定价太高与自身定位不符。这样的价格又遭到厚朴方舟高管团队的极力反对，特别是精算团队。他们认为，厚朴方舟在赴日海外医疗市场上占据绝对领先地位，有丰富的医疗合作网络及数据积累，在定价上应该有一些话语权，这样的低价确实过于冒进。但王刚毅然决定接受众安的定价，原因在于，首先，这款附加险中，厚朴方舟只承担服务费风险，更大的医疗费风险由该百万医疗主险的再保险机构担保。该保险覆盖的服务只包含赴日就医过程中必要的预约、翻译、一次接送机和首诊交通等，不含食宿、机票，其中成本最高的不过是医学翻译。同时，保险客户来日本之后，厚朴方舟在服务其就医的过程中，还有二次销售机会，比如客户可以选择自费住厚朴方舟的公寓，万一保险亏损，厚朴方舟还可以用这些收入来补偿。保险就相当于给厚朴方舟引流。

更重要的是，与众安合作会成为一个行业标杆，只要做出范本，后续会有更多其他保险公司合作。而保险客户越多，风险就越分散，厚朴方舟的C端客户和二次销售机会也就越多。"我们一定要把眼光放长远，如果这款保险产品还是卖几千元甚至上万元，这就背离了我们的初衷。当我们与保险合作，客群就可以扩大到健康人，有几十元的支付能力就可以了。"2018年6月，众安赴日恶性肿瘤险开发完成，先在众安官网上内测，2019年初开始重点推广，月销售收入达到几百万元且持续增长，引起了市场的关注。泰康、国寿等许多保险公司也陆续找到厚朴方舟，希望开发类似的产品。与众安的合作不仅让厚朴方舟走通了与保险合作的新模式，还积累了关键数据，包括恶性肿瘤发病率的数据，以及客户患肿瘤后选择赴日就医的出险率数据，比如，由于众安这款赴日保险设置了30%的自付比例和一定等待时间，因此大多患者只有在必要时才会选择赴日，实际出险率很低（这也是该保险价格低的原因之一）。这些数据积累给厚朴方舟未来进一步与保险公司合作带来了先发优势。

保险合作深化

与众安合作的赴日恶性肿瘤险中，厚朴方舟只承担服务费风险，相当于"小包干"。2019年7月，厚朴方舟向合作的再保险公司表达了推出赴日质子重离子保险的想法，并表示敢对服务费和医疗费兜底，与再保险公司共担风险。该再保险公司意识到这款保险的潜力，于是立刻联系了太平保险与厚朴方舟对接。但太平从供应商筛选的角度考虑，又找了另一家海外医疗服务商Best Doctor Underwriting（BDU）作为备选，BDU有自己的再保险公司Partner Re，因此其服务报价比厚朴方舟和其合作的再保商的联合报价要低得多，尽管其在日本的医疗资源和落地服务不如厚朴方舟，但价格优势明显。王刚了解到这一信息后，主动拜访了太平的高管，向其分析了厚朴方舟在日本的优势以及积累的大包干经验，说明厚朴方舟在质量和成本控制上的能力，并当即表示可以降价，甚至可以低于BDU的报价，从而赢得了合作机会，且最终确定的价格略高于BDU的报价。基于前期积累，与太平和泰康合作的赴日质子重离子保险产品一个多月便开发出来，"所有的东西都是现成的，我们的医学团队和服务团队很专业，包括质子重离子大包干的适应症范围、医学定义等都是我们提供的。该保险的海外医疗服务与我们提供给C端客户的服务一样，保险价格就是大包干价格乘以疾病发生率"。

2019年9月，厚朴方舟与泰康和太平合作的赴日质子重离子保险相继上市，价格比原来只能在国内就医的质子重离子保险还低，件均只需20元左右，且患者可以选择在上海或日本治疗。如果患者最终去日本治疗，厚朴方舟就作为指定服务商，提供预约、翻译、医疗费用核算、一次接送机和首诊交通等治疗过程中必需的服务，费用由保险覆盖，机票和住宿等其他费用由患者自理。他们还可以选择自费购买厚朴方舟的公寓、用车等服务。厚朴方舟也承担了一定的控费职责，比如与太平的合作中，再保险公司会根据厚朴方舟的控费情况对其进行奖惩，相当于厚朴方舟承担了部分费用风险。泰康与太平采取了不同的销售策略：泰康只把它提供给其高额年金险的客户作为福利购买；而太平则作为一款低价引流产品，吸引更多客户购买。因此，与太平合作的产品上线后，6天就卖出20万单。这两款产品推出后，厚朴方舟又得到更多保险合作机会。在与这些保险公司合作时，厚朴方舟不会因为其规模的大小而采取不同的价格，而是把所有保险视为在同一个池子里，对于厚朴方舟来说，服务内容、流程和成本结构都是一样的，而保险的池子越大，就越能分摊风险。

未 来 发 展

与保险合作的成功，意味着厚朴方舟的发展迈向了新的台阶，形成了服务到保险支付的闭环。但也给王刚带来了新的担忧。第一，巨大的保险销量未来可能会带来海外医疗服务需求的暴增，厚朴方舟的服务团队能否快速响应且保证高质量？对此，王刚认为，扩张团队规模虽然必要，但是不够经济，可以将日本的团队从70人扩大到100人左右（含非全职员工），也就是增加两三个组（每组12人左右），但更重要的是提升效率，比如用数字化系统和AI代替人工，以及进一步优化流程。公司成立了质量控制小组，由原顺天堂医疗集团的业务副院长负责梳理服务流程。

第二个担忧就是对于医疗资源的控制能力。由于承担了一定比例的医疗费风险，厚朴方舟未来的投入重点将放在医疗端，以进一步降低医疗成本和不确定性。为更好地获取日本医疗资源，厚朴方舟重组了日本公司的高管团队，聘请原日本驻中国大使馆的商务参赞津上俊哉先生担任日本公司的

CEO，他在日本有很大的影响力。加入厚朴方舟之前，他已侧面观察了三四年，认为厚朴方舟是一家值得信任的企业后才选择加入。厚朴方舟还聘请了两名日本顶级医学专家作为董事，原东京医科大学副院长和原顺天堂医疗集团业务副院长作为监事。他们为厚朴方舟打通日本医疗资源提供了便利。在津上俊哉的建议下，厚朴方舟计划逐步把原本与日本专家签署独家合作协议的模式转为与少量顶级医院建立独家合作，这些合作医院可以利用其冗余的医疗资源，为厚朴方舟的患者提供更便捷的就医过程、更多专家资源以及更可控的医疗服务价格。对医疗资源的控制能力进一步提高后，厚朴方舟大包干的范围可以进一步扩大，价格也可以进一步降低。王刚认为，低价恰恰是厚朴方舟的壁垒，让竞争对手无利可图，就不会进入市场。随着大包干产品范围越来越广，厚朴方舟也就可以在此基础上与保险公司开发更多新的保险产品。

进入保险领域后，厚朴方舟面对的竞争对手不再是海外医疗中介机构。在王刚看来，公司在保险领域的主要竞争对手是实力更雄厚的TPA服务商，比如BDU、万欣和等。目前国内海外医疗保险主要把医疗服务优质、便利且价格相对较低的日本作为海外就医目的地，而厚朴方舟在日本有绝对的资源优势，因此在保险TPA市场上占据了一席之地。

未来，王刚希望厚朴方舟能够打通"医疗＋服务＋保险"的闭环，这意味着更多的竞争和挑战。首先，许多保险公司也已经在向后端医疗服务延伸，比如平安自建了平安好医生；许多保险公司都曾想收购厚朴方舟，将其纳入自己的医疗服务体系；慕尼黑再保险搭建了健康关爱平台（HAP），整合TPA服务商给直保公司提供一揽子解决方案。其次，其他TPA服务商也从不同的专业领域，探索与保险公司的深度合作，比如健医科技基于其医院和医药网络和精算能力等，与中国人寿、阳光、华夏等合作开发了心脑血管医疗险、海外特定医疗险等；圆心惠保与阳光等多家保险公司设计了针对高血压患者的"不倒翁脑卒中保险"；镁信健康与微保、泰康、友邦等合作了特药险；一些民营高端医院与保险公司合作开发高端医疗险，并尝试提供管理式医疗服务等。这些新的保险产品种类繁多，有些与厚朴方舟参与的保险存在一定竞争，比如特药险也可以作为保险公司的低价引流产品，替换厚朴方舟的赴日质子重离子保险。尽管王刚对厚朴方舟参与的保险产品的价值有信心，但如何进一步地提升竞争力？比如，王刚考虑，厚朴方舟要不要收购一家再保险公司，从而在与这些大型TPA竞争与保险公司的合作机会时占据更有利的地位？

此外，厚朴方舟目前的优势是在国外，特别是在日本，团队已逐渐理清了如何"好、快、省"地获取日本医疗资源。但海外医疗市场存在许多不确定性，比如地缘政治、自然灾害。从更长远来看，海外医疗相对于国内医疗市场，总体规模要小的多。是否要回到更大的国内市场，以及如何建立优势？王刚还没有明确的思路。国内优质医疗资源被公立医院垄断，很多国内TPA做的是"绿色通道"等"灰色"业务。但王刚认为这并不是厚朴方舟要做的事，与国内现有的TPA没有差异化。王刚设想，也许厚朴方舟可以先在海外建立医疗资源，时机成熟后再引入国内；还可以将日本先进的健康管理模式引入到国内，给国内患者提供相应的服务以及与相关保险产品结合。厚朴方舟到底该如何发展？

尾　注

1　易观分析.2017海外医疗市场专题分析[EB/OL].(2017-07-13)[2017-09-23]. https://www.sohu. com/a/156903627_115326.

2　上海市质子重离子医院临床团队.2016年质子重离子治疗在中国[EB/OL].(2017-02-04) [2017-09-21].http://oncol.dxy.cn/article/514560.

3　厚朴方舟官网[EB/OL].[2017-09-21].http://www.hopenoah.com/zhuanti/zhizi/.

4　盛诺一家官网[EB/OL].[2017-12-22].http://www.stluciabj.cn/about/lianxi/houston.html.

5　新华网."中美联合推出'海外医疗控费计划'"[EB/OL].(2017-12-02) [2017-12-22].http://news.xinhuanet.com/fortune/2017-12/02/c_1122048062.htm.

6　沪首家三级规模综合型国际医院"上海嘉会国际医院"今天上午开诊[N/OL].新民晚报,2017-10-20 [2017-12-20].http://xzb.sh.gov.cn/shjs/node9/u1ai111617.html.

7　新华网.恒大养生谷整合尖端医疗资源,国际医院明年一季度开业[EB/OL].(2017-12-14) [2017-12-19]. http://www.gd.xinhuanet.com/newscenter/2017-12/14/c_1122112350.htm.

厚朴方舟案例B进展

2020年之前，厚朴方舟的销售额持续增长，特别是保险端的收入，2019年几乎达到总收入的一半。但疫情后，综合地缘政治、经济下行等因素的影响，厚朴方舟的业务发生了很大变化。2021年9月之前，公司还保持着原有的团队规模，希望疫情结束能立刻恢复业务。但之后由于现金消耗量太大，实在难以为继，只能缩减业务和裁员，关闭了深圳、美国休斯敦和洛杉矶等多个办事处。2023年3月，公司销售额出现反弹迹象，于是开始扩增团队，但行业在经历报复性反弹后，当年10月又急转直下，厚朴方舟只能再次缩减团队规模。

2023年之后，海外医疗市场依然没有复苏。一方面是由于经济下行，许多中高净值人群消费能力下降；另一方面，随着国内医改的深化以及进口和本土新药都在加速研发上市等，国内外医疗差距在不断缩小。同时，疫情后厚朴方舟的保险相关收入也在大幅下降。王刚观察到，各大保险公司含境外医疗的保险销售情况也都不太理想。他解释，含境外医疗的健康险通常设置了30%的个人支付比例，有较高的门槛，实际使用人数非常少。尽管厚朴方舟与保险公司有较为紧密的合作，保险公司会将出险的重疾险和健康险客户导流给厚朴方舟，但转化率仍然较低。2019年泰康保险给厚朴方舟导流了300多位客户，而2023年后与2019年相比，数量大幅下降。这些客户现在也更倾向于在国内获得性价比更高的诊疗。

经历了一系列起伏，王刚发现，海外医疗行业规模实在太小，不确定性也较高。他介绍，根据日本厚生劳动省的数据，2019年厚朴方舟已占所有赴日海外医疗总人数的70%，但也只有不到1,500人，即便公司成为行业第一也难有长远的发展。因此，王刚决定向其他方向拓展。疫情期间，公司曾为无法出国就医的客户提供国内顶尖医院的高端医疗服务，虽然进展较为顺利，也得到了大型保险公司的认可，但由于国内顶尖医院和专家数量稀少，顶级医疗资源过于稀缺，作为服务提供商没有与医院和专家的博弈能力，在合规的前提下很难推进服务。随着2023年国内医疗反腐的开展，厚朴方舟主动停止了该项业务。

2021年上半年，厚朴方舟开始布局非处方药业务，截至2024年4月，已布局四款，包括鼻炎喷剂、经皮给药的洛索洛芬钠膏药（治疗关节炎等）、小儿止咳糖浆，以及一款保健品，并即将在天猫上开设旗舰店，销售自有品牌和其他品牌非处方药。在王刚看来，医药产业规模巨大，且有一定壁垒，总能找到发展空间。公司多年积累的核心资源和能力包括：第一，在日本的资源优势和政府关系，从而能够获得优质产品和完成注册审批等流程；第二，在中国市场打造品牌的能力；第三，运营和销售能力，从而将这些日本的好产品在中国市场推广。公司刚完成一轮融资，计划重点投入该业务。

公司原本的海外医疗业务仍将维持，尽管该行业增量已经消失，存量市场也在萎缩，但公司仍将为多年积累的上万名中高净值老客户和保险公司客户持续提供服务。公司仍然是日本顺天堂等顶尖医院的最大海外医疗合作伙伴，海外服务团队也较为稳定，能够保证服务质量。公司将进一步聚焦到两端，一端是聚焦海外医疗服务的核心，即顶级医疗资源的快速获取能力和院内服务能力，而将院外服务如公寓、交通等服务保持在较小规模，对于不能满足的院外服务部分，通过严格把关和筛选，利用外包合作模式解决。另一端是把差异化的高端服务进一步提升。王刚认为，相对于之前聚焦规模增长和市场占有率快速增加而忽视利润，现在更应回归企业本质，控制成本，获取利润。

厚朴方舟案例B点评

付　强[*]

随着中国经济的发展，差异化的医疗服务正成为中国日益庞大的中产阶级以上人群的刚性需要，然而中国医疗资源的分布不均，公立医院日渐拥挤，难以满足中产阶级以上人群对品质化差异医疗服务的需要。海外医疗可以有效解决这一需求问题，近年来得到了长足的发展。厚朴方舟，作为一家专业的海外医疗服务提供商，凭借其独特的商业模式、创新的服务理念以及对市场需求的深刻理解，成功在竞争激烈的市场中占据了一席之地。本文针对厚朴方舟这一案例，结合对企业创始人的交流，就其企业市场定位与服务、业务特点、运营挑战与应对以及发展机遇进行简要分析，并探讨海外医疗对于中国中产阶级以上人群的发展机遇、厚朴方舟在这一领域的竞争优势。

企业概况

厚朴方舟成立于2008年，专注于为中国大陆患者提供海外就医服务。公司的海外就医服务以日本和美国为主要目的地，提供全身精密体检、肿瘤治

* 付强，帕强视讯科技（杭州）股份有限公司总裁。

疗、心脏病治疗等严肃医疗服务。通过与国际知名医疗机构的合作，厚朴方舟为患者提供了高质量的医疗服务体验，经历过了疫情对大环境影响的考验，现在正在重新焕发生机。

市场定位与服务

一、市场定位：厚朴方舟的市场定位非常明确，主要服务于有经济实力且对医疗服务有更高要求的患者群体。公司通过提供专业的海外医疗服务，满足了这一群体对于高质量医疗资源的需求。

二、品质医疗：公司通过与日本国内排名靠前的医院的国际部实现战略合作，甚至承包了一些知名医院国际部的一些科室，使得这一服务的交付质量具有了有力的保障。同时日本很多医院的国际部资源富余，这一合作方式本身就是互利可持续的。

三、服务创新：厚朴方舟的服务不仅仅局限于医疗本身，还包括前期的医学咨询、病历资料整理和翻译、出国签证辅助服务、康复服务等。这些细致周到的服务，极大地方便了患者，提高了患者的满意度。

四、远程视频诊疗：公司推出的远程视频诊疗服务，使得患者能够在国内就能接触到海外的优质医疗资源，这一创新服务为病症分级诊断与实际赴海外医疗带来了更充分的准备，确保了海外医疗的服务质量，同时也降低了患者的时间和经济成本。

海外医疗相对于国内医疗的差异化优势

一、医疗技术与设备：海外医疗通常拥有更为先进的医疗技术和设备，能够提供更为精准和有效的治疗方案。

二、医疗服务质量：海外医疗机构通常提供更为人性化和个性化的医疗服务，且医疗思路不同，更加注重患者手术质量、预后以及患者的整体体验。

三、医疗资源分配：海外商业化医疗体系往往有更为合理的医疗资源分配机制，能够确保患者获得及时和有效的治疗。

厚朴方舟在海外医疗领域的竞争优势

一、专业的服务团队：厚朴方舟拥有一支专业的服务团队，包括医学顾问、翻译人员、客服人员等，能够为患者提供全方位的服务支持。

二、丰富的医疗资源：公司与多家国际知名医疗机构建立了合作关系，拥有丰富的医疗资源，能够为患者提供更多的选择和可能性。同时具备规模效应后，在医疗资源的采购上具有更强的定价主导权。

三、创新的服务模式：厚朴方舟推出的远程视频诊疗服务、包干服务等创新服务模式，为患者提供了更多的便利和价值。

四、与保险公司合作的商业模式：厚朴方舟与保险公司合作的模式不仅有利于更加广泛地获得客户，而且其诊断分级与一价全包模式有助于设计更有针对性的保险产品，造福用户，实现各方价值共赢。

五、专业的经验积累：厚朴方舟的多年经营已经形成了成熟的供应链、服务交付、业务流程与客户体验体系，这些经验的积累有助于厚朴方舟形成更强的竞争壁垒。

运营挑战与应对

一、疫情对于公司的影响：新冠疫情对厚朴方舟的运营造成了重大影响。公司通过裁员、调整运营策略等方式应对挑战，展现了企业的韧性和适应能力，同时在疫情后快速实现了恢复增长。

二、市场教育与发展：海外医疗市场在中国仍处于消费前期，需要进行市场教育和开创。厚朴方舟通过提供医学咨询服务、远程会诊等方式，帮助患者了解海外医疗的优势和价值。同时借助于高端医疗保险的合作，也有助于快速获得市场覆盖。

三、一价全包的普适性：在患者数量具备一定规模的前提下，虽然对于常见疾病可以提供一价全包的服务模式增强市场竞争力，但是患者因人而异，特别是基础病条件不同情况下分级诊断依然存在一定的特异性，故一价全包模式的预先诊断与分级对于厚朴方舟的运营质量而言是一个重要问题。

四、危重病患的服务：不能忽视的问题是很多海外就医的病患是因为罹患在国内难以医治的重疾而不得不选择海外就医，这类病患的服务质量与结果是最难以把握的，因而对于这类病患的服务质量与预后非常考验厚朴方舟的服务水平。

五、供应链的定价能力：尽管厚朴方舟已经具备了一定规模的客户群体，且具备了一定的供应链优势，然而随着患者疾病类型多元化与就医需求的多元化，其现有的供应链是否能保证患者服务交付的规模从而具备医疗服务定价权，是一个需要关注的问题，需要进一步根据诊断分类与分级实现医疗机构的专病专治，从而确保供应链足够的采购规模，维系更好的定价能力。

六、监管政策与医患关系：即使是海外医疗，也难免会发生医疗矛盾，对于医疗矛盾纠纷的处理与患者权益的保障将会是厚朴方舟面临的重大挑战。与此同时，目前国家对于海外医疗服务尚没有明确的政策，是否会有相应政策的出台是一个值得关注的要点。

七、可能的同类服务竞争：厚朴方舟作为海外医疗服务的先行者，尽管形成了相对完备的服务且积累了一定的经验，然而面对中国巨大的市场和相对低频次的医疗服务频率，不排除会有更多竞争对手出现，在服务，价格与市场份额方面与厚朴方舟产生激烈的竞争，因而需要进一步强化产品服务竞争力，扩大市场覆盖面，以确保相应的市场优势。

发展机遇

一、市场需求增长：随着中国经济的发展和人们收入水平的提高，海外医疗市场需求将持续增长。厚朴方舟凭借其专业的服务和创新的商业模式，有望在未来市场中占据更大份额。

二、保险合作获客增长：与保险公司的合作为厚朴方舟提供了新的增长点。公司可以进一步拓展与保险公司的合作，开发更多符合市场需求的保险产品，实现获客发展与商业运营服务的双赢。

三、服务模式创新：厚朴方舟可以继续探索新的服务模式，如个性化医疗、更广泛的一价全包、健康管理等服务，以满足不同客户群体的需求。

四、国际合作深化：随着全球化的深入发展，厚朴方舟有机会与更多的国际医疗机构建立合作关系，引入更多的优质医疗资源，提升服务的质量和水平。

五、创新技术应用：随着数字技术的发展，厚朴方舟可以利用大数据、人工智能等技术，提高服务的精准性和个性化水平，为患者提供更加精准的治疗方案。

结语

厚朴方舟通过其独特的商业模式、创新的服务理念以及对市场需求的深刻理解，在海外医疗市场中取得了一定的成功，形成了相对完备的产品服务模式以及较强的供应链交付能力。特别是根据预诊断分级的一价全包以及保险服务合作等方式，可以更好地给客户提供标准化的服务并降低客户采购成本，实现多方共赢。面对挑战，公司展现出了强大的适应能力和韧性，并且基本具备应对各类挑战的能力。展望未来，在中国继续深化改革扩大对外开放的大背景下，随着市场需求的增长和公司服务模式的不断创新，目标客群的消费者心智进一步建立，厚朴方舟有望实现更大的发展。